REISE VON SPIX UND MARTIUS
IN BRASILIEN 1817/1820

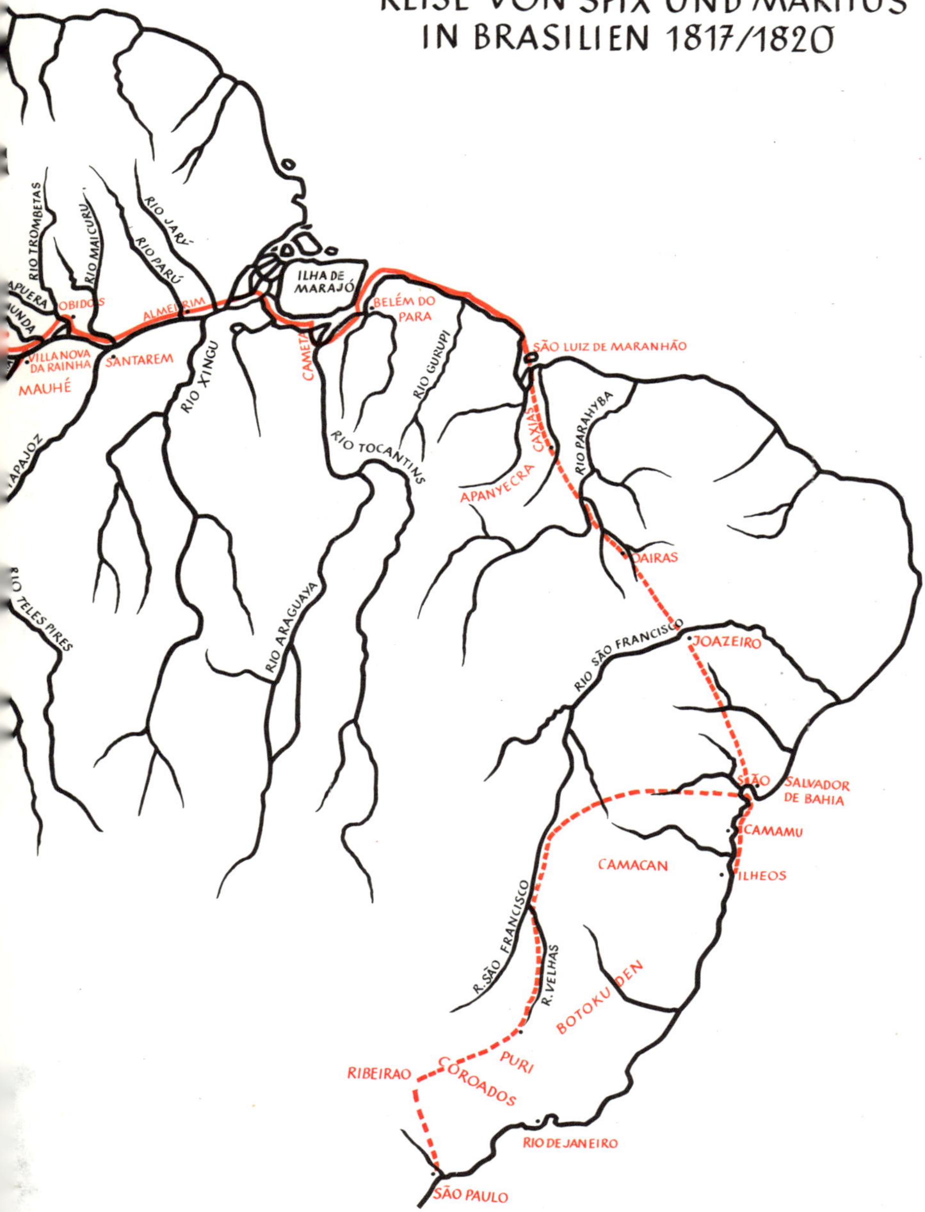

RIO TROMBETAS
RIO MAICURU
RIO PARÚ
RIO JARÚ
APUERA
OBIDOS
UNDA
ALMEIRIM
VILLA NOVA DA RAINHA
SANTAREM
MAUHÉ
LAPAJOZ
RIO TELES PIRES
RIO XINGU
RIO TOCANTINS
RIO ARAGUAYA
ILHA DE MARAJÓ
BELÉM DO PARA
CAMETA
RIO GURUPI
SÃO LUIZ DE MARANHÃO
CAXIAS
APANYECRA
RIO PARAHYBA
OAIRAS
RIO SÃO FRANCISCO
JOAZEIRO
SÃO
SALVADOR DE BAHIA
CAMAMU
CAMACAN
ILHEOS
R. SÃO FRANCISCO
R. VELHAS
BOTOKUDEN
RIBEIRAO
COROADOS
PURI
RIO DE JANEIRO
SÃO PAULO

Otto Zerries
Unter Indianern Brasiliens

Sammlungen aus dem Staatlichen Museum für Völkerkunde München · Band 1

UNTER INDIANERN BRASILIENS

Sammlung Spix und Martius 1817–1820

Otto Zerries

PINGUIN-VERLAG · INNSBRUCK
UMSCHAU-VERLAG · FRANKFURT/M.

Die Abbildung auf der Vorderseite des Buches zeigt einen Indianer vom Stamm der Mauhé mit Federhaube.

Die Zeichnung der Vorsatzkarte und die Strichzeichnungen im Text wurden von Frau Annelise Zerries angefertigt.

© 1980 by Pinguin-Verlag, A-6021 Innsbruck
Alle Rechte vorbehalten
Druck: Druckhaus Kiesel, Salzburg
Printed in Austria
ISBN 3-524-76029-5

Inhalt

Einleitung 7

I. Allgemeiner Teil

1. Die Brasilienreise von Spix und Martius (1817–1820)
   und der Erwerb der Sammlung 9
2. Die Geschichte der Sammlung (1820–1980) 10
3. Bestandsaufnahme und Beschreibung der Sammlung
   durch Werner von Hörschelmann (1919) 12
4. Die Bearbeitung der Sammlung (1959–1979) 14

II. Die derzeit vorhandenen Gegenstände der Sammlung Spix und Martius

1. Nordwestamazonien 15
2. Die Tanzmasken der Tukuna (Tecuna) und Juri-Taboca 103
3. Oberer und Mittlerer Amazonas 141
4. Blasrohr und Pfeilgift, vergiftete Bogenpfeile und Speere 154
5. Narkotika, halluzinogene Drogen und Stimulantia 167
6. Das Areal Tapajoz-Madeira: Mundurucú, Mauhé (Tupi) und Arara (Kariben) 175
7. Ostbrasilien 228
8. Kunsthandwerk akkulturierter und zivilisierter Indianer Brasiliens:
   Bemalte Keramik und Kalebassen 233

III. Die in Verlust geratenen, aber noch belegbaren Gegenstände der Sammlung Spix und Martius 251

Literaturverzeichnis 269
Verzeichnis der Textabbildungen 272
Verzeichnis der Stämme und Orte 273
Verzeichnis der ab 1979 ausgestellten Gegenstände 274
Verzeichnis der Tafeln 276
Sachwortregister 281

Einleitung

Mit der Herausgabe des vorliegenden Bandes wird der langjährige Wunsch des Autors nach einer gesamten Publikation der alten und bedeutenden Brasilien-Sammlung von Spix und Martius erfüllt. Es wird damit aber auch der Anfang einer Herausgabe anderer, in bestimmter Hinsicht in sich geschlossener Sammlungen des Staatlichen Museums für Völkerkunde München in Form einer losen Reihe gemacht. Der Hauptgrund für den Entscheid, diese Reihe mit der »Sammlung Spix und Martius« beginnen zu lassen, liegt darin, daß ein guter Teil dieser im Auftrage Max Joseph I. in den Jahren 1817–1820 durch die beiden Forscher als Teilnehmer eines österreichischen Unternehmens in Brasilien angelegten Sammlung in einer Sonderausstellung anläßlich dieses Jubiläumsjahres »800 Jahre Wittelsbach und Bayern« in München gezeigt wird. So dient die Publikation zugleich als Katalog ganz allgemein wie auch als Führer zur Ausstellung. Alle vorhandenen Objekte sind angeführt, die abgebildeten gesondert hervorgehoben, und ein eigenes Verzeichnis der nicht mehr vorhandenen Gegenstände vervollkommnet die Übersicht.

Für die wissenschaftliche Arbeit und Leistung beim Zustandekommen des vorliegenden Bandes gehört mein aufrichtiger Dank Herrn Prof. Dr. Otto Zerries, für die fotografischen Aufnahmen Frau Swantje Autrum-Mulzer, für die Zeichnungen Frau Annelise Zerries, für die Besorgung der Herausgabe dem Pinguin-Verlag in Innsbruck, dabei insbesondere Herrn Herbert Pawlowski, sowie dem bayerischen Staatsministerium für Unterricht und Kultus, das durch die Gewährung eines namhaften finanziellen Beitrages die Publikation wesentlich erleichtert hat.

Walter Raunig

I. Allgemeiner Teil

1. Die Brasilienreise von Spix und Martius (1817–1820) und der Erwerb der Sammlung

Als im Jahre 1817 die österreichische Regierung beschloß, im Gefolge der Erzherzogin Leopoldine, der Braut des späteren Kaisers Don Pedro I. von Brasilien, Gelehrte hinüberzusenden, darunter den Naturforscher Johann Natterer, da erwirkte König Max Joseph von Bayern deren Einwilligung, auch Mitglieder der Bayerischen Akademie der Wissenschaften als Begleiter aufzunehmen. Der Zoologe Dr. Johann Baptist von Spix und der Botaniker Dr. Carl Friedrich Philipp von Martius wurden dazu ausersehen.

Drei Jahre währte ihre Reise, auf der sie die verschiedenartigen Aufgaben, welche die Akademie ihnen gestellt hatte, vorzüglich lösten. Nicht nur ihren eigensten Forschungsgebieten sollten sie sich widmen, sondern ihr Interesse allem zuwenden, was für die Aufhellung eines noch kaum bekannten Landes, wie Brasilien es damals war, in Frage kam.

Die historische und philosophisch-philologische Klasse der Akademie erinnerte die beiden Naturforscher »an die Beachtung der verschiedenen Sprachen, der Volkstümlichkeiten, der mythischen und historischen Überlieferungen, der älteren und neueren Monumente, als Schriften, Münzen, Idole, und überhaupt alles dessen, was über den Kulturzustand und die Geschichte der Ureinwohner sowohl, als der sonstigen Bewohner Brasiliens Licht verbreiten könnte, oder sich auf die Topographie und Geographie jenes so wenig bekannten Landes bezieht« (Spix/Martius, I, S. 7).

Die beiden Gelehrten haben zunächst in ihrer Eigenschaft als Zoologe und Botaniker die Provinzen zwischen Rio de Janeiro im Süden und Belem do Pará im Nordosten Brasiliens forschend, sammelnd und registrierend durchzogen, ohne viel Gelegenheit zum Studium unberührter Naturvölker zu erhalten, wenn man von einem Besuch bei den Coroados und Puri am Rio Xipoto, einigen Begegnungen mit Botokuden und einem Aufenthalt in einer Mission der Camacan im Staate Bahia absieht.

Von Belem do Pará aus aber vollführten sie von August 1819 bis April 1820 eine denkwürdige Fahrt den Amazonenstrom hinauf, auf der sie im mittleren Abschnitt von der Mündung des Rio Negro bis zur peruanischen Grenze und vor allem an seinem großen linken Nebenfluß, dem Rio Yapurá, noch eine ganze Reihe zum Teil fast unberührter Indianerstämme in ihrem täglichen Leben und Treiben beobachten konnten. Viele von diesen Stämmen haben inzwischen ihre bodenständige Eigenart verloren, einige sind völlig ausgestorben.

Die damals wichtigsten Stämme am Rio Yapurá, den Martius allein weit hinauf bis zur seinerzeitigen Grenze mit Kolumbien (Neu-Granada) befuhr, waren u.a. die Passé, Juri und

Yumana, ferner die Coretù, Coëruna und Miranha, welch letztere zwischen Yapurá und Putumayo ein weites Gebiet durchstreifen und bei denen Martius am längsten verweilte.

In der Zwischenzeit verfolgte Spix den Lauf des Amazonas bis nach Tabatinga an der peruanischen Grenze und lernte dabei vor allem die Mayoruna, Omagua und Tukuna kennen. Anschließend bereiste Spix noch den Rio Negro von der Mündung bis zum Ort Barcellos. Am 10. März 1820 trafen sich Spix und Martius in der Barra do Rio Negro, der späteren Stadt Manaos, wieder, um vor ihrer Rückkehr nach Pará noch gemeinsam einen Abstecher zu den Mundurucú- und Mauhé-Indianern, die am Caño Iraria östlich der Einmündung des Rio Madeira wohnten, zu unternehmen.

Das literarische Ergebnis der gesamten Reise von Spix und Martius liegt in ihrer dreibändigen »Reise in Brasilien« (München 1823–1831) vor. Der erste Band wurde noch von beiden Forschern gemeinsam herausgegeben, die anderen sind nach Spix' frühem Tode von Martius allein verfaßt. Letzterer war es auch, der neben seinen grundlegenden Arbeiten über die Flora Brasiliens – er war von 1832–1854 Direktor des Botanischen Gartens in München – sich auch noch in späteren Jahren eifrig der ethnologischen und linguistischen Erfassung der südamerikanischen Völkerstämme widmete. Als Kombination eingehenden Quellenstudiums und eigener Beobachtungen erschien 1867, ein Jahr vor seinem Tode, sein zweibändiges Werk: »Beiträge zur Ethnographie und Sprachenkunde Brasiliens«, das Martius den Beinamen eines Vaters der brasilianischen Völkerkunde eingetragen hat.

Die Zeugnisse der materiellen Kultur der von Spix und Martius besuchten Indianerstämme, die jene mit großem Eifer sammelten und nach bestem Wissen und Gewissen beschrifteten, gehören zum Grundstock des späteren Münchener Museums für Völkerkunde (gegründet 1868) und zählen heute noch zu seinen kostbarsten Schätzen. Ihnen vergleichbar ist nur noch die Brasilien-Sammlung des Wiener Völkerkunde-Museums, die der schon erwähnte österreichische Naturforscher Johann Natterer von 1817–1835 zusammenbrachte.

2. Die Geschichte der Sammlung (1820–1980)

So glänzend und ehrenvoll der Empfang war, der den beiden Forschern Spix und Martius bei ihrer Heimkehr in München zuteil wurde, so bereitete doch die Unterbringung ihrer mitgebrachten Schätze – keine der zahlreichen Sendungen war auf dem Wege verlorengegangen – große räumliche Schwierigkeiten.

Im Wilhelminum häuften sich Kisten über Kisten mit naturwissenschaftlichem und ethnographischem Material, das zu seiner Ordnung, Klassifizierung und Beschreibung viel Platz bedurfte, der nur durch Zusammenrücken alteingesessener Sammlungen geschaffen werden konnte. Man trug sich daher mit dem Gedanken, die Schätze als Ganzes zusammen zu lassen und ein eigenes Museum Brasilianum zu schaffen. Nach dem Tode des großen Gönners, König Maximilian I., im Jahre 1825, zerschlug sich der Plan, und als auch im Jahre darauf Johann Baptist von Spix, in dessen zoologischem Kabinett die großen Masken, deren Erwerb sein besonderes Verdienst gewesen war, aufbewahrt wurden, starb, der Nachfolger aber die Ethnographie aus der Zoologie entfernte, wurde diese, d.h. im wesentlichen unsere Sammlung, in den dritten Stock des Wilhelminums ohne freien Raum zur Bearbeitung verbracht.

Dies dürfte auch der Grund sein, warum erst im Jahre 1843, nachdem im Jahre zuvor die Brasilien-Sammlung in das freigewordene Galeriegebäude am Hofgarten übersiedeln konnte, Martius einen Spezialkatalog der Sammlung erstellte. Dieser wohl als Originalkatalog zu betrachtende Katalog – ältere Listen existieren nicht mehr – zählt 452 Nummern, wovon 25 Kollektivnummern mit zusammen 128 Gegenständen, meist Federschmuck, die Stücke als a, b, c, etc. bezeichnet, sind. Dazu kommt noch ein Nachzügler in einem späteren Katalog (Nr. 93, 768).

Jedoch schon 1845 wurde die Sammlung Spix und Martius wiederum ins Wilhelminum zu den gleichen mißlichen Unterkunftsbedingungen wie früher zurückverlegt, um im Galeriegebäude einer Sammlung chinesischer Gegenstände Platz zu machen. Dort waren auch die nicht-ethnographischen Teile der von den bayerischen Herrschern zusammengetragenen Gegenstände unter dem Titel »Vereinigte Sammlungen« ausgestellt.

Als König Maximilian II. ein Museum mittelalterlicher Kunst zu gründen und es in einem seit 1853 im Bau befindlichen Taubstummeninstitut – dem heutigen Museum für Völkerkunde – in der Maximilianstraße unterzubringen beschloß, das zu diesem Zweck umgebaut wurde, waren die Säle im Obergeschoß der Hofgartenakademie endlich frei für ein völkerkundliches Museum. In dieses wurde 1867 auf Antrag von Prof. Moritz Wagner die Spix-Martius-Sammlung übergeführt; ein Jahr später konnte die »Ethnographische Sammlung im Galeriegebäude« ihre Pforten öffnen.

In der Folgezeit teilte unsere Sammlung das Schicksal des restlichen, immer noch anwachsenden Münchener Museums für Völkerkunde, dessen Unterbringung sich immer noch als ungeeignet und unzureichend erwies. Aber erst einige Jahre nach dem Ersten Weltkrieg, im Jahre 1925, konnte das Museum in das Gebäude an der Maximilianstraße umziehen, nachdem für das, nach dem Bayerischen Nationalmuseum dort eingezogene Deutsche Museum, ebenso wie für jenes, Neubauten errichtet worden waren. Bereits im nächsten Jahr konnten fast zwei Drittel der nunmehr zur Verfügung stehenden 38 Ausstellungsräume eröffnet werden; im Raum 34 fand auch die Spix-Martius-Sammlung mit ihren besten Stücken in einer etwas gegenüber früher aufgelockerten Form Aufstellung.

Als die Luftangriffe im Zweiten Weltkrieg immer bedrohlichere Formen annahmen, ging man rasch und tatkräftig daran, die Bestände in Burgen und Klöster des Umlandes auszulagern und das Museum für den Publikumsverkehr zu schließen. In den Jahren 1943 und 1944 wurde das Museumsgebäude dann in der Tat durch Luftangriffe schwer beschädigt und auch Teile der dort verbliebenen, weil für weniger wertvoll erachteten Sammlungen vernichtet, so u.a. offenbar sämtliche Hängematten der Spix-Martius-Sammlung. Da nach Beendigung des Krieges der Wiederaufbau des Gebäudes und damit die Zurückführung der Bestände und deren Zurschaustellung nur mehr langsam vonstatten ging, waren – zumindest für letztere –

Zwischenlösungen angebracht, um das Museum nicht gänzlich in Vergessenheit geraten zu lassen.

Als eine der ersten zu diesem Zweck im Amerikahaus München von den beiden damaligen Amerikanisten des Museums, H. Ubbelohde-Doering und H.-J. Disselhoff mit Hilfe des U.S. Information Center, veranstalteten Sonderausstellungen zeigte 1950 die Schau »Frühe Kunst Amerikas« auch Spitzenstücke der Spix-Martius-Sammlung, vor allem Masken der Tecuna und Juri-Taboca sowie Federarbeiten der Mundurucú und Mauhé.

Zehn Jahre später (1960), nach erfolgtem Wiederaufbau des Museums, konnte ich im Rahmen einer Ausstellung »Indianer vom Amazonas« eine größere Auswahl von Gegenständen unserer Sammlung zur Schau stellen. Die Ausstellung war mehrere Jahre zu sehen, bevor sie einer anderen weichen mußte. Ende Juli 1979 wurde dann die von mir ebenfalls eingerichtete Sonderschau »Die Brasilien-Sammlung Spix und Martius 1817–1820« eröffnet, die ebenfalls für einen längeren Zeitraum aufrechterhalten werden soll und zu der diese Veröffentlichung als Begleitpublikation gedacht ist.

3. Bestandsaufnahme und Beschreibung der Sammlung durch Werner von Hörschelmann (1919)

In Anbetracht der recht bewegten Geschichte der Sammlung verwundert es uns nicht, daß in den vergangenen 160 Jahren, die seit ihrer Einbringung vergangen sind, Verluste und Beschädigungen eingetreten sind, die jedoch – mit einigen schmerzlichen Ausnahmen – nicht so gravierend ausgefallen sind, daß sie den Bestand der Sammlung als solche gefährden. Dazu treten noch gewisse Unstimmigkeiten in der Bestandsaufnahme auf. Nachdem schon der Originalkatalog nicht ganz mit der Realität, d.h. den tatsächlich vorhandenen Gegenständen übereinstimmt, wie ein Vermerk, vermutlich von der Hand des einstigen Hauptkonservators und späteren Museumsdirektors Max Buchners (1867–1907) besagt, ergibt sich eine weitere Fehlerquelle aus der Übernahme des Originalkatalogs in den 1857/1858 eingerichteten allgemeinen Eingangskatalog des Museums. Darin beginnt das Verzeichnis unserer Sammlung, die Nummer jeweils vorweg mit einem »M« (= Martius) versehen, mit der Nr. 251 und endet mit der Nr. 764. Dazwischen tauchen aber immer wieder Nummern von Gegenständen aus anderen früheren Sammlungen des Museums, wie Cook (C) oder Krusenstern (K) usw., auf, die den Anteil der »M«-Positionen auf 453 beschränken. Außerdem sind die »M«-Nummern nur teilweise in geographische bzw. sachliche Gruppen zusammengefaßt. Dies alles bedeutet, daß in dem hier vorgelegten Katalog der Sammlung keine fortlaufende Numerierung möglich ist, abgesehen davon, daß die Nummern der heute nicht mehr vorhandenen Objekte getrennt aufgeführt werden müssen.

Eine neue, dritte fortlaufende Numerierung außer der nunmehr verbindlichen des Eingangskatalogs und den aus historischen Gründen in Klammern beibehaltenen Originalnummern, soweit diese noch vorhanden bzw. feststellbar sind, würde die einzelnen Positionen der Veröffentlichung zu sehr belasten und außerdem auch eine Umnumerierung der Gegenstände selbst implizieren.

Da eine Nachprüfung der Daten über den gesamten langen Zeitraum äußerst schwierig und auch wenig ergiebig sein dürfte, stütze ich mich auf eine Zwischenbilanz, die im Jahre 1919, also rund 100 Jahre nach Eingang der Sammlung, gezogen wurde. Sie besagt, daß von den ursprünglich 453 Nummern, einschließlich der 25 Kollektivnummern mit 128 Gegenständen, inzwischen 15 Nummern und 9 Teile von Kollektivnummern im Tausch abgegeben worden waren, und zwar ausnahmslos an das Britische Museum in London. Außerdem wurden 16 Nummern und 6 Teile von Kollektivnummern nicht aufgefunden. Dies bedeutete eine Verminderung auf 442 Nummern. Auf Gegenstände umgerechnet, ergab dies ein Vorhandensein von 510 Einzelobjekten der Sammlung Spix und Martius.

Diese Aufstellung geht auf Werner von Hörschelmann zurück, der von Oktober 1917 bis zu seinem frühen Tode, am 21. Oktober 1919, im noch nicht vollendeten 38. Lebensjahre wissenschaftlicher Mitarbeiter des Staatlichen Museums für Völkerkunde in München gewesen ist. Da er in besonderem Maße mit der Sammlung Spix und Martius verbunden war, sei hier näher auf seine Person eingegangen: Vor dem Ersten Weltkrieg war W. von Hörschelmann am Berliner Museum für Völkerkunde unter dem berühmten Amerikanisten Eduard Seler wissenschaftlich tätig. Als gebürtiger Balte diente er im Ersten Weltkrieg als russischer Offizier, bis er verwundet in deutsche Gefangenschaft geriet. Nach seiner Genesung wurde er von der Militärbehörde dem Münchener Museum für Völkerkunde an dem genannten Zeitpunkt zur dienstlichen Verwendung überstellt. Der damalige Direktor des Museums, Prof. Lucian Scherman, betraute ihn mit einer Neudurchnahme der Sammlung Spix und Martius, »um ihn nicht dem Gebiet zu entfremden, in das er sich vor dem Kriege in Berlin unter Selers Leitung eingearbeitet hatte« (L. Scherman, 1920, S. 2). So verdanken wir Hörschelmann minuziöse Beschreibungen aller damals vorhandenen Objekte der Sammlung, denen er in den meisten Fällen noch Zeichnungen beifügte, die ein beachtliches Geschick verraten. Außerdem lieferte er dazu einen Kommentar nach dem damaligen Stande der südamerikanischen Völkerkunde. Er führte ferner mit dem Südamerika-Forscher Th. Koch-Grünberg, damals Direktor des Lindenmuseums in Stuttgart, über bei der Bearbeitung der Sammlung auftauchende Probleme eine lebhafte Korrespondenz.

Lucian Scherman veranlaßte ihn, über das Ergebnis seiner Tätigkeit auf einer Sitzung der Anthropologischen Gesellschaft in München – die es damals noch gab – zu berichten. Scherman war es auch, der nach dem Tode Hörschelmanns diesen Vortrag im Bericht des Museums für Völkerkunde München VIII (1918–1920) zum Abdruck brachte. In besserer Zeit hätte Scherman sogar einer Publikation auf breiterer Basis das Wort geredet, wie er in den einführenden Worten zu Hörschelmanns Aufsatz bemerkt. Auch Koch-Grünberg schreibt in seinem Brief vom 29. März 1919 an Hörschelmann: »Es wäre sehr wertvoll, wenn Sie die ganze Martius-Sammlung nach Durcharbeitung mit guten Abbildungen veröffentlichen könnten . . . wozu ich Ihnen nur Glück wünschen würde.« Ein solches war Hörschelmann nicht mehr vergönnt, es ist mir daher eine Ehrenpflicht, seiner in Dankbarkeit an dieser Stelle zu gedenken, um so mehr, da seine Gegenstandsbeschreibungen, die in den zwanziger und dreißiger Jahren aus der handgeschriebenen Kladde auf die offiziellen Karteiblätter des Museums unter Beibehaltung der Zeichnungen von Fräulein Therese Grillmair mit viel Engagement in Maschinenschrift übertragen wurden, als erste Grundlage für diese Veröffentlichung dienten.

4. Die Bearbeitung der Sammlung (1959–1979)

Die Bearbeitung der Brasilien-Sammlung Spix und Martius durch den Verfasser begann 1959 mit der Veranlassung einer neuerlichen Bestandsaufnahme – vierzig Jahre nach der Hörschelmanns –, die durch die offensichtlich inzwischen – hauptsächlich durch die Auswirkungen des Zweiten Weltkriegs – eingetretenen Verluste notwendig geworden war. Sie ergab einschließlich einiger nachträglicher positiver Korrekturen ein weiteres Fehlen von 123 Nummern bzw. Teilen von ihnen. Sie sind jedoch in Hörschelmanns Sammlungskartei erfaßt und im Teil III aufgeführt. Danach wurde eine Anzahl ausgewählter Objekte für die Ausstellung »Indianer vom Amazonas« im Jahre 1960 wissenschaftlich bearbeitet. Das Ergebnis fand in verkürzter Form in dem dazugehörigen Katalog seinen Niederschlag.

Zwei mir besonders wichtig erscheinende Komplexe – Masken und Holzschnitzarbeiten – wurden in erweiterter Form separat veröffentlicht (Zerries, 1961, 1964). In den Jahren 1978/1979 wurden die gesamten bisherigen Ausarbeitungen nochmals überprüft und, wo nötig, ergänzt. Ein besonderes Problem bieten die Provenienzangaben, die schon im Reisewerk, im Atlas und im Katalog bisweilen von einander abweichen.

Im allgemeinen wurden – von einigen krassen Fällen der Unstimmigkeit abgesehen – die Angaben des Eingangskatalogs – wenn nötig mit Fragezeichen – vorangestellt und die Provenienzfrage in der Anmerkung diskutiert und nach Möglichkeit die Erstangabe korrigiert. Die derzeit vorhandenen Objekte (319 Nummern) werden im folgenden Hauptteil II nach der Zugehörigkeit ihrer indianischen Verfertiger zu bestimmten Kulturarealen aufgeführt und kommentiert. Aus diesen geographischen Räumen sind einzelne sachliche Komplexe, wie Masken, Giftwaffen und Drogengeräte wegen ihrer besonderen Bedeutung ausgegliedert und getrennt behandelt. Innerhalb der Areale haben zunächst die einzelnen Stämme Vorrang, innerhalb derer wiederum sachliche Gruppen zusammengefaßt sind. Erst in letzter Linie ist die Reihenfolge nach Nummern, die ohnehin nicht fortlaufend sein kann, berücksichtigt.

II. Die derzeit vorhandenen Gegenstände der Sammlung Spix und Martius

1. Nordwestamazonien

Aus diesem Gebiet stammen die weitaus meisten Objekte der Sammlung, und es soll daher vorrangig behandelt werden. Nach der heute geläufigen Arealeinteilung wird es im wesentlichen von dem Uaupés-Caquetá-Areal (nach Steward, 1948, S. 888f.) eingenommen, eine Bezeichnung, die von diesen beiden Hauptflüssen Rio Uaupés und Rio Caquetá (= Synonym für Yapurá!) herrührt. Die wichtigsten indianischen Sprachgruppen sind hier die Ost-Tukano und die Uitoto, dazu treten einige Aruakstämme und ein Karibenstamm (Umaua oder Carihona) ferner die isoliertsprachigen Tukuna (= Tecuna).

Wesentliche Kulturzüge sind u.a. der vorrangige Anbau des bitteren Maniok als Grundlage der Ernährung, ein wohl entwickeltes Sippensystem und die Errichtung eines großen Gemeinschaftshauses (Maloca) als dominierende Siedlungsweise; der Gebrauch des Blasrohrs und damit des Curare-Giftes, die Verwendung von Baststoffen, die Anfertigung von Hängematten als Schlafstätten und im sozioreligiösen Bereich Initationsriten der Knaben mit Einweihung in einen Sippen-Ahnenkult unter Verwendung von Sakraltrompeten (Ost-Tukano), der Mädchen mit dem Auftreten von Maskentänzern (Tukúna), das auch bei Trauerriten stattfindet (Ost-Tukano und Uitoto).

Diese genannten Aspekte lassen naturgemäß sich nur zum Teil an dem von Spix und Martius gesammelten ethnographischen Material ablesen. Auch sind bei weitem nicht alle Stämme des Areals mit Objekten vertreten, abgesehen davon, daß vom engeren Uaupés-Caquetá-Areal nur die Anrainer des Rio Caquetá (= Yapurá) besucht wurden. Von den Ost-Tukano waren dies die Coretù und Yupuà (Tajassu-Tapuyo), von den Uitoto die Miranha und Coëruna, von den Aruak die Uarequena (= Arikena), Juri, Yumana, Cauixana, Uainumà und Passé, welche z.T. damals auch noch am Nordufer des oberen Amazonas (Solimões) auftraten, wie dies ja auch bei dem von Steward zum Areal Nordwestamazonien gerechneten Tukuna (= Tecuna) der Fall ist.

Einführung mit Anmerkung zur Yapurá-Reise von Martius und zu Spix' Reise an die peruanische Grenze

Zur besseren Beurteilung der Problematik, die den Provenienzangaben der Gegenstände zugrunde liegt, die auf der Yapurá-Reise von Martius gesammelt wurden, ist es notwendig, sich kurz die Stationen derselben, die jeweilige Aufenthaltsdauer und die Vermerke über Kontakte mit den verschiedenen Indianergruppen einschließlich etwaiger Erwerbungen von Ethnographica vor Augen zu führen (Spix/Martius, 1831, S. 1197ff.).

Martius verließ am 12. Dezember 1819 mit einer Flotille von acht Fahrzeugen und sechsundfünfzig Mann(!) Besatzung Ega am Amazonas. Mit ihm reiste Gregorio, der alte Häuptling der Coëruna, zu seinem Heimatdorf Maripi zurück. Am siebten Tage nach der Abreise erreichte man S. Antonio de Maripi (Imaripi), die fünfzig Jahre vorher von den Portugiesen errichtete erste Ortschaft am Yapurá, die seitdem eine Bevölkerung von ganz verschiedenen Stämmen, Passé, Juri, Coëruna und Jumana, erhalten hatte (l. c. p. 1201). Gregorio brachte noch am gleichen Abend (18. Dezember) seine anwesenden Stammesgenossen herbei, die Früchte, Federzierate und Waffen gegen Eisenwaren und Glasperlen eintauschten. Gregorio verschaffte Martius ferner mehrere Kästen mit dem kompletten Federschmuck der Coëruna, der dem der Coretù seiner Feststellung nach völlig gleich war (l. c. p. 1203). Martius erhielt ferner eine große Menge Waffen von den Indianern in Maripi, die er der Obhut des Häuptlings Albano der Passé übergab und bei der Rückkehr noch um mehrere Stücke vermehrt vorfand (l. c. p. 1209).

Der nächste Indianerkontakt fand am See Acunaui, südlich des Yapurá, statt, wo ein Dorf der Cauixana besucht wurde. Nach zunächst mißtrauischem Empfang ergab sich auch hier ein Tauschhandel, bei dem Bögen und vergiftete Pfeile den Besitzer wechselten (l. c. p. 1215).

Fünf Tagereisen brauchte Martius bis zum nächsten Dorf S. João do Principe am Norduferdes Yapurá, wo einige Familien der Juri und Coretù wohnten. Am 31. Dezember 1819 kam der Häuptling Pachicu der Coretù dort an, der die Expedition weiterhin begleiten sollte (l. c. p. 1221). Am Abend tanzten die mit Pachicu gekommenen Coretù in ihrem Federschmuck, den Martius später von dem Häuptling erhandelte.

Am 1. Januar 1820 verließ die Expedition S. João do Principe und kam tags darauf in Uarivaú an, wo der Häuptling Miguel vom Stamme der Juri residierte (l. c. p. 1223). Martius veranlaßte einen Tanz der Juri-Männer, deren Ausstattung er beschreibt (l. c. p. 1227) und offenbar weitgehend einhandelte, wie seine Verweise auf bestimmte Gegenstände im Atlas des Reisewerkes »Tafel Indianische Gerätschaften« (Fig. 27, 30, 32, 33, 34) schließen lassen. Hier erwähnt Martius auch das Auftreten von Maskentänzern der Juri, u.a. den Träger der Maske, die einen Tapirkopf darstellte (vgl. Nr. 372?).

Den Schluß bildete ein Waffentanz der Juri, der im Atlas wiedergegeben ist (siehe Tafel 5).

In sieben Fahrzeugen, über sechzig Mann stark, verließ man Uarivaú und gelangte nach vier Tagereisen bis zu den ersten Katarakten des Yapurá, denen von Cupatí. Am 12. Januar erreichte man Manacurú, eine Ortschaft der Juri-Indianer, deren Situation und materielle Kultur Martius (l. c. p. 1235ff.) beschreibt. Er zählt verschiedene Gegenstände auf, die im Atlas, Tafel »Indianische Gerätschaften« (Nr. 54, 18, 48, 44, 41) abgebildet seien, und dort von den Juri-Taboca, einer Untergruppe des Stammes, eingehandelt wurden.

Am 15. Januar schiffte man sich wieder ein und erreichte nach drei Tagereisen das Gebiet der Miranha mit der von den Portugiesen »Porto dos Miranhas« genannten Siedlung, dem Sitz des Hordenhäuptlings João Manoel, der zu den Miranha gehörigen Carapaná-Tapúija oder Schnakenindianer. Von hier erwähnt Martius (l. c. p. 1245ff.) das berüchtigte Reibebrett mit angeblichen Menschenzähnen, das er nichtsdestoweniger seiner Sammlung einverleibte (Nr. 720), sowie die Flechtarbeiten der fleißigen Miranha-Frauen, vor allem die weithin ver-

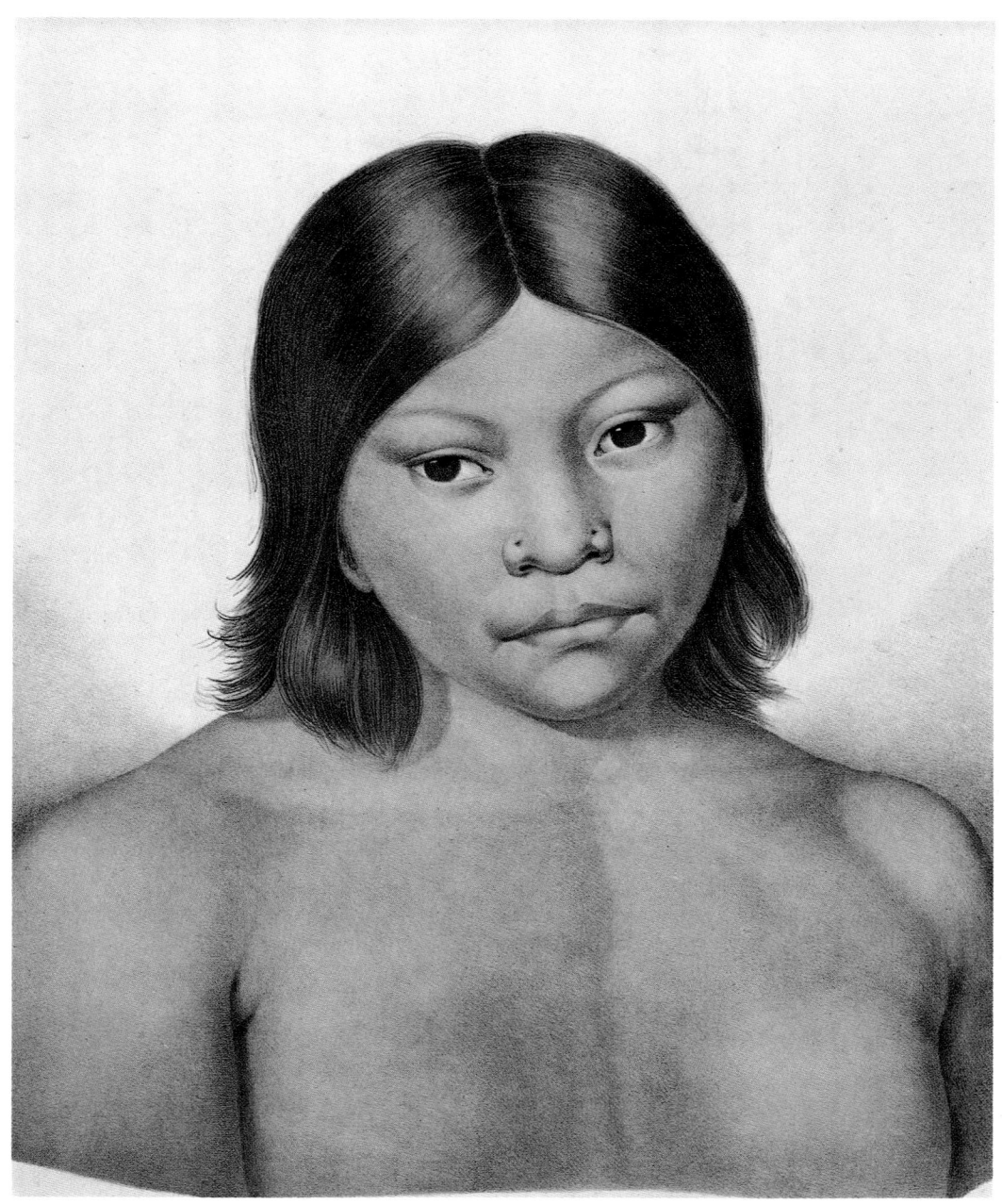

Taf. 1 – Isabella, »ein Mädchen vom Stamme der menschenf=essenden Miranhas . . .«
Reproduktion: Portrait im Atlas Spix und Martius

Taf. 2 – Reproduktion: Johann Baptist von Spix

Taf. 3 – Reproduktion: Carl Friedrich Phil. von Martius

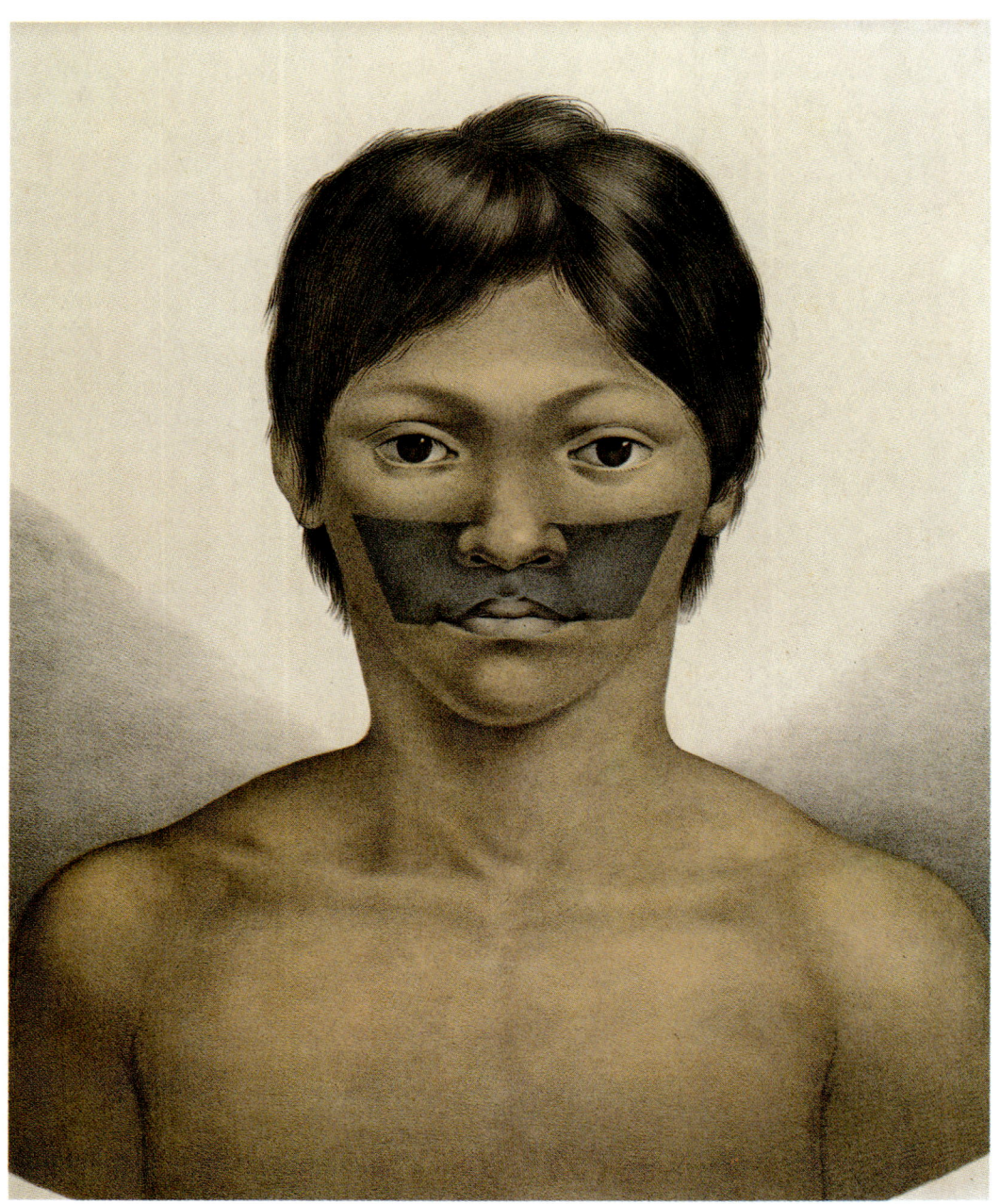

Taf. 4 – Johannes, »der Sohn eines Kaziken von der Nation Juri«.
Reproduktion: Portrait im Atlas von Spix und Martius

WAFFENTANZ DER JURIS.

Taf. 5 – Waffentanz der Juri
Reproduktion: Spix und Martius, Atlas, Tafel »Bilder aus dem Menschenleben«

Taf. 6 – Rechteckiger
Holzschild, Umaua

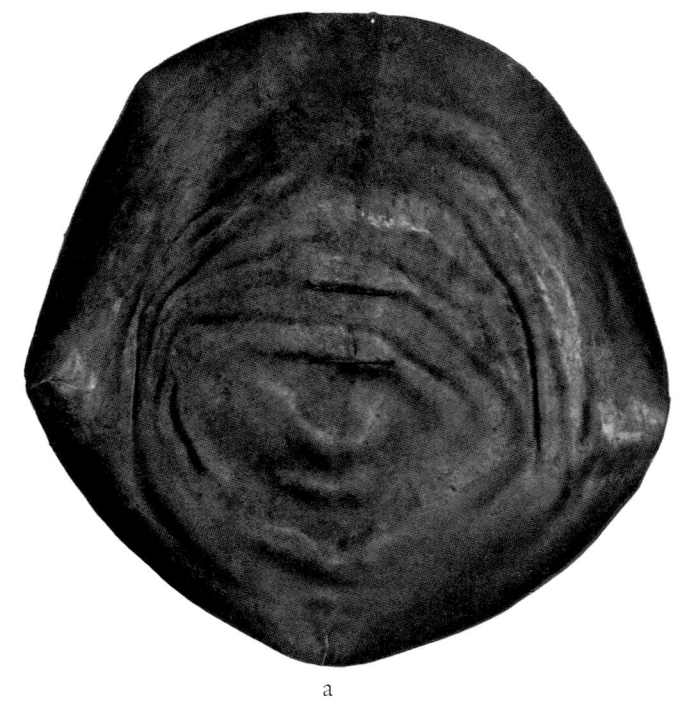

a

b

Taf. 7a – Rundschild aus Tapirhaut der Juri-Taboca
b – Griff des Schildes der Umaua

23

Taf. 8 –
Schurz aus
Baststreifen,
Miranha

handelten Hängematten aus Tucumpalmfasern, von denen er Dutzende gegen einige wenige Eisengeräte eintauschte. – Leider hat keine einzige von ihnen, soweit sie nach München gelangten, den letzten Krieg überstanden (vgl. Nr. 737/63). – Auch werden die dazu benötigten Materialien beschrieben und mitgebrachte Beispiele erwähnt (Atlas, Tafel »Indianische Gerätschaften«, Fig. 12, 17, 19, 20) einschließlich der auch für Baumwolle verwendeten Spindel (Atlas, Tafel »Indianische Gerätschaften«, Fig. 13). Ferner wird die Bearbeitung von Baumbast und die daraus gefertigten Gegenstände, u.a. Kästen zur Aufbewahrung von Federschmuck, Lendengurten usw. geschildert.

Am 22. Januar machte sich Martius mit verringerter Begleitung zum letzten Ziel der Reise, dem Wasserfall Arara-Coara auf (l. c. p. 1251). Mit den in diesem Gebiet streifenden Umaua kamen die Reisenden nicht in Berührung. Martius erwarb jedoch von einem begegnenden Salsaparilha-Sammler einige Gegenstände aus einem Kanu dieser Indianer – darunter den berühmten viereckigen Schild der Umaua (Nr. 498) –, das jener verlassen angetroffen hatte.

Am 28. Januar erreichte Martius den Arara-Coara-Fall und kehrte am 31. Januar nach Porto dos Miranhas zurück, wo er drei Tage später eintraf. Er behandelte die dort zurückgebliebenen, inzwischen an Fieber erkrankten Expeditionsteilnehmer und beaufsichtigte die Fertigstellung eines für den Rücktransport der Sammlungen benötigten Bootes (siehe Tafel 103, 102).

Inzwischen kehrte auch der Miranha-Häuptling Manoel von einem Kriegszug mit vielen Gefangenen von einer anderen Miranha-Horde (Muriatés) zurück, die er an Martius zu verkaufen gehofft hatte. Dieser nahm sich jedoch nur einiger junger Indianer an, von denen er ein junges Mädchen mit nach München bringen konnte, das aber den Orts- und Klimawechsel ebensowenig überlebte wie der junge Juri-Indianer aus Manacapurú, der sich am Schluß der Yapurá-Reise Martius anschloß und ihn nach Europa begleitete (Tafel 1, 4). Dagegen handelte Martius eine Menge Federschmuck und Waffen von den Miranha ein (l. c. p. 1264ff.).

Am 12. Februar verließ die Expedition Porto dos Miranhas und erreichte Manacaru am Abend des zweiten Tages (l. c. p. 1269ff.). Dorthin waren auch die Juri-Taboca aus dem Walde zurückgekehrt. Es erschien ferner der Coëruna-Häuptling Gregorio, den Martius auf der Hinfahrt an den Mirití-Paraná entsandt hatte, um Proviant und Federschmuck von den dortigen Coretùs, Coërunas und Yupuàs zu besorgen. Mit ihm kamen mehrere Boote mit befreundeten Indianern, die sich drängten, verschiedene Waffen, Federzierate usw. zum Tausch anzubieten. Martius erhielt dabei u.a. die Coca-Büchse und den Knochenlöffel (Nr. 417, 418).

Nach einer Besichtigung der Felsgravierungen von Cupatí benötigte er zwei Tagereisen bis Uariváu, wo er außer den Juri noch einige Makuna und Yapuá vorfand. In einer weiteren Tagesfahrt kam die Expedition bis nach S. João do Principe abwärts. In Maripi verweilte man nur so lange, um die Sammlungen ins eigene Fahrzeug umzupacken, und so kam Martius am 2. März nach Ega am Amazonas zurück.

Aus diesem Fahrtbericht ist zu schließen, daß Martius – mit Ausnahme der Miranha – jeweils nur kurze Zeit mit den einzelnen Indianergruppen Kontakt hatte, der außerdem z.T. nicht in deren eigentlichen Wohngebieten stattfand, sondern in von den Portugiesen gegründeten Niederlassungen am Yapurá (S. Antonio de Maripi, S. João do Principe, Porto dos Miranhas), wo Angehörige bis zu vier verschiedener Stämme wohnten. Das bedeutet, daß diese sich wahrscheinlich kulturell einander angeglichen haben, was u.a. erklären würde, warum dieselbe Art von Gegenständen, so z.B. die als »Weiberschurze« bezeichneten Federarbeiten von Juri, Miranha, Coëruna, Jumana oder die sogenannten »Fliegenwedel« – wahrscheinlich Feuerfächer –, bei vier bis fünf verschiedenen Stämmen (Passé, Cauixana, Uainumà, Jumana, Coretù) auftreten. Es könnte aber auch sein, daß Martius bei der Fülle der auf einmal anfallenden Gegenstände, wie etwa bei der Rückkehr Gregorios oder der Übernahme der Sammlung in Maripi, sich in der Zuordnung geirrt hat, ganz zu schweigen von späteren Fehlern bei der Katalogisierung in München.

In etwa der gleichen Zeit – nämlich vom 7. Dezember 1819 bis zum 3. Februar 1820 – befuhr Spix von Ega aus den Solimões (oberer Amazonas) aufwärts bis Tabatinga (Grenze Brasiliens zu Peru) und zurück nach der Barra do Rio Negro (Manaos). Dabei traf er z.T. mit Angehörigen derselben Stämme wie Martius am Yapurá zusammen. So sah er oberhalb von Ega: Juri, Passé, Cauixana (am Rio Tonantins) und Jumana-Indianer, aber auch Miranha, Catúquina, Tecuna und Uaraycu (Spix und Martius, 1831, S. 1184/1185). In einem Militärposten an der Mündung des Rio Içá (Putumayo) fand er mehrere hundert Passé, aber auch Jumana, Miranha und Uariquena vor; am 30. Dezember erreichte Spix São Paulo de Olivença, dessen Einwohner Campeva (= Omagua), Tecuna, Culino etc. waren (l. c. p. 1186/1187).

In Tabatinga kam er am 9. Januar 1820 an, das vornehmlich von Tecuna bewohnt war. Auch einigen Maxuruna begegnete er hier. Spix erwähnt außer dem bekannten Maskenzug der Tecuna das Eintauschen von Waffen, Schmuck und Geräten dieses Stammes. Bei der Rückkehr nach Olivença, wo er offenbar mit den dortigen Culino näher in Kontakt kam, wartete er acht Tage auf das Eintreffen der Kähne, die er bei der Fahrt flußaufwärts abgeschickt hatte, um zu jagen und ethnographische »Merkwürdigkeiten« von benachbarten Indianern einzusammeln, eine Maßnahme parallel zu der von Martius am Yapurá geübten Praxis, die aber da wie dort eine Fehlerquelle in der Herkunftsbestimmung der Gegenstände eröffnete (l. c. p. 1188/1189).

Bei der Wiedervereinigung der beiden Forscher und der von ihnen mitgebrachten Sammlungen dürfte auch einiges durcheinander gekommen sein; anders ließe es sich schlecht erklären, warum von den Vogelfiguren aus mit Federn beklebtem Rindenbast nur wenige in einer sinnvollen Verwendung als Teil eines Kopfschmuckes der Coëruna und Coretù (vgl. Tafel 19), fast ein Dutzend jedoch als von den Tecuna ohne Angabe des Verwendungszweckes herrührend bezeichnet werden.

Katalog

498 (Or. Nr. 301) Rechteckiger Holzschild mit leichter Wölbung,   Umaua
um die Mitte sind Binsen (gespaltene Schlingpflanzenstengel?) geschlungen, die auf der
Rückseite den Handgriff bilden. Die Stengel sind hier zusammengenommen und fest um-
wickelt; von den Enden der Umwicklung geht eine Strähne nach der einen Seite ab, wo sie
durch zwei Löcher im Holz geführt ist, um den Griff an seinem Platz festzuhalten. Diese
Strähne ist ebenfalls umwickelt.
Abb.: Spix und Martius, Atlas, Tafel 21, »Indianische Waffen«, Fig. 26. (Hier ist am Griff
noch eine Unterlage zu sehen, die inzwischen verlorengegangen ist.)
Lit.: F. Ratzel, 1894, II, S. 504; Hörschelmann, 1920, S. 8, Abb. 8; Kat. »Indianer vom
Amazonas«, 1960, Nr. 94, S. 76.
Größe: 24 x 43,5 cm
Dicke: bis 2,5 cm   *Tafel 6*
Anm.: Martius (Spix/Martius, III, S. 1255) schildert die Auffindung dieses viereckigen
Holzschildes – der nach Hörschelmann (1920, S. 9) zu den größten Seltenheiten in Süd-
amerika gehört – zusammen mit Bogen, Pfeilen und Ruder in einem von den Umaua verlas-
senen Einbaum.
Weitere Erwähnungen und Behandlungen des Schildes: H. H. Petri, 1938, S. 155;
W. Schmidt, 1913, S. 1055; W. Schmidt, 1914, S. 661/662.

317 (Or. Nr. 75) Federschmuck   Miranha
auf einen Rindenbaststreifen sind verschiedenfarbige Federn von verschiedenen Vogelarten
aufgeheftet.
Die Seitenteile bestehen aus zwei braunen Flügeldecken eines größeren Vogels. Am oberen
Rande befindet sich mit unter dem umgeschlagenen Rand des Baststreifens verdeckten
Kielenden kleine schwarze, blaue, weiße und gelbe Federn – nur die Mitte ist von einem
Feld weißer und darüber gelber Federn eingenommen.
Eine Pflanzenfaserschnur ist mit Bastfaden dem oberen Rande angeheftet und dient wohl
zum Zusammenbinden des Schmuckes.
Über die Verwendung siehe Anm. zu 258/259.
Länge zwischen den Flügelenden: 73 cm

323b (Or. Nr. 82b) »Schwangerschaftsbinde (?)«   Miranha
die den Unterleib stützt und hinten zusammengebunden wird, während das Schürzchen als
Schambekleidung dient.
Weißer Bast, violett bemalt, ist zu einem flachen Wulst zusammengedreht. Die Enden sind
mit Schnur umwunden, von ihnen geht je eine Schnur aus. In der Mitte hängt ein Schürzchen herab; an beiden oberen Ecken desselben ist jeweils eine Schnur angebracht, die erst
durch eine kleine Schnuröse am unteren Rand des Wulstes läuft und dann mit einer Schlinge
auf der Endschnur des Wulstes aufgehängt ist.

Anm.: Katalognotiz: »Suspensorium aus weißem, violett bemaltem Baumbast, welches quer im perinaco getragen wird.« Dieser, von Martius angegebene Gebrauch ist wegen des Schürzchens ausgeschlossen.
Abb.: Suspensorium der Juri, Spix und Martius, Atlas, Tafel »Indianische Gerätschaften«, Fig. 41.
Binde: 35 cm lang, 5–6 cm breit
Schurz: 13 cm lang, 5,5 cm breit   *Tafel 9*

323c (Or.Nr. 82c) Tukankopf (ausgestopft)   Miranha
als Federschmuck in der Nabelgegend am Gürtel getragen.
Schnabelspitze – Halsende: 30 cm

323d (Or.Nr. 82d) Federzepter   Miranha (?)
aus einem dünnen Rohrstab als Handgriff, der in ein dickeres, federumkleidetes Stück Rohr eingelassen ist, von dem lange Ararafedern ausgehen; diese bilden einen Hohlzylinder und werden innen von flachen Rohrstäbchen gestützt.
Die langen roten Federn tragen unterhalb der Spitze einen Kranz aus kleinen ebenfalls roten Federbüscheln. Die Basis ist von kleineren gelben Federn umgeben, die noch als solche wirken, während das Rohr selbst in Zonen mit ganz kleinen roten und schwarzen Federn in der Weise umbunden ist, daß sie einfarbige Gürtel bilden.
Anm.: Es ist höchst unwahrscheinlich, daß das Federzepter tatsächlich von den Miranha herrührt; diese Art Federschmuck ist eindeutig die Domäne der Mundurucú und Mauhé (vgl. Nr. 287–293).
Länge: 72 cm

323e (Or.Nr. 82e) Federkopfbinde   Miranha
(vgl. 311a, Arara).

323f (Or.Nr. 82f) Fächer   Miranha
aus einem schwarzen Vogelflügel.
Anm. v. Hörschelmann: Im Orig.-Kat. ist ein sogenannter »Fliegenwedel« als Nr. 323f angeführt, doch scheint eine Notiz am Rande zu besagen, daß er tauschweise an das Britische Museum abgegeben worden ist. Dann wäre der Flügel nachträglich dem Schmuck Nr. 323 beigefügt worden.
Länge: 28 cm

323g (Or.Nr. 82) Zwei Federkränze   Miranha
angeblich wie 303k (Coëruna), hier aber als Schulterschmuck (?) verwendet.

323h (Or.Nr. 82h) Zwei Federkränze   Miranha
als Schmuck für die Fußknöchel. Der eine der Kränze besteht aus im Abstand von 1 bis

1,5 cm an *eine* Baumwollschnur geknüpften Büscheln roter und gelber kleiner Federn. Der andere Kranz ist wie die Kopfbinden gefertigt; den Grund bildet ein Netz aus Baumwollschnüren, an die die roten und gelben Federbündel mit umgebogenen Kielenden geknüpft sind. Die Federn liegen so in mehreren Lagen, die mittlere ist gelb, die an den beiden Seiten sind rot.

Anm.: Unter diesen Umständen fragt es sich, ob die beiden Federkränze ein zusammengehöriges Paar gewesen sind.

324a (Or.Nr. 83a) Gürtel   Miranha

aus weißem, violett bemaltem Baumbast. Das Stück besteht aus zwei gleichen, nur verschieden bemalten Teilen; dieselben bestehen aus einem in der Mittellinie scharf zusammengeklappten Stück Rindenbast. In den Knick ist eine Schnur eingenäht, deren Enden beiderseits vorragen, (die beiden Teile sind hier zusammengebunden).

Lit.: Hörschelmann, S. 12: ». . . es ist also anzunehmen, daß das eine Stück vorne, das andere hinten, um den Leib getragen wurde.«

Die Anmerkung bei Spix/Martius, III, S. 1243, bringt keine andere plausible Erklärung der Tragweise des Gegenstandes.

Größte Breite: 10 cm

Länge: ca. 40 cm

324d (Or.Nr. 83d) Federzepter   Miranha

wie 323d (auch Anmerkung). Die langen Federn sind jedoch blau, Spitzen und Kranz gelb.

324c (Or.Nr. 83c) Schnabel eines Tukan   Miranha

Als Schmuckanhänger angeblich in der Nabelgegend an der Gürtelschnur getragen.

Anm.: Hier wäre der bei Nr. 333 angegebene Verwendungszweck als Aderlaßinstrument eher gegeben, wie es auch der Vermerk bei Spix/Martius, II, S. 15 zu Nr. 58 der Tafel »Indianische Gerätschaften« des Atlas besagt.

Länge: 18 cm

Abb. 1

324e (Or.Nr. 83e) Federkopfbinde   Miranha
    wie 323e, vgl. 311a (Arara).

324f, g (Or.Nr. 83f, g) Vier Federkränze   Miranha
    Achsel- und Schenkelschmuck, wie 322g.

325a (Or.Nr. 84a) Gürtel   Miranha
    aus Baumbast wie Nr. 324a, aber schmäler, mit abweichender Bemalung auf den beiden
    Hälften.
    Lit. und Abb.: Hörschelmann, S. 12, Abb. 15a
    Länge: 36 cm
    Größte Breite: 7,2 cm   *Tafel 13*

325b (Or.Nr. 84b) Suspensorium   Miranha
    Es ist in Form eines Täschchens grauen lockeren Baumwollgewebes aus einem Stück gefer-
    tigt.
    Die Ränder sind mit Pflanzenfaserschnur festoniert. An den beiden spitzzulaufenden En-
    den ist eine dickere Schnur zum Umbinden befestigt.
    Länge: 13 cm
    Größte Breite: 6 cm   *Tafel 9*

325d (Or.Nr. 84d) Federzepter   Miranha
    wie 323d.

325e (Or.Nr. 84e) Federkopfbinde   Miranha
    wie 323e, vgl. 311a (Arara).

325f (Or.Nr. 84f) Fächer   Miranha
    aus schwarzen Federn, wie 285e (Coretù).

325g, h (Or.Nr. 84g, h) Vier Federstränge   Miranha
    für Achseln und Fußknöchel, wie 323g, vgl. 303k (Coëruna).

331a (Or.Nr. 105a) Gürtel aus Rindenbast   Miranha
    wie Nr. 324a, aber schmäler und mit weniger Bemalung.
    Länge: 33 cm

331b (Or.Nr. 105b) Ein Paar Feder-Fußbänder   Miranha
    wie Nr. 310h (Coëruna).

331e (Or.Nr. 105c) Zwei Federkränze   Miranha
    als Armschmuck, wie 267 (Passé), 303k (Coëruna).

332 (Or.Nr. 106) Federschmuck   Miranha
    aus gelben Papageienfedern. Die Federn sind in 1 bis 1,5 cm Abstand voneinander so in eine gedrehte Pflanzenfaserschnur eingeknüpft, daß die Enden der Kiele umgebogen, der Schnur aufgesetzt und unterhalb derselben umbunden sind.
Etwas weißer Flaum ist jedesmal mit eingebunden, so daß die ganze Reihe einen weißen Streifen bildet. Die Federschnur ist mit zwei sich kreuzenden Baumwollschnüren an einer dickeren Baumwollschnur befestigt, deren freie Enden weit herausragen.
Länge: 68 cm
Länge der Federn: ca. 11 cm

369 (Or.Nr. 98) Sieben Federstränge   Miranha (?)
    aus Papageienfedern. Die Federn sind mit den Kielenden um Baumwollschnüre gebunden und etagenweise angeordnet, so daß die Bindung jeder Abteilung durch die folgende verdeckt wird. Unten endet jeder Strang in einem Büschel Federquasten; an diesen ist die Bindung mit umgebogenen Kielenden angewandt. Die Enden der Schnüre ragen oben und unten heraus; oben sind je zwei oder drei mit dünnem Faden zusammengenommen. Die Quastenbüschel sind alle schwarz; von den Strängen sind zwei gelb mit je einem kleinen Abschnitt rot und schwarz am oberen Ende; die übrigen fünf sind rot, nur drei von ihnen haben eine Lage schwarzer Federn am oberen Ende.
Anm.: Es ist bei der weiten Entfernung zwischen beiden Gruppen außerordentlich unwahrscheinlich, daß diese Federstränge von den Miranha stammen, nachdem alle restlichen Stränge von den Mundurucú bzw. Mauhé (Nr. 251–255) herrühren.
Länge (mit Federn bedeckt): 1,05 m

400 (Or.Nr. 159) Rohmaterial   Miranha
    Konvolut feiner, flachsartiger Palmfaser, »wie sie die Weiber der Miranha aus den Blättern der Palme Tucum bactris zu bereiten pflegen«.
Länge des Konvoluts: ca. 49 cm

403 (Or.Nr. 160) Rohmaterial   Miranha
    Konvolut gelber Baststreifen, aus der rohen Oberhaut der Palmblätter, wie sie von den Miranha abgeschleißt werden, um sie zu Faden und Seilen zu verarbeiten.
Länge des Konvoluts: 41 cm

404 (Or.Nr. 160) Rohmaterial   Miranha
    Konvolut aus Palmblattfasern, wie Nr. 403 beschaffen.
Länge des Konvoluts: ca. 25 cm

407 (Or.Nr. 166) Seil   Miranha

aus Palmfasern, aus drei dünneren Strängen gedreht und fest und regelmäßig zu einem walzenförmigen Konvolut aufgewickelt.
Länge: 35 cm
Dicke: 8 cm

408 (Or.Nr. 167) Seil   Miranha

aus Palmfasern, wie Nr. 407 beschaffen. Walzenförmiges Konvolut.
Länge: 32,5 cm
Dicke: 8,5 cm

409 (Or.Nr. 168) Seil   Miranha

aus Palmfasern, wie Nr. 407/408 beschaffen. Walzenförmiges Konvolut.
Länge: 45 cm
Dicke: 7 cm

410 (Or.Nr. 163) Knäuel   Miranha

fein gedrehter, gelblicher Palmfaserzwirn.
Größe: 7 x 4,5 cm

411 (Or.Nr. 124) Spindel   Miranha

aus dunkelbraunem Palmholz und einem Wirtel aus Knochen. Das untere Drittel des Stabes ist verdickt und kunstvoll geschnitzt. Die Wirtel-Scheibe trägt aus der weißen Oberseite ein eingebranntes Muster aus einem Kreis in der Mitte, der in Sektoren aufgeteilt ist und verdoppelten Kreissegmenten an den Rändern.
Abb.: Spix und Martius, Atlas, Tafel »Indianische Gerätschaften«, Fig. 13; F. Ratzel, 1894, I, S. 508; Kat. »Indianer vom Amazonas«, 1960, Nr. 122, S. 82.
Länge der Spindel: 45 cm
Durchmesser der Scheibe: 5 cm
Dicke: 0,8 cm   *Tafel 30a*
Anm.: Die Bora (= Miranha) sind die einzigen Angehörigen der Uitoto-Sprachgruppe, die Baumwolle in geringem Umfang anbauen und daraus Faden für Kopfschmuck herstellen. Das Spinnen ist ausschließlich Männersache. Die Spindel heißt »adehe« (Tessmann, 1930, S. 272).
Nach Spix/Martius, III, 1831, S. 1246, wird die Spindel auch zum Spinnen der Tucumpalmfasern benutzt.

419 (Or.Nr. 165) Palmfaserschnur   Miranha

ein Strang aus drei dünnen fest gedrehten, gelblichen Schnüren.
Länge des Konvoluts: 22 cm

420 (Or.Nr. 162) Strang feiner Palmfaserschnur   Miranha
aus drei dünneren, aus je zwei Fäden bestehenden, sehr fest und gleichmäßig gedrehten
Schnüren.
Länge des Strangs: 18,5 cm
Dicke des Strangs: weniger als 0,1 cm

440 (Or.Nr. 85) Schurz   Miranha
aus weißem Tauiri-Bast. Schmale Baststreifen sind in der Hälfte um eine doppelte Pflanzenfaserschnur geschlungen, so daß die Enden beiderseits lang herabhängen. Der untere Rand
ist gleichmäßig geschoren.
Länge ohne Schnurenden: 93 cm
Faserlänge: 27,5 cm

441 (Or.Nr. 86) Schurz   Miranha
aus weißem Tauiri-Bast; von Nr. 440 unterscheidet er sich dadurch, daß er nicht um den
ganzen Körper herumreicht, sondern nur den vorderen Teil bedeckt. Die Baststreifen sind
um eine gedrehte Schnur aus dem gleichen Material so geschlungen, daß die Enden durch
die bei der Umbiegung des Streifens in der Hälfte gebildete Schlinge gezogen sind.
Länge: 23 cm
Faserlänge: 57 cm

442 (Or.Nr. 90) Schurz   Miranha (?)
aus weißem Tauiri-Bast, angeblich für Mädchen. Die Baststreifen sind um eine gedrehte
Schnur aus dem gleichen Material in der Weise geschlungen, daß die Enden durch die bei
der Umbiegung des Streifens in der Hälfte gebildete Schlinge gezogen sind.
Lit.: Kat. »Indianer vom Amazonas«, 1960, Nr. 121, S. 82.
Breite: 15 cm
Faserlänge: 57 cm   *Tafel 8*
Anm.: Während der Originalkatalog diesen Schurz als Schambekleidung der Frauen bei
den Miranha bezeichnet, schreibt Martius im Reisewerk (Spix/Martius, III, S. 1246):
».. . die Weiber der Miranhas . . . haben . . . nie daran gedacht, sich selbst Kleidungs-
stücke zu machen. Sie erscheinen immer im Gewande der Unschuld, jedoch was ihnen statt
der Kleidung gilt, sorgfältig bemalt. Diese Nacktheit fiel uns um so mehr auf . . .« Nach
Tessmann (1930, S. 268) und Jimenez Seminario (1924, S. 87) gingen die Frauen der Bora
(= Miranha) auch noch zu Beginn des 20. Jahrhunderts nackt. – Nun aber bildet Koch-
Grünberg (1910, S. 282, Abb. 185) einen ganz ähnlichen Bastschurz der Männer am unte-
ren Rio Apaporis ab, von den Stämmen der Yabahana, Yahuna und Makuna also, mit deren
Angehörigen Martius (1867, II, S. 281; Spix/Martius, III, S. 1274) auf derselben Yapurá-
Fahrt, wo er die Miranha besuchte, flüchtigen Kontakt hatte. Einige Makuna verkauften
z.B. dem Juri-Häuptling in Uarivaú braunen und weißen Tauiri-Bast! Obwohl in der
Sammlung Spix/Martius noch weitere fünf solcher angeblicher Frauenschurze von den Miranha vorhanden waren, ist es also ziemlich wahrscheinlich, daß sich Martius bei Bestim-

mung der Sammlung irrte und es sich bei all diesen Stücken um eine Schambekleidung der Männer vom unteren Rio Apaporis handelt. Im Atlas von Spix/Martius ist eine Frau der Uainuma mit einem solchen Schurz aus Baststreifen abgebildet.

465 (Or. Nr. 88) Schurz   Miranha

aus weißem Tauiri-Bast wie Nr. 441/442, angeblich für Mädchen. Die Baststreifen sind um zwei Schnüre aus dem gleichen Material geschlungen, so daß die eine Hälfte von der oberen Schnur herabhängt, während die andere Hälfte sich vorher noch um die untere in entgegengesetzter Richtung herumschlingt. Die freibleibenden Teile der Bastschnüre sind zu einer dickeren Schnur zusammengedreht.

Länge: 51 cm
Breite: 25 cm

466 (Or. Nr. 87) Zwei Schurze   Miranha

aus weißem Tauiri-Bast. Herumschlingung der Baststreifen um *eine* Schnur in derselben Weise wie bei Nr. 441/442.

Anm.: Von Martius als Vorder- und Hinterteil angegeben (siehe aber Nr. 441/442 und 465!), da sie an zwei Schnurenden zusammengeknotet sind; die beiden Schnüre sind aber von verschiedener Dicke.

Länge: ca. 50 cm
Obere Breite: 18–23 cm

447 (Or. Nr. 117) Panflöte   Miranha

Die beiden Rohre sind unten durch den natürlichen Knoten geschlossen und oben mit einer Kappe aus einer dunkelbraunen Masse (Harz oder Wachs) zugedeckt, in der die Öffnung zum Blasen freigelassen ist. Eine Kappe fehlt. Die Rohre sind oben und unten durch Faserschnur aneinander gebunden. Am oberen Ende ist die Bindung von der Kappe zugedeckt.

Lit.: F. Ratzel, 1894, I, S. 464
Länge: 52 cm

495 (Or. Nr. 172) Büschel   Miranha

aus rötlichbraunem, wohlriechendem Rindenbast. Solche Büschel pflegten die Krieger der Miranha unter dem Gürtel zu tragen.

Länge: 22 cm

496 (Or. Nr. 172) Büschel   Miranha

aus rötlichbraunem, wohlriechendem Rindenbast. Verwendung wie bei Nr. 495.

Länge: 23 cm

499 (Or. Nr. 297) Feuerbohrer   Brasilien

aus dem Holz der Ambayba (Cecropia peltata L.), bestehend aus einem kürzeren dickeren Holzstück und einem langen dünnen Stab. Der letztere, senkrecht gehalten, wird mit den Handflächen heftig in einer Vertiefung des ersteren hin und her gequirlt. Durch die seitlich angebrachten Einkerbungen quillt das durch die Reibung erzielte Holzmehl hervor.
Abb.: Spix und Martius, Atlas zum Reisewerk, Tafel »Indianische Gerätschaften« zwischen Nr. 33 und 34. »Zwei Stäbe vom trocknen Cacaoholze« (Spix/Martius, II, 1828, S. XV)
Lit.: Max Schmidt: »Das Feuerbohren nach indianischer Weise.« Z. f. E. 35 (1903), S. 75–80.
Länge des Stabes: 65 cm
Länge der Unterlage: 25,5 cm

524 (Or. Nr. 296) Zunderbüchse   Miranha (?)

aus Bambusrohr mit Deckel aus Tapirhaut. Der Boden ist kreuzförmig durchbrochen. Der Zunder wird durch Ameisen von der Rückseite gewisser Pflanzenblätter (Melastomen), die mit einem dünnen Filz bedeckt sind, zusammengetragen (Katalognotiz). Auf der Außenseite sind Verzierungen eingebrannt; von vier Zonen ist die zweite von unten ganz, die nächste nur zum Teil mit Zickzackmustern ausgefüllt, während die beiden äußersten freigeblieben sind.
Abb.: Spix und Martius, Atlas, Tafel »Indianische Gerätschaften«, Nr. 24: »Statt des Zunders enthält sie ein durch Ameisenfraß zerstörtes und sehr leicht brennbares Holz. Von den Miranhas.« (Spix/Martius, II, 1828, S. XIV)
Höhe: 15 cm

530 (Or. Nr. 152) Halsschmuck   Miranha

aus dem durchbohrten Zahn eines Jaguars.
Länge des Zahnes: 5 cm

531 (Or. Nr. 193) Halsschmuck   Passé

aus zwei Jaguar-Zähnen, die an der Basis durchbohrt und auf einen Baststreif gezogen sind.
Länge: 5,5 cm

Abb. 2

546 (Or.Nr. 153) Oberarmschmuck   Miranha

An weißen Baumwollschnüren hängen beschnitzte Tukan-Schnabelspitzen, aus denen rote und gelbe Papageienfedern hervorragen, das Ganze zu einem Bündel zusammengefaßt.
Abb.: Spix und Martius, Atlas, Tafel »Indianische Gerätschaften«, Nr. 54.
Lit.: Kat. »Indianer vom Amazonas«, 1960, Nr. 125, S. 83.
Länge: 12 cm

620 (Or.Nr. 231) Flachkeule   Miranha (Stamm: Oeruaçu)

aus dem schweren schwarzen Holz der Pupunha-Palme (Gulielma speciosa). Die Keule ist schwertförmig, hat spitz-ovalen Querschnitt, eine schmälere, dicht mit feingedrehter Pflanzenfaserschnur umwickelte Handhabe und eine knaufartige flache Verbreiterung am Ende. Aus der Umwicklung ragt eine dickere Schnur zum Anhängen hervor, deren umgedrehte Enden unter der Umwicklung abwärts laufen, um dort kurz vor dem Ende in Form kleiner Faserbüschel wieder hervorzutreten.
Abb.: Spix und Martius, Atlas, Tafel 21, »Indianische Waffen«, Fig. 3; F. Ratzel, 1894, I, S. 496; Erwähnung bei W. Schmidt, 1913, S. 1095; Hörschelmann, 1920, S. 9/10, Abb. 14; Kat. »Indianer von Amazonas«, 1960, Nr. 110, S. 80.
Länge: 122 cm   *Tafel 38b*
Anm.: Nach Dietschy (1939, S. 140) zeigen die von Spix und Martius mitgebrachten Flachkeulen der Miranha des oberen Yapurá den Grundtypus dieser Keulenform, die vor allem im nordwestlichen Südamerika beheimatet ist.

621 (Or.Nr. 204) Flachkeule   Miranha

aus dem schweren schwarzen Holz der Pupunha-Palme (Gulielma speciosa), wie 621. Der Knauf hat eine leicht abweichende Form.
Länge: 120,5 cm

716 (Or.Nr. ?) Kriegskeule   Miranha

aus schwerem, schwarzem Palmholz in Schwertform mit spitzovalem Querschnitt. Der Knauf hat konvex geschwungene Seiten. Vgl. Nr. 620, 621.
Länge: 103 cm

720 (Or.Nr. ?) Reibebrett   Miranha

für Maniok aus einem flachkeulenförmigen leichten Holz mit einem Feld aus eingesetzten, mit harziger Masse verpichten Zähnen. Martius bemerkte hierzu (Spix/Martius, III, S. 1245): »Unter den verschiedenen Instrumenten zum Reiben der Mandiocca fand sich eines, dessen Gebrauch ich mir verbat: ein Stück Holz, worin die Zähne erschlagener Feinde befestigt waren, die also gleichsam noch dem Genusse ihrer Sieger dienten.« Im Eingangskatalog ist jedoch von Affenzähnen die Rede.
Lit.: Kat. »Indianer vom Amazonas«, 1960, Nr. 113, S. 80/81.
Abb.: Spix und Martius, Atlas, Tafel 20, »Indianische Gerätschaften«, Fig. 11.
Länge: 80 cm   *Tafel 30b*

259 Kopfschmuck

Coëruna am Rio Mirití-Paraná (?)

aus vielfarbigen Federn, auf Rindenbast aufgenäht. Die Unterlage ist ein 12 cm breiter Baststreif, auf den seitlich zwei ganze, dunkelbraune Vogelflügel aufgeheftet sind. Die durch ein weiteres Stück Bast verstärkte Mitte wird von bunten Arara-Federn eingenommen. Das Mittelstück dieses Teiles bildet ein Stück roten Flaums; seitlich ragen zwei lange Arara-Schwanzfedern heraus. Den unteren Rand beschließt eine Reihe kurzer gelber Federn, deren Kiele unter dem umgebogenen Rand des Baststreifens verschwinden.
Lit.: Kat. »Indianer vom Amazonas«, 1960, Nr. 97, S. 77.
Länge: 69 cm   *Tafel 32*
Anm.: Diese Federkrone ist im Prinzip völlig mit den angeblichen »Weiberschürzen« der Juri (Kat. Nr. 258, 316) identisch; ihr Umfang (69 cm) widerspricht allerdings der Verwendung als Kopfputz, da sie den Umfang des Kopfes beträchtlich übertrifft. Auch beschreibt Martius den Hauptschmuck der Coëruna völlig anders (Spix/Martius, III, S. 1203). Dieser gleicht, wie auch mehrere Exemplare der Sammlung Spix/Martius darlegen, weitgehend dem Männerkopfschmuck der Tukano, dessen Hauptbestandteil die Kangatara-Federbinde ist.

263 (Or.Nr. 13) Kopfbinde

Coëruna

aus rotgelben Papageienfedern, die mit den umgebogenen Kielenden in Baumwollschnüre eingeknüpft sind. Der Abstand der Federn an den einzelnen Schnüren beträgt ca. 3,5 cm. Zu den neunzehn Schnüren mit Federn kommen acht weitere ohne Federn. Die Federschnüre sind netzartig mit großen Maschen verknotet, wovon jedoch bei straff gezogener Binde nichts zu sehen ist. Beiderseits des Federteils sind die Schnüre zusammengebunden und an der einen Seite weiter so verknotet, daß sie parallel nebeneinander laufen.
Das Stück gehörte dem Anführer Gregorio der Coëruna.
Länge: 38 cm

264 (Or.Nr. 14) Kopfbinde

Coëruna

aus Federn, wie Nr. 263.
Länge: 34 cm

265 (Or.Nr. 15) Kopfbinde

Coëruna

aus Federn, wie Nr. 263.
Länge: 33 cm

303a (Or.Nr. 49a) Federdiadem

Coëruna

Näheres siehe 281 (Coretù), 284a (Coretù ?).

303b (Or.Nr. 49b) Stirnfederbusch

Coëruna

aus Reiherfedern. Näheres siehe Nr. 285b (Coretù), 284b.

303c (Or.Nr. 49c) Federschmuck Coëruna

Er besteht aus einem kleinen, gelben Federbusch mit langem Federschweif: Sieben ganze, drei der Länge nach halbierte, lachsrote Arara-Federn sind an eine Bastschnur geknüpft. An das Ende des großen Schweifes ist noch ein kleiner Federschweif aus kleinen Federn der gleichen Farbe angehängt.
Ganze Länge: 86 cm

303d (Or.Nr. 49) Knochen Coëruna

Er wurde quer am Hinterkopf angebracht. Vgl. 284d (Coretù).

303e (Or.Nr. 49e) Schweif Coëruna

aus Affenhaaren. Vgl. 284e (Coretù).

303f (Or.Nr. 49f) Federschmuck Coëruna

in Vogelform. Hinterhauptschmuck wie 284f (Coretù).
Herstellung in abweichender Weise: Das Baststück ist auf eine Unterlage aus parallelen Rohrstreifen aufgeklebt, die mit Faserschnur an einem Rahmenwerk aus Stäbchen zusammengehalten werden. Alle Seiten sind scharf abgeschnitten.
Länge: 18,5 cm

303g (Or.Nr. 49g) Halskette Coëruna

aus aufgereihten, weißen Glasperlen, kleinen und großen Raubtierzähnen, bunten Federn und rhombischen Plättchen aus hartem, schwarzem Holz (Fruchtschale?). Auf der einen Hälfte sind aus den Perlen und Plättchen sechsmal Figuren gebildet.
Ganze Länge: 80 cm *Tafel 15*

303h (Or.Nr. 49h u. i) Zwei Armgehänge Coëruna

als Rasselschmuck.
Eine größere Anzahl gedrehter, weißer Baumwollschnüre sind in ihrem mittleren Teil zu einem ca. 1,2 cm dicken Strick verflochten, an beiden Seiten hängen davon die Schnüre mit je einer Buprestis-Käferflügeldecke am Ende frei herab.
Länge: 2 x 36 cm

303k (Or.Nr. 49k) Unterschenkelschmuck Coëruna

Er besteht aus zwei Federkränzen, diese wiederum aus Büscheln kleiner roter und gelber Papageienfedern, die in eine Tucum-Faserschnur eingeknüpft sind. Jeder Kranz besteht aus zwei Strängen; bei dem einen Kranz ist die Schnur festoniert. Die Federn sind mit umgebogenen Kielenden eingeknüpft. Die Federn des einen Kranzes sind rot, während bei dem anderen ein roter Strang einem gelben aufliegt.
Länge der inneren Schnur: 2 x 18 cm

303l Kniebinde   Coëruna
aus Baumwollschnur und kleinen roten Papageienfedern. Auf ein geflochtenes Band sind
kleine Federbüschel so dicht aufgeheftet, daß die Vorderseite wie ein Stück Federbalg aussieht. An der Basis sind die obersten Federn weiß.
Lit.: Kat. »Indianer vom Amazonas«, 1960, Nr. 102, S. 78.
Länge des Federstückes: 14 cm

303m (Or.Nr. 49m) Zwei Federbüschel   Coëruna
Kleine Quasten gelber Papageienfedern sind an Pflanzenfaserschnüre gebunden; bei dem
einen hängen Palmfruchtklappern herab. Sie bestehen aus der hohlen Fruchtkapsel, deren
dickes Ende abgeschnitten und deren Leibung an zwei Stellen geschlitzt ist, und einem im
Innern hängenden länglichen Knochensplitter. Beim vorliegenden Stück ist die eine der
beiden Klappern vollständig, von der zweiten ist nur der Knochensplitter vorhanden.
Durchmesser: ca. 12 cm

304 (Or.Nr. 53) Federdiadem   Coëruna
Ein ca. 10 cm breiter Geflechtsstreifen aus Pflanzenfaserschnur bildet den Grund aus Ket-
ten- und alternierend durchgezogenen Schußfäden. Die Kettenfäden scheinen aus einer
einzigen Schnur gebildet, da die Enden nicht frei herausragen, sondern umbiegen und ins
Geflecht zurückkehren. Durch die so gebildeten Schlingen ist an jedem Ende eine dickere
Schnur zum Zusammenknüpfen der Binde am Hinterkopf gezogen.
Über diesen Gurt sind je eine Schnur mit längeren und kürzeren gelben Federn gezogen.
Die Kielenden der Federn sind durch einen Baststreifen mit aufgeklebten kleinen roten,
schwarzen und blauen Federchen verdeckt. Am oberen Rand verläuft ein Streifen weißen
Flaums, dessen einzelne Federn an einen gespaltenen Pflanzenstengel gebunden sind.
Länge: 41 cm

305 (Or.Nr. 54) Federdiadem   Coëruna
ähnlich wie Nr. 304. Die Farben sind jedoch andere: Zwischen den längeren gelben Federn
und dem weißen Flaum verläuft eine Reihe kurzer schwarzer Federn. Die gelben wie die
schwarzen Federn sind mit umgebogenen Kielenden nicht an eine Schnur, sondern an je einen gespaltenen, elastischen Pflanzenstengel geknüpft.
Länge: 40,5 cm
Breite der Gurte: 7,5 cm
Lit.: Spix und Martius, Atlas, Tafel 14. Kopf eines Coëruna mit solchem Diadem als Teil
des Kopfputzes. Koch-Grünberg: »Zwei Jahre unter den Indianern«, I, Abb. 161, Tafel
IX/X. Tuyuka, R. Tiquié.

306 (Or.Nr. 55) Federdiadem   Coëruna
ähnlich wie Nr. 304. Die Schnurunterlage jedoch ist in einer elastischen Schlingtechnik gearbeitet (vgl. Nr. 281). Zwischen den gelben Federn und dem weißen Flaum verläuft eine

Reihe kurzer roter Federn, die auf einen Baststreifen aufgeklebt sind. Die gelben Federn sind an eine Schnur geknüpft (vgl. 304).
Länge des Federteiles: 36 cm
Breite der Gurte: 8,5 cm

307 (Or.Nr. 56) Federdiadem   Coëruna
ähnlich wie Nr. 304. Die Reihe kürzerer gelber Federn fehlt jedoch.
Länge: 46 cm
Breite der Gurte: ca. 9 cm

308 (Or.Nr. 57) Federdiadem   Coëruna
ähnlich wie Nr. 304, die Farben sind jedoch wie bei Nr. 305. Die Federn sind statt an Schnur an gespaltene Pflanzenstengel geknüpft.
Länge: 37 cm
Breite der Gurte: ca. 7,5 cm

309a–i (Or.Nr. 58a–k) Tanzschmuck   Coëruna
Vollständiger Festschmuck eines Anführers der Coëruna:
  a) Federdiadem wie 303a; die eine Bindeschnur ist aus schwarzem Haar geknüpft (s. 284a);
                                                                               Tafel 16
  b) Stirnfederbusch aus Reiherfedern wie 303b (s. 284b);
  c) Flaumfederbusch für den Hinterkopf, wie 284c (Coretù);   *Tafel 18*
  d) Knochen für den Hinterkopf, wie 303d (s. 284d);
  e) Schweif aus Affenhaar für den Hinterkopf, wie 303e (s. 284e);
  f) Federplatte für den Hinterkopf, wie 303f (s. 284f);
  g) zwei Büschel aus gelben Federn, wie 303m (ohne Klappern);
  h) ein Armgehänge aus Schnur und Käferflügeldecken, wie 303h und 303i;
  i) vier Federkränze für Schenkel und Oberarme, wie 303k.

310a–h (Or.Nr. 66) Tanzfestschmuck eines Mannes   Coëruna
wie 303 und 309 usw.

310a Federdiadem   Coëruna
wie 303a (s. 284a).

310d Stirnbusch   Coëruna
aus Reiherfedern, wie 303b (s. 284b).

310e Büschel   Coëruna
aus gelben Federn, wie 303m, ohne Klappern.

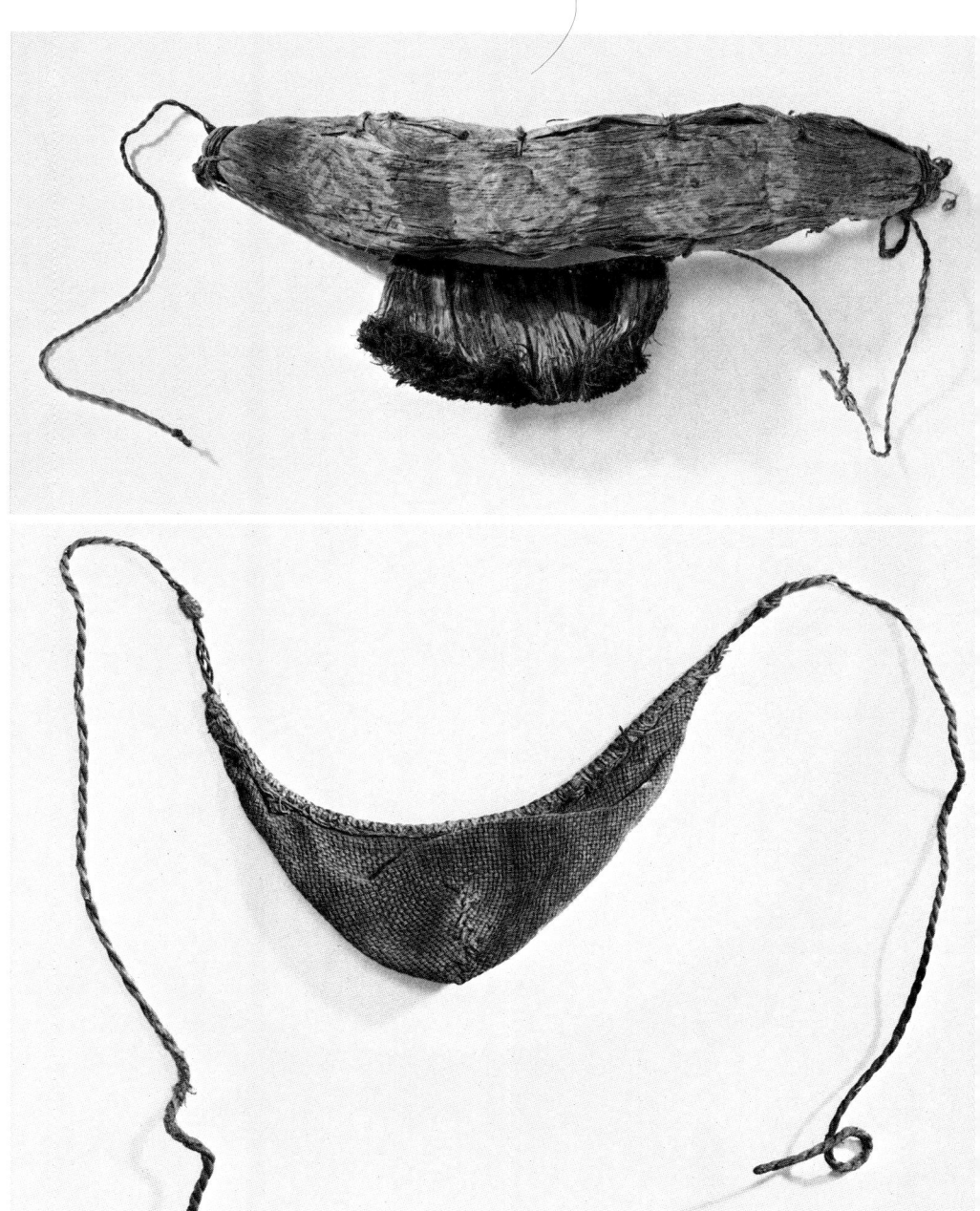

Taf. 9a, b –
Schwanger-
schaftsbinde,
Miranha
Suspensorium,
Miranha

Taf. 11 – Halskette aus Glasperlen und Krötenfiguren aus Fruchtschale, Tecuna

Seite 42: Taf. 10 – Halsband aus Affenzähnen, Tecuna

43

Taf. 12a, b – Stäbchenkämme, Juri und Tecuna

Seite 45: Taf. 13 – Zweiteiliger Gürtel aus Baumbast, Miranha

Taf. 14 – Zwei Federkränze, Coretù

Seite 47: Taf. 15 – Halskette mit Tierzähnen und Federn, Coëruna

Seite 48: Taf. 16 – Federdiadem mit Reiherfederbusch, Coëruna

46

310f Federplatte   Coëruna
    in Vogelform, wie 303f.

310h (Or. Nr. 66?) Ein Paar Armbinden   Coëruna
    Das fest gewebte, 1,7 cm breite Band ist zu einem Reif geschlossen, unter Auslassung eines
    Abschnittes, der durch parallel gezogene, gedrehte Schnüre gefüllt ist. In einen ca. 3 cm
    langen Abschnitt des Bandes sind rote Federbüschel von beiden Seiten eingesteckt und in
    das Gewebe einbezogen.
    Länge: 2 x 12,5 cm

313a (Or. Nr. 70a) Federdiadem   Coëruna
    wie 303a (s. 284a).

313b (Or. Nr. 70b) Reiherfederbusch   Coëruna
    über der Stirn getragen, wie 303b (s. 284b).

313c (Or. Nr. 70c) Hinterhauptschmuck   Coëruna
    Knochen mit Flaumfedern an den Enden, wie 303d (s. 284d).

313d (Or. Nr. 70d) Federplatte   Coëruna
    einen Vogel darstellend, wie 303f.

313f (Or. Nr. 70f) Halsreif   Coëruna
    aus Tierzähnen, wie 312 (Passé).

313g (Or. Nr. 70g) Fächer   Coëruna
    aus schwarzen Federn, wie 285c (Coretù).

313h (Or. Nr. 70h) Schweif   Coëruna
    aus Affenhaar, mehrteilig, am Hinterkopf zu tragen, wie 303e (s. 284e, Coretù).

313e (Or. Nr. 70e) Büschel aus weißen Federn   Coëruna
    Laut Katalogangabe »Reiherfedern zum Einstecken in die Kopfbinde am Hinterkopf.«
    Mehrere Federn zeigen jedoch eine Durchflechtung der Kiele mit Schnur, wie die flachen
    Reiherbüsche, die an der Stirnseite befestigt werden; das vorliegende Stück ist wohl als
    Überrest eines solchen anzusehen.
    Länge: ca. 40 cm

319a (Or. Nr. 77a) Federdiadem   Coëruna
    wie 303a (s. 284a Coretù).

319b (Or.Nr. 77b) Fächer
  aus schwarzen Federn, wie 313g (s. 285c Coretù).

Coëruna

319d (Or.Nr. 77d) Flacher Reiherfederbusch
  als Stirnschmuck, wie 303b (s. 285b).

Coëruna

319e (Or.Nr. 77e) Federplatte
  einen Vogel darstellend, wie 303f.

Coëruna
Tafel 18

319g (Or.Nr. 77g) Flacher Reiherfederbusch
  Stirnschmuck, wie 319d.

Coëruna
Tafel 16

319h (Or.Nr. 77h) Schweif
  aus Affenhaar, mehrteilig, wie 303d (s. 284e Coretù).

Coëruna
Tafel 18

319i (Or.Nr. 77i) Affenknochen
  mit weißen Flaumfedern an den Enden, wie 303d (s. 284d Coretù).

Coëruna

326a (Or.Nr. 93a) Federdiadem
  wie 303a (s. 284a Coretù).

Coëruna

326b (Or.Nr. 93b) Fächerförmiger Federbusch
  aus schwarzen Federn, mit Auflage von gelbem auf der einen Seite und rotem Flaum auf der
  anderen Seite am unteren Ende. Er wurde im Nacken getragen.
  Länge: 16,5 cm

Coëruna

326d (Or.Nr. 93d) Zwei Federkränze
  aus kleinen gelben und roten Federn, wie 303k.
  Vermerk: »um die Füße (?) getragen«, vgl. 267, 269 u.a. (Passé, Tecuna).

Coëruna

367 (Or.Nr. ?) Ein Paar Fußbänder
  aus Schnurband und roten Federn als Tanzschmuck.
  Vgl. Nr. 310h oder Nr. 331b. Nähere Ursprungsangabe ist nicht vorhanden.
  Länge: 2 x 13,5 cm

Coëruna (?), Miranha (?)

443 (Or.Nr. 119) Flöte
  aus Vogelknochen mit sieben Tonlöchern. Das obere Ende ist mit einer braunen harzigen
  Masse gefüllt, in der ein Kanal zu einem dreieckigen Luftloch freigelassen ist. Das Ende ist
  mit Faden umwunden, der mit Harz überstrichen ist. Das untere Ende ist ebenfalls bis auf
  ein annähernd rundes Loch mit der harzigen Masse gedichtet.
  Länge: 20,5 cm

Coëruna (R. Mirití-Paraná)
Tafel 25 rechts

568 (Or.Nr. 393) Deckelschachtel   Coëruna

aus Palmblatt, Holzstäbchen und Schnur zur Aufbewahrung von Federschmuck. Schachtel
und Deckel sind von gleicher Form und nur in den Maßen leicht voneinander abweichend.
Beide sind aus zwei Lagen Palmblattstreifen in der Weise hergestellt, daß die Streifen, in
Richtung der Schmalseiten parallel gelegt, einander zum größeren Teil überdecken und
umgebogen Boden und Längsseiten bilden, während die Schmalseiten aus parallelen Streifen bestehen, deren Enden zwischen den zwei Lagen der Längsseiten verschwinden. Die
unteren Längskanten sind durch nicht sichtbare Stäbe verstärkt, während die Blattenden
des oberen Randes rundum von flachen Stäben eingefaßt sind; diese sind dann mit Rinde
umwickelt und umschnürt, so daß ein fester verdickter Rand entsteht. Außerdem sind Boden bzw. Deckeloberfläche und Schmalseiten mit vier längslaufenden Schnur-Durchflech-
tungen versehen, die außen zopfartige Streifen bilden, während die Längswände durch je
drei schmalere Schnur-Durchknüpfungen verstärkt sind.
Abbildung eines fast identischen Gegenstückes von den Coretù im Atlas zu Spix und Martius, Tafel 20, »Indianische Gerätschaften«, (Fig. 43). Sehr ähnlich ist ein Kasten gleicher
Zweckbestimmung von den Tukano des Rio Caiary-Uaupés (Koch-Grünberg, 1909,
S. 296).
Lit.: Kat. »Indianer vom Amazonas«, 1960, Nr. 119.
Größe: 65 x 26 x 18,5 cm   *Tafel 26b*

622 Steinbeil mit Schaft   Coëruna (?)

Der hölzerne Stiel ist am oberen Ende gespalten und nach Einführung der flachen Klinge
ober- und unterhalb derselben mit Rindenbast, Faser- und Baumwollschnur fest um-
schnürt und verpicht.
Lit. u. Abb.: Spix und Martius, Tafel 21, »Indianische Waffen«, Fig. 7, dort als von den
»Miranha« herrührend bezeichnet; F. Ratzel, 1894, I, S. 500; Kat. »Indianer vom Amazo-
nas«, 1960, Nr. 112, S. 80.
Länge des Schaftes: 55 cm
Länge der Klinge: 15 cm   *Tafel 30c*

676 (Or.Nr. ?) Dreizehn unfertige Pfeile   Coëruna (?)

Bei Nr. 10 ist nur der gefiederte Rohrschaft vorhanden, dessen oberes Ende noch nicht zur
Aufnahme des Holzeinsatzes ausgehöhlt ist. Die drei anderen haben schon den Holzeinsatz, jedoch ist dessen Spitzenende noch unbearbeitet und die Einsatzstelle noch nicht umwickelt. Die Fiederung ist die sogenannte ostbrasilianische (nach H. Meyer) aus zwei ganzen Federn mit gekappter Innenfahne. Sie sind mit einer Drehung von 90° durch Umwicklung der Enden am Schaft befestigt. Die Umwicklung besteht aus weißem, spiralig dicht ge-
lagertem Baumwollfaden mit schwarzen Endringen. Das Kerbende ist eingezogen und
seine Umwicklung schließt mit einem Wulst. Darunter befindet sich ein Ring mit einem
Muster aus gekreuzten Fäden; dieser Ring ist bei den meisten Stücken gepicht. Bei zwei
Stücken ragt ein Kranz kleiner gelber und schwarzer Federchen unter dem Wulst hervor.
Länge: 124–162 cm

677a–e (Or.Nr. 260) Fünf Pfeile   Coëruna von Maribi

Rohrschaft mit Holzeinsatz und blattförmiger Eisenspitze, die bei zwei Stücken fehlt. Das Eisenblatt ist in einen Einschnitt des Holzteils eingelassen, die Einsatzstelle mit Bast oder Schnur umwickelt und gepicht. Das Schaftende ist bei drei Pfeilen abgebrochen. Bei einem Pfeil ist in das Handende ein Stäbchen mit Kerbe eingesetzt. Nur der letzte Pfeil hat noch eine Fiederung mit zwei ganzen Federn, deren Innenfahnen gekappt sind (ostbrasilianische Fiederung nach Hermann Meyer).

Die Umwicklung des gekerbten Endes mit dünner Baumwollschnur zeigt am Endrand das Muster aus gekreuzten Fäden.

Länge: bis 142 cm

266a–b (Or.Nr. 16) Zwei Federkränze   Coretù

Kleine gelbe, rote und weiße Federn sind in Tucum-Faserschnüre eingeknüpft und in drei konzentrischen Ringen angeordnet: Die weißen Federn sind die kürzesten und nehmen den inneren Rand – die gelben als die längsten den äußeren Rand ein. Die Federn sind so in die Schnüre eingeknüpft, daß die Kiele umgebogen und auf der Schnur reitend unterhalb derselben mit Faden umwickelt sind. Von jeder Farbe sind mehrere Schnüre vorhanden. Die Schnüre selbst sind mit einer klebrigen Substanz zusammengeklebt und mit Bastfaden umwunden.

Bei einem Stück haben sich die Schnüre teilweise voneinander losgelöst. Eine Angabe darüber, wie der Federschmuck getragen wurde, fehlt.

Länge: 31 cm   *Tafel 14*

277 (Or.Nr. 27) Federschmuck   Coretù

Rot-grün-blau-schwarze Papageienfedern sind mit umgebundenen Kielenden in eine Pflanzenfaserschnur eingeknüpft. Die Schnur ist oben mit zwei Büscheln aus gelben Federquasten zusammengebunden.

Länge der Schnur: 36 cm

281 (Or.Nr. 31) Federkopfbinde   Coretù

Die Federn sind größtenteils verschwunden. Den Grund bilden aus Pflanzenfaserschnur in elastischer Schlingtechnik geflochtene Gurte, aus einem fortlaufenden Faden hergestellt, dessen eines Ende die eine der seitlich eingehängten Bindeschnüre umwindet. Auf die Gurte sind der Länge nach drei biegsame, trockene Pflanzenstengel geheftet, deren oberster mit weißem Flaum umwunden war, während von dem unteren größere, von dem mittleren kleine rote Papageienfedern herabhängen.

Die Federn sind mit umgebogenen Kielenden rittlings auf die Stengel gesetzt und unterhalb derselben umschnürt.

Der untere Stengel ist dabei in den Zwischenräumen zwischen den Federn mit der gleichen Schnur festoniert.

Die Bindenschnüre sind kunstvoll geflochten.

Länge: 44 cm

284a (Or. Nr. 36a) Federkopfbinde   Coretù (?)
   Vgl. Nr. 281 (Coretù).
   Länge: 45 cm
   Breite: 11 cm

284b (Or. Nr. 36b) Stirnfederbusch   Coretù (?)
   aus Silberreiherfedern. Die langen Federn sind nebeneinander mit umgebogenen Kielenden
   an ein Stäbchen aus gespaltenem Rohr festgebunden, dieses ist seinerseits an einem Gerüst
   aus in gleicher Weise nebeneinander befestigten und dann mit Baumwollfaden fest durch-
   flochtenen Rohrstäbchen angebracht. Auf der einen Seite hängen von der Umflechtung
   weiße, halbe Federn herab, während die auf der anderen Seite freiliegenden Kielenden der
   Reiherfedern von kleinen roten und gelben Federn verdeckt werden. Die Reiherfedern sind
   oberhalb des Stäbchengerüstes dreimal mit einem Faden aneinander geknüpft.
   Anm.: Ein am Objekt befestigter alter Zettel besagt, daß es von einem Häuptling der Miranha stammt, ebenso wie die Federbinde 284a.
   Höhe: 50 cm

284c (Or. Nr. 36c) Federbusch   Coretù
   am Hinterkopf getragen. Er besteht aus um einen Stab gebundenen weißen Flaumfedern.
   An der Spitze des Stabes sind einige kleine schwarze Federn mit Pflanzenfaserschnur angebunden. Das untere Ende ist fest an ein zugespitztes Knochenstäbchen geschnürt.
   Länge: 33 cm

284d (Or. Nr. 36d) Tierknochen   Coretù
   quer am Hinterkopf getragen. In der Mitte befindet sich eine Umwindung von Pflanzenfaserschnur.
   Länge: 22 cm

284e (Or. Nr. 36e) Affenhaarschweif   Coretù
   Er besteht aus sechs herabhängenden Strängen aus in Pflanzenfaserschnur eingedrehtem,
   verfilztem Affenhaar. Die Mitte ist von einem Strang der gleichen Art umwunden. Dieser
   Tanzschmuck hing beim vollständigen Kopfputz am Hinterkopf herab.
   Länge: 2 x 52 cm

284f (Or. Nr. 36f) Federschmuck in Vogelform   Coretù
   Zwei Lagen Rindenbast sind mit einer harzigen Substanz aufeinander gepicht und auf der
   einen Seite ganz mit kleinen Federn beklebt. Die Platte soll einen fliegenden Vogel darstellen. Die Schwanzfedern sind schwarz, während die übrige Fläche auf leuchtend blauem
   Grunde rote und violette Kurven zeigt; der Kopf ist violett.
   An den vorspringenden Ecken der Langseiten ragen angeklebte Büschel weißen Flaums
   hervor.

Die Spitze der Baststücke ist umgebogen und fest auf die Fläche geklebt, so daß eine Öse zum Durchziehen einer Schnur gebildet wird. Diese Platte hing beim vollständigen Kopfputz vom Knochen (284d) am Hinterkopf herab.
Länge: 18 cm

285a (Or.Nr. 37a) Federdiadem   Coretù
(wie 284a)

285b (Or.Nr. 37b) Reiherfederbusch   Coretù
Stirnschmuck wie Nr. 284b; nur sind hier die vorne nach unten herabfallenden weißen Federhälften in größeren Stücken und größerer Zahl vorhanden. Sie sind auch in anderer Weise angebracht: Der untere Teil der Kiele ist, die einzelnen Kiele nebeneinander, auf dem Rohrstäbchengerüst befestigt. Die vom oberen (fehlenden) Teil der Kiele abgelösten Federhälften hängen nur am untersten Ende noch am Kiel lose herab.

285c (Or.Nr. 37c) Fächer   Coretù
aus elf großen schwarzen Federn. Die Federn sind mit den Kielen dicht nebeneinander gelegt, so daß sie einander seitlich überdecken und nur die mittelste vorne voll sichtbar ist. Die Kiele sind unten durch Schnurumflechtung zusammengehalten, außerdem aber mittels eines durch eine Durchlochung sämtlicher Kiele gezogenen biegsamen Stäbchens zusammengehalten.
Das Stück gehört angeblich zum Federschmuck Nr. 285a–d.
Länge: 30 cm

285d (Or.Nr. 37d) Federschmuck   Coretù
in Gestalt eines Vogels.
Einzelheiten wie 284f.

361 (Or.Nr. ?) Hinterhauptschmuck   Coretù (?), Coëruna (?)
aus sechs Affenknochen. Sie sind in der Mitte mit Pflanzenfaserschnur umwunden und mit je einem eingebohrten Loch an den Enden zum Einstecken von kleinen Federn versehen. Er ist Bestandteil des Festkopfputzes wie Nr. 284 (Coretù) u.a., bei denen ein solcher Knochen in horizontaler Lage am Hinterkopf angebracht ist.
Länge: ca. 22 cm

565 (Or.Nr. 383) Deckelschachtel   Coretù
aus braunem Rindenbast, durch Holzstäbchen verstärkt; diese bilden auf der Innenseite des Bodens eine geometrische Figur und versteifen alle Kanten und Ränder. In den Längsseiten sind zwischen den Eckstäben drei weitere Stäbe angebracht; die beiden Schmalseitenstäbe des in seiner Fläche nicht versteiften Deckels fehlen. Die Stäbe sind mit Faserfaden an- und

eingenäht. An der Vorderseite der Schachtel befinden sich drei Schnurösen zum Verschließen mit den vom Rand des Deckels herabhängenden Schnüren.
Größe: ca. 90 x 35 x 12 cm *Tafel 26a*

567 (Or.Nr. 392) Deckelschachtel Coretù
aus Palmblatt, Holzstäbchen und Schnur zur Aufbewahrung von Federschmuck.
Näheres vgl. Nr. 568 (Coëruna).
Abb.: Spix und Martius, Atlas, Tafel 20, »Indianische Gerätschaften«, Nr. 43.
Größe: 65 x 29 x 16 cm

692 (Or.Nr. 283) Bogen Coretù
aus geglättetem und poliertem, dunkelrotbraunem Holz mit halbrundem Querschnitt, die Rundung nach außen gekehrt. Die Spitzen sind leicht abgesetzt. Die Sehnenschnur aus Pflanzenfaser ist an einem Ende befestigt, indem eine durch Aufdrehen der Schnur und Knotung hergestellte Schlinge zuerst der Spitze aufgesetzt und die Schnur dann noch einmal herumgeschlungen ist. Am anderen Ende ist sie durch mehrfache Schlingung um Spitze und Sehne selbst befestigt.
Länge: 226 cm
Querschnitt: 2,6 cm

328a (Or.Nr. 95a) Federkranz Jupuà
als Kopfputz. Schwarze Flaumfedern sind um eine aus weißen Baumwollfäden gedrehte Schnur gebunden.
Länge: 2 x 28 cm

328b, c (Or.Nr. 95b, c) Zwei Federkränze Jupuà
Kleine rote und gelbe Federn sind mit umgebogenen Kielenden nebeneinander in ca. 0,5 cm Abstand, immer mehrere aufeinander, an Pflanzenfaserschnüre geknüpft. Dieser Schmuck war für die Schultern und Schenkel bestimmt.
Länge: 2 x 20 cm

329a (Or.Nr. 96a) Stirnbinde Jupuà
Gelbe Federn sind in mehreren Lagen an ein in die Länge gezogenes Netz aus Baumwollfäden geknüpft.
Länge des Federteils: 40 cm

329b (Or.Nr. 96b, c) Vier Federkränze Jupuà
als Schulter- und Schenkelschmuck aus roten und gelben Federn. Es sind immer zwei Stränge zusammengefaßt; nur in einem Fall handelt es sich um einen einzigen Strang roter Federn.
Länge: 2 x 17 cm, 18 und 22 cm

256 (Or. Nr. 6) Federschmuck   Juri

Auf einen Streifen Rindenbast sind Arara-Federn aufgenäht. Der Hauptteil besteht aus
zwei ausgebreiteten Flügeldecken aus blauen Federn, an deren Basis rote, gelbe und grüne
Federchen nach einer Reihe roter und gelber kleinerer Federn, deren Kielenden unter dem
umgeschlagenen Bastrande versteckt sind, sich befinden.
Unter dem Bastrande läuft ein Strang Baumwollschnur hindurch, dessen Enden seitlich
hervorkommen und wohl zum Zusammenbinden des Schmucks bestimmt waren. Über die
Verwendung und Trageweise siehe Anm. zu Nr. 258.
Länge des Baststreifens: 54 cm
Breite: 29 cm

257 (Or. Nr. 7) Federschmuck   Juri

wie Nr. 256, jedoch mit anderen Farben und in der Herstellung abweichend. Die Flügeldecken sind weiß; die Mitte ist von einem schwarzen fächerartigen Teil eingenommen, über
den oben bunte kleine Federn fallen, während die obere Hälfte seitlich davon leuchtend
gelbe und rote Federn aufweist.
Den oberen Rand des Baststreifens bedeckt ein schmaler Streifen weißer Flaumfedern. Die
gelben Federn sind in drei Lagen übereinander an Baumwollschnüren so befestigt, daß die
Kielenden umgebogen und dann umschnürt sind. Die drei Schnüre sind auf den Bast genäht. Zum Zusammenknüpfen des Schmuckes dienen Pflanzenfaserschnüre an den Schmalseiten des Baststreifens.
Länge des Baststreifens: 57 cm

258 (Or. Nr. ?) Federschmuck   Juri

aus vielfarbigen, auf Rindenbast aufgenähten Federn. Die Bastunterlage besteht aus einem
breiten Streifen und einem in der Mitte vorragenden Stück, das durch schwarze Federn mit
einer weißen in der Mittellinie verdeckt wird; darüber ist die Mitte durch ein von roten und
gelben Federn eingerahmtes Stück Fell betont. Seitlich sind einzelne, meist blaue und grüne
Federn neben- und übereinander, darunter jederseits drei lange rote Arara-Schwanzfedern
aufgeheftet. Einige Lagen gelber Federn schließen den Schmuck am Rande ab, wo die Kiele
der obersten Federn unter dem umgeschlagenen Bastrand verschwinden, während die der
übrigen Federn umgeschlagen an Schnüren befestigt sind, was durch die oberste Federlage
verdeckt wird.
Lit.: Kat. »Indianer vom Amazonas«, 1960, Nr. 95, S. 76/77.
Länge: 62 cm   *Tafel 35, 36*
Anm.: Im Originalkatalog handelt es sich bei diesem wie bei dem Exemplar 316 sowie einer
Reihe weiterer, prinzipiell identischer Exemplare von den Juri (256, 257), Jumana (318),
Coëruna (259) und Miranha (317) nach einer Notiz um »Weiberschurze«. Von dem vorlie-
genden Stück wird sogar behauptet, daß damit »die Königin der Juri-Taboca sich beklei-
det« habe. Im Gegensatz zu diesem Katalogvermerk schreibt Martius an anderer Stelle
(Spix/Martius, III, S. 1224), daß die Frauen der Juri nackt gehen. Nun könnten, da Feder-

schmuck kaum zur alltäglichen Bekleidung des Indianers gehört, solche Federschurze von Frauen der Juri bei Tänzen getragen worden sein, doch nahmen an dem von Martius (Spix/Martius, III, S. 1226ff.) veranlaßten Tanzfest der Juri nur Männer teil, die ihre »Köpfe mit Federn ausstaffierten, die . . . kronenartig um die Schläfen gebunden wurden . . .« In der Sammlung Spix/Martius ist jedoch von den Juri kein als Kopfputz bezeichneter Federschmuck vorhanden.

Wie schon Hörschelmann (1920, S. 13) bemerkt – der übrigens die angeblichen »Weiberschurze« zu den Prachtstücken der Sammlung Spix/Martius zählt –, kommen in dem ganzen Gebiet weder Weiber-Federschmuck noch Schurze aus Federn vor, noch will die ganze Form recht zu dieser Bestimmung passen. Ihm ist, wie er schreibt, von sachverständiger Seite (Koch-Grünberg) die Vermutung geäußert worden, es handle sich hier vielleicht um große Federkronen, die aufrecht um die Stirn gebunden worden seien, was zu der Aussage von Martius über den Kopfputz der Männer beim Tanzfest der Juri passen würde. Auch ist eine dieser Federarbeiten im Originalkatalog als Kopfschmuck der Coëruna (Kat. Nr. 259) bezeichnet, jedoch widerspricht gerade dessen Länge (69 cm) wie die einiger anderer »Weiberschürzen« der Verwendung als Kopfputz. Da genauer datierte Vergleichsobjekte fehlen – auch die Natterer-Sammlung in Wien weist keine auf –, bleibt die letzte Klärung des Verwendungszweckes dieser Art Federschmuck vorläufig offen.

272b (Or.Nr. 22) Zwei Federstränge Juri
aus schwarzen Federn mit je einem Büschel kleiner farbiger Federquasten an dem einen Ende der Schnur. Die 0,4 cm dicke Baumwollschnur ist derart mit schwarzen Federn umbunden, daß sie an drei Seiten von ihnen zugedeckt ist und nur einer sichtbar ist. Der Strang hat die Tendenz, sich spiralig aufzuwickeln, wobei die zutage tretende Schnur an der Innenseite liegt. Nach einer Notiz im Originalkatalog handelt es sich vermutlich um ein Paar Kniebänder eines Anführers der Juri.
Lit.: Kat. »Indianer vom Amazonas«, 1960, Nr. 99.
Länge: 71 cm

275 (Or.Nr. 25) Tanzschmuck Juri
im Nacken getragen. Grüne Federn sind kranzartig an ein aus Schnur geflochtenes Band geknüpft; der Faden geht dabei durch das Ende des Kiels, tritt weiter oben durch ein Loch heraus und ist dann um den Kiel geknotet. Unter den grünen Federn hängt ein Büschel roter und gelber Flaumfederchen.
Größe: 2 x 68 cm

276 (Or.Nr. 26) Federschmuck Juri
Die Federn sind an eine einfache Baumwollschnur geknüpft; sie hängen an daran geknoteten Abschnitten der gleichen Schnur, wobei die Befestigung in der Weise hergestellt ist, daß das Schnurende umgeschlagen und mit einem dünnen Holzstäbchen in den Federkiel eingeführt ist.
Länge: 2 x 85 cm

280 (Or. Nr. 30) Federquaste Juri

mit daranhängenden Klappern aus Fruchtkapseln. Sie wird als Tanzschmuck an den Füßen befestigt.

Die Quaste besteht aus einer großen Anzahl kleiner Büschel aus gelben Papageienfedern, die an einzelne Pflanzenfaserschnüre gebunden und zu einem Strauß zusammengefaßt sind. Die Schnüre sind am unteren Ende fest umwickelt und auch unterhalb des Beginns der Federn noch einmal zusammengebunden. Die Klappern sind aus den Früchten der Cerbera Thevetia und der Palme Astrocaryum vulgare. Aus den halbierten Fruchthülsen hängt je ein längliches, zugespitztes Knochenstück heraus.

Durchmesser: ca. 11 cm

286 (Or. Nr. 38) Federschmuck Juri

Er wird schweifartig bei den Tänzen im Nacken getragen. Um den elastischen Zweig einer Schlingpflanze sind gelbe und rote Papageienfedern so gebunden, daß der Stengel bis auf das frei herausragende untere Ende verdeckt wird, aber auch die Bindung jeder Federlage durch die folgende verhüllt wird. Die roten und gelben Federn sind in je drei Abschnitten von gleicher Farbe aufgebunden. Unterhalb der Spitze fehlt ein Teil der Federn.

Länge: 75 cm

315 (Or. Nr. 73) Federschmuck Juri

Über seine Verwendung siehe Anm. zu Nr. 258.

Die Unterlage bildet Rindenbast, dem die Federn mit Bastschnur aufgeheftet sind. Drei sehr große und breite graue Federn nehmen die Mitte ein, sie sind flankiert von drei roten Arara-Schwanzfedern. Die Seiten bestehen aus Teilen ganzer Flügel, schwarz mit grünem Schimmer. Der Abschnitt an der Basis ist von gelben Papageienfedern bedeckt, die in Baumwollschnüre geknüpft sind, deren Enden seitlich herausragen. Die Kielenden der letzten Federn sind von dem umgeschlagenen Rande des Baststückes bedeckt.

Länge des Baststückes: 30 cm

Länge zwischen den Flügelspitzen: 52 cm

316 (Or. Nr. 74) Federschmuck Juri

aus vielfarbigen, auf Rindenbast aufgenähten Federn, angeblich ein Frauenschurz (vgl. Anm. zu Nr. 258). Die Seiten sind durch zwei schwarze Flügeldecken mit weißer Basis eingenommen. In der Mitte ragen breite, grau-melierte und schwarze Federn hervor, deren untere Hälfte von einem blauen und grünen Papageienflügel zugedeckt wird. Die gelben Federn des Randes sind in Baumwollschnur eingeknüpft.

Lit.: Kat. »Indianer vom Amazonas«, 1960, Nr. 96, S. 77.

Länge von einem Flügelende zum anderen: 82 cm

Länge des Baststreifens: 37 cm

Tafel 33

365 Federschweif   Juri (?)
Rote und gelbe Tucan-Federn sind um einen biegsamen Schlingpflanzenschößling gebun-
den.
Drei rote Abschnitte wechseln mit zwei gelben ab. Der Schmuck wurde im Nacken getra-
gen (vgl. 286).
Länge: 47 cm
(Federteil: 37 cm)

366 Federschweif   Juri (?)
wie 365, jedoch etwas dicker. Vier rote Abteilungen wechseln mit zwei gelben ab
(vgl. 286).
Länge: 47 cm
(Federteil: 32 cm)

415 (Or.Nr. 313) Sitzschemel, aus einem Stück Holz geschnitten.   Juri
Die rechteckige, leicht konkave Sitzfläche ruht auf vier Füßen, von denen je zwei parallel
zur Längsrichtung durch eine Leiste verbunden sind. Die Füße ragen unten in der Längsrichtung in Spitzen vor. Die Sitzfläche ist mit einem schwarzen Geflechtmuster bemalt, das
sich von dem rötlichen Grund abhebt. Sie ist leicht poliert, während der ganze untere Teil
des Schemels roh geblieben ist.
Abb.: Spix und Martius, Atlas, Tafel 20, »Indianische Gerätschaften«, Fig. 44: »Fuß-
schemel«, Juri-Taboca.
Lit.: W. Schmidt, 1913, S. 1088–1095: Der Schemel gehört der Form nach in die Klasse I,
B. a; in der Übersicht von W. Schmidt wird er dort (S. 1090) angeführt. Kat. »Indianer
vom Amazonas«, 1960, Nr. 105, S. 79.
Länge: 34 cm
Breite: 20 cm
Höhe: 14 cm   *Tafel 27*
Anm.: Bänke dieser Art wurden und werden hauptsächlich von den (Ost-) Tukano-Stäm-
men des Uaupés-Gebietes hergestellt, sind also bei dem Aruak-Stamm der Juri eher ein
Fremdkörper, wiewohl Wallace (bei G. Hartmann, 1975, S. 137/8) um die Mitte des vergangenen Jahrhunderts neben den Tukano auch die aruakischen Tariana als ihre Verfertiger
erwähnt. Die Bank ist den Männern als Sitzplatz vorbehalten und insbesondere der Ort,
von wo der Medizinmann oder der Kumu, eine Art Zeremonienleiter, seine Anweisungen
und Ratschläge erteilt (l. c. p. 139). Auf der Bank sitzend raucht er große Zigarren in einem
besonderen gabelförmigen Halter, ein Brauch, der auch von allen erwachsenen Männern
unter Anleitung des Häuptlings anläßlich eines zeremoniellen Zusammenseins geübt wird.
G. Hartmann (1975) ist es gelungen, die enge Verbindung zwischen Bank und Zigarrenhalter und damit zwischen Nachdenken und Rauchen bei den Ost-Tukano ikonographisch
nachzuweisen: Ein solcher Zigarrenhalter ist jedoch in der Sammlung Spix/Martius nicht

vorhanden, lediglich eine Zigarre von dem benachbarten Aruak-Stamm der Passé (421). G. Hartmann (1975, S. 140) veröffentlicht als ältesten dieser Schemel im Berliner Museum für Völkerkunde eine »Sitzbank der Uaupé-Indianer«, die aus der Sammlung Johann Natterer (1817–1835 in Brasilien) in Wien herrührt und 1886 von dort eingetauscht wurde. Sie dürfte also etwa gleichaltrig wie unser hier behandeltes Exemplar sein. Hartmann (l. c. p. 141/3) führt dann noch fünf weitere Bänke der Tukano des Rio Tiquié vom Anfang unseres Jahrhunderts im Berliner Museum aus der Sammlung Koch-Grünberg sowie eine aus der Mitte unseres Jahrhunderts der Sammlung Petersen an, der im Münchener Museum ein weiteres Exemplar von Petersen entspricht. Sie alle tragen über rund 120 Jahre hinweg auf der Sitzfläche das gleiche wie ein Geflecht anmutende schwarze Muster auf dunkelrotem Grund, das Hartmann (l. c. p. 144) wohl nicht zu Unrecht vordergründig mit der Musterung einer Hängematte in Verbindung bringt. Nach Reichel-Dolmatoff (1968, S. 82/3) verkörpert der Sitz mit der schwarz-roten Geflechtsmusterung angeblich das Schlangenboot des Menschenschöpfers bei den Desana und ist mit unserer Erde identisch; die weiß oder gelb bemalten Beine repräsentieren den Samen der Unterwelt, Axpikondia. Darüber befindet sich der rauchende Mensch mit seinen Gedanken. Alle drei Teile bilden wiederum nach Vorstellung der Desana eine gelb-rot-blaue kosmische Achse, wobei man die Farbe Blau wohl mit dem Rauch der brennenden Zigarre assoziieren kann.

444 (Or. Nr. 115) Panflöte Juri
Die vier Rohre sind unten durch den natürlichen Knoten geschlossen; oben bis auf das Blasloch mit einer Kappe aus einer dunkelbraunen Masse (Harz, Wachs?) versehen. Die Rohre sind mit Bastschnur aneinandergebunden.
Abb.: Spix und Martius, Atlas, Tafel 20, »Indianische Gerätschaften«, Nr. 34.
Länge: 45 cm *Tafel 24*

697 (Or. Nr. 254) Bogen Juri
aus dunklem, rotbraunem Holz mit außen stark, innen leicht konvexem Querschnitt. Er gehört damit nach H. Meyer zum Typus des sogenannten »nordbrasilianischen« Bogens.
Länge: 202,8 cm
Querschnitt: 3,5 cm

459 (Or. Nr. 314) Rundschild aus Tapirhaut Juri-Taboca
Die kreisrunde Lederscheibe von 0,3 cm Dicke hat in der Mitte vier ins Quadrat gestellte Durchbohrungen zur Befestigung des Handgriffs, der verlorengegangen ist. Durch ein Loch an der Peripherie ist eine Schlinge aus Pflanzenschnur gezogen.
Martius (Spix/Martius, III, S. 1228/9) beschreibt einen Waffentanz der Juri mit solchen Schilden und den dazugehörigen Wurfspießen aus dem Dorf Uarivaú am Rio Yapurá, den der Häuptling oder Tuschaua mit seinen »muntersten« Kriegern aufführte: Sie versteckten sich hinter die großen, aus Tapirhaut geschnittenen runden Schilde, die sie von den Miran-

has einhandeln, und warfen, unter drohenden Gebärden hin und her schleichend, die Wurfspieße darauf (vgl. Atlas, Tafel 34, »Bilder aus dem Menschenleben«, »Waffentanz der Juri«, siehe Tafel 5). Der Schild wird am linken Unterarm vermittels eines Bandes getragen.

Lit.: Kat. »Indianer vom Amazonas«, 1960, Nr. 108, S. 79.

Durchmesser: ca. 114 cm   *Tafel 7a*

Anm.: Von Interesse ist Martius' Bemerkung (a.a.o.), daß diese Art Schilde von den benachbarten Miranha übernommen wurden. Auch die Tukano-Stämme der Yahuna, Opaina und Dätuana sowie benachbarte Aruak-Gruppen (Yukuna) benützen nach Koch-Grünberg (1910, S. 287/8) zum Teil heute noch runde Schilde aus mehreren Lagen Tapirhaut mit einer buckelartigen Erhöhung in der Mitte, um sich gegen die Giftlanzen der Feinde zu decken und selbst hinter dem Schild hervor ihre Wurfgeschosse zu schleudern. Die Opaina nennen diese Schilde »ahäa« und bezeichnen mit demselben Namen auch den Hof des Mondes.

Weitere Erwähnung des Schildes bei H.H. Petri, 1938, S. 157.

488 (Or.Nr. 311) Stampfrohr   Juri-Taboca (?)

aus dem trogartig ausgehöhlten Stück eines Ambauva-Baumstammes mit langem Stiel als Handhabe. Der zylindrische Teil ist außen in vier Zonen mit Erdfarbe schwarz und braun bemalt. Die Endzonen tragen Zackenreihen, während die beiden mittleren jeweils in zwei Felder geteilt sind; diese Felder haben das gleiche Rahmenornament, in dem einmal eine schriftzeichenartige Figur und dreimal Spiralmotive erscheinen.

Im Atlas zu Spix und Martius, Tafel 20, »Indianische Gerätschaften«, Fig. 32, wird er wie Fig. 30 (489) als von den benachbarten Miranha stammend bezeichnet.

Kat. »Indianer vom Amazonas«, 1960, Nr. 165, S. 91.

Weitere Abb.: F. Ratzel, 1894, I, S. 464; F. Ratzel, 1886, II, S. 559; Izikowitz, 1935, S. 155, Fig. 7a.

Länge: 90,5 cm   *Tafel 28*

Anm.: Martius (Spix/Martius, III, S. 1227) schreibt über seinen Gebrauch bei den Juri-Taboca: »Der Vortänzer hatte einen hohlen Zylinder von Ambauva-Holz mit Federbüschen geziert auf dem Haupte, und trug in der linken Hand einen ähnlich bemalten, aber drei bis vier Fuß langen Zylinder von demselben leichten Holze, womit er auf die Erde stieß, um den Takt zu schlagen.«

Die Ornamentik wie auch die Art der Handhabung weicht von denen des anderen Stampfrohres (489) ab, so daß die Herkunft beider Geräte von demselben Stamm unwahrscheinlich sein dürfte. Jedoch kommt wohl kaum eine Übernahme von den Miranha in Frage, zumal Métraux' (1928, S. 225/6) von Izikowitz (1935, S. 159) später übernommene Angabe, die Bora-Miranha besäßen nach dem Zeugnis von Seminario (1924, S. 89) Stampfrohre, nicht zutrifft. Von Seminario werden (a.a.O.) vielmehr mit Klöppeln geschlagene Schlitztrommeln erwähnt. Die Zackenreihen der Ornamentierung wie auch der Stiel als Handhabe an unseren Instrumenten erinnern hingegen an die von Koch-Grünberg aus dem weiter nördlich gelegenen Uaupés-Gebiet beigebrachten »Tanzstäbe«, vor allem an die der Bara (Tukano) des Rio Tiquié (vgl. Koch-Grünberg, 1909, S. 336, Abb. 213). So könnte es sich um eine Importierung des Stückes von dort handeln.

489 (Or. Nr. 312) Stampfrohr Juri-Taboca (?)
aus dem trogartig ausgehöhlten Stück eines Ambauva-Stammes. Nahe dem oberen offenen Ende sind seitlich zwei halbrunde Griffe angebracht. Das Rohr ist mit Erdfarben schwarz, braun, gelb auf weißem Grund reich bemalt. Die Mittellinie des Ornaments befindet sich auf der den Griffen entgegengesetzten Seite – dort ist ein Stück des Holzes ausgebrochen, 1979 aber wieder ersetzt worden. Das Muster ist auf beiden Hälften das gleiche. Das Gerät diente dazu, bei den Tänzen durch Aufstampfen den Takt anzugeben (Spix/Martius, III, S. 1227). Im Atlas von Spix und Martius, Tafel 20, »Indianische Gerätschaften«, Fig. 30 abgebildet, wird es wie Fig. 32 (vgl. Kat. 488) als von den Miranha stammend angegeben. Weitere Abb.: F. Ratzel, 1894, I, S. 464; 1886, II, S. 559; Kat. »Indianer vom Amazonas«, 1960, Nr. 164, S. 91.
Länge: 108 cm *Tafel 29*
Anm.: Koch-Grünberg hat in Nordwestbrasilien zu Beginn unseres Jahrhunderts bei vielen Stammesgruppen Stampf- oder Stoßrohre, die er »Tanzstäbe« nennt, angetroffen. In der Ornamentik dem unsrigen sehr ähnlich, ist ein Exemplar von den Opaina-Yahuna (Koch-Grünberg, 1910, S. 292, Abb. 200), einem Tukano-Stamm am Rio Apaporis, einem linken Nebenfluß des Rio Yapurá, an dem im Dorfe Uarivaú Martius die Juri-Taboca antraf.
Mit der Verbreitung der Stampfrohre, von ihm »Bâton de rythme« genannt, hat sich bereits Métraux (1928, S. 216, 225/6) beschäftigt und festgestellt, daß diese Geräte hauptsächlich nördlich des Amazonas vorkommen und südlich dieses großen Stromes eng mit der Ausbreitung des Tupi-Volkes verbunden sind. Auf Métraux' Untersuchung baut Izikowitz (1935, S. 157–159) auf, der auch die Münchener Exemplare (Nrn. 488, 489) abbildet (S. 155, Fig. 72).

282 (Or. Nr. 32) Zwei Kniebinden Cauixana
aus Schnurgeflecht mit roten Federn. Die Federn sind so dicht eingesetzt, daß die Vorderseite der Binde wie ein Stück Balg aussieht, doch zeigt die Rückseite, daß hier kleine Federbüschel einzeln durch ein geflochtenes Schnurband gesteckt sind, und zwar von beiden Seiten, so daß die Kielenden auf beiden Seiten hervorragen. Das Schnurband endigt an der einen Seite in zwei Ösen, an der anderen teilt es sich in zwei zopfartig geknüpfte Schnüre. Das Schnurband ist bei beiden Stücken verschieden: das eine ist kunstvoll aus Pflanzenfaserschnur geflochten, das andere ein ganz grobes Baumwollgeflecht, dessen Fäden an den Enden unverflochten hervorragen. Von der kunstvoll geflochtenen Binde hängen fünf gelbe Federquasten herab.
Lit.: Kat. »Indianer vom Amazonas«, 1960, Nr. 101, S. 78.
Länge: 14 cm

295 (Or. Nr. 46a) Fächer   Cauixana

aus zehn größeren schwarzen Federn, vermutlich des Hokko-Huhns. Sie sind mit den Kielen dicht nebeneinander angeordnet, daß sie einander seitlich überdecken, nur die mittelste Feder ist voll zu sehen.

Die Kiele sind durch Umwicklung mit Pflanzenfaserschnur zusammengehalten, außerdem aber durch ein dünnes Stäbchen (Schlingpflanzenzweig), das durch eine Durchlochung der Kiele gezogen ist; die Enden sind herabgezogen und in die Umschnürung der Kiele einbezogen.

Länge: 30 cm

296 (Or. Nr. 46b) Fächer   Cauixana

aus zwölf größeren schwarzen Federn, wie Nr. 295 angefertigt.

Länge: 28,5 cm

297 (Or. Nr. 46c) Fächer   Cauixana

aus zwölf großen schwarzen Federn, angefertigt wie Nr. 295.

Länge: 28 cm

314 (Or. Nr. 71) Kopfbinde   Cauixana

aus gelben Papageienfedern, die an netzartig verknüpften, weißen Baumwollschnüren befestigt sind. Die Federn sind mit umgebogenen Kielenden angebracht.

Länge des Federteils: 34 cm

451 (Or. Nr. 120) Panflöte   Cauixana (?)

Zehn kleine Rohrstücke sind zu fünfen in zwei Lagen mittels Baumwollschnur aneinandergebunden.

An dem oberen Ende sind alle zehn offen, an dem anderen, dem abgestuften, sind die fünf der einen Lage durch den natürlichen Knoten geschlossen; die anderen fünf sind offen und mit einem Ausschnitt versehen. An diesem Ende befinden sich Reste einer schwarzen, harzartigen Substanz oberhalb der Umwicklung, am anderen sind die Röhren damit fest aneinander geklebt.

Abb.: Spix und Martius, Atlas, Tafel 20, »Indianische Gerätschaften«, 33 (siehe Spix/Martius, II, S. XV »Juri«).

Länge: 13,2 cm

463 (Or. Nr. ?) Halskette   Cauixana

für Knaben, aus kleinen Tierzähnen und weißen Glasperlen, die auf eine Pflanzenfaserschnur aufgereiht sind.

Länge: 2 x 16,5 cm

318 (Or. Nr. 76) Federschmuck, angebl. »Weiberschurz«   Jumana
Die Unterlage bildet ein breiter Streifen Rindenbast, dem seitlich je zwei blaue Arara-Flü-
gel und in der Mitte unten ein Büschel weißer Flaumfedern aufgeheftet sind. Die ganze Mit-
telpartie und der Rand sind von gelben Papageienfedern bedeckt, die jedoch nicht direkt auf
den Baststoff aufgeheftet, sondern in weiße Baumwollschnüre eingeknüpft und mit diesen
in mehreren Lagen übereinander angeheftet sind. Die Kielenden sind bei der Knüpfung
umgebogen, von der jedoch nichts zu sehen ist, daß sie von Federn bzw. am Rand von einem umgeschlagenen Baststreifen verdeckt ist. An dessen Ende sind Schnüre zum Umbin-
den befestigt. Siehe Anm. zu Nr. 258.
Breite (von einem Flügelende zum anderen): 78 cm

320 (Or. Nr. 78) Federkopfbinde   Jumana
An netzartig verknüpfte, weiße Baumwollschnüre sind gelbe Papageienfedern mit umge-
bogenen Kielenden geknüpft.
Länge des Federteils: 34 cm

321a (Or. Nr. 79) Kopfschmuck   Jumana
aus zwei langen roten Federn des Arara.
Die eine Feder ist an ein zugespitztes Holzstäbchen, die andere an eine Spitze aus Knochen
gebunden. Beide sind mit angebundenen kleinen anderen Federn verziert. Die eine Feder
hat an der Basis auf jeder Seite eine schwarze Feder und etwas weißen Flaum, während unterhalb der Spitze ein gleiches Büschel zusammen mit einem schillernden Libellenkopf (?)
herabhängt.
Die andere Feder trägt an der Spitze eine kleine schwarze Feder und weißen Flaum.
Länge: 38 und 35 cm

321b (Or. Nr. 79) Federstab   Jumana
als Kopfschmuck.
Weiße Flaumfedern sind dicht um ein unten zugespitztes Stäbchen gebunden, das an der
Spitze einige kleine rote Federn trägt.
Vgl. Nr. 335 (Passé) und Nr. 343 (Tecuna).
Länge: 32 cm

322 (Or. Nr. 80) Fächer   Jumana
aus zehn großen schwarzen Federn, vermutlich des Hokko-Huhns, die mit den Kielen in
der Weise dicht aneinander gelegt sind, daß sie einander seitlich überdecken, und nur die
mittlere voll sichtbar ist. Die Kiele sind mit Schnurumflechtung und außerdem mittels eines
durch eine Durchlochung sämtlicher Kiele gezogenen biegsamen Stäbchens, dessen Enden
herabgebogen und in die Umschnürung der Kiele einbezogen sind, zusammengehalten.
Länge: 30,5 cm

COËRUNA.

Taf. 17 – Coëruna mit Federkopfbinde und Reiherfederstutz
Reproduktion: Portrait im Atlas Spix und Martius

Taf. 18 – Nackenschmuck
Flaumfederbusch
Affenknochen
Schweif aus Affenhaar,
mehrteilig
Federplatte:
Vogelfigur,
alles Coëruna

COËRUNA.

Taf. 19 – Coëruna mit Federkopfputz und Nackenschmuck (Rückseite)
Reproduktion aus Atlas von Spix und Martius

Taf. 22a, b – Zwei Rasseln aus Kalebasse, Passé (a) und Coroados (b)

Seite 68: Taf. 20 – Federschmuck. Vogelfigur aus Rindenbast, mit Federchen beklebt, Tecuna

Seite 69: Taf. 21 – Halsgehänge aus Fruchtschalen, Passé

Taf. 23 – Doppelfelltrommel, Tecuna

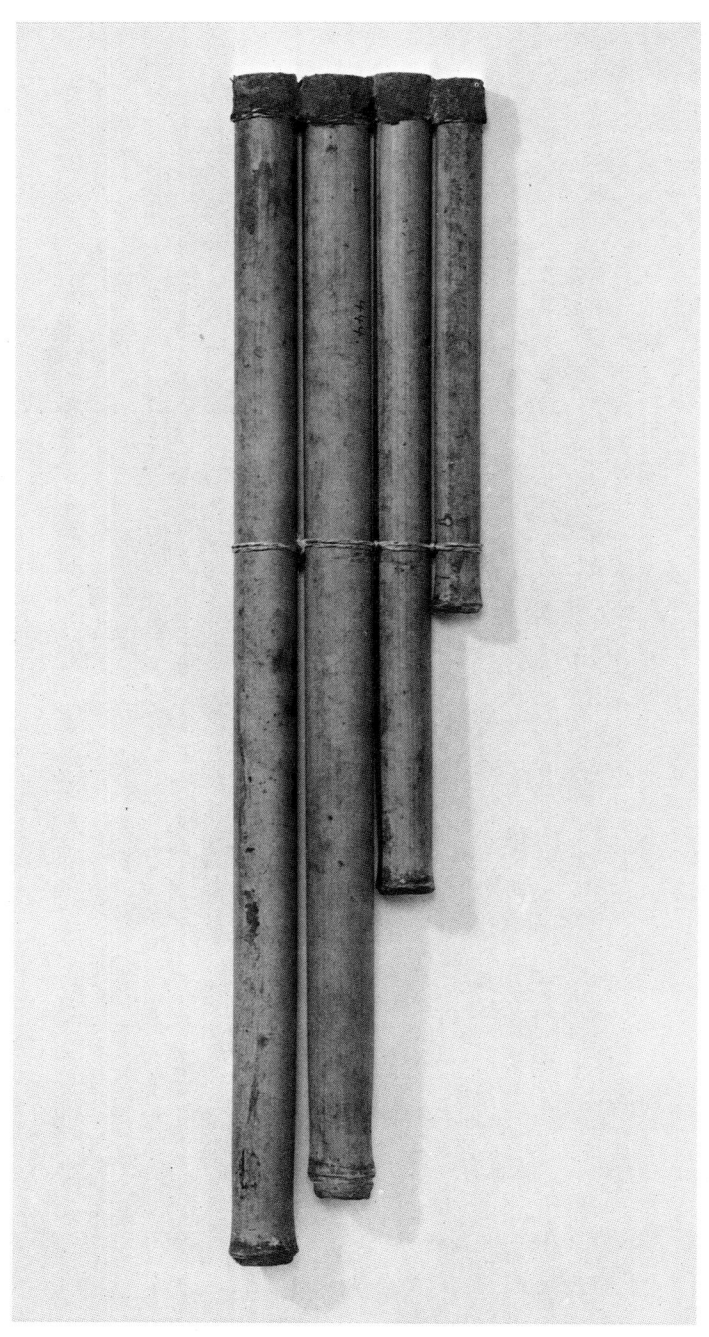

Taf. 24 – Panflöte, Juri

Seite 73:
Taf. 25
Panflöte, Passé
Knochenflöte, Coëruna

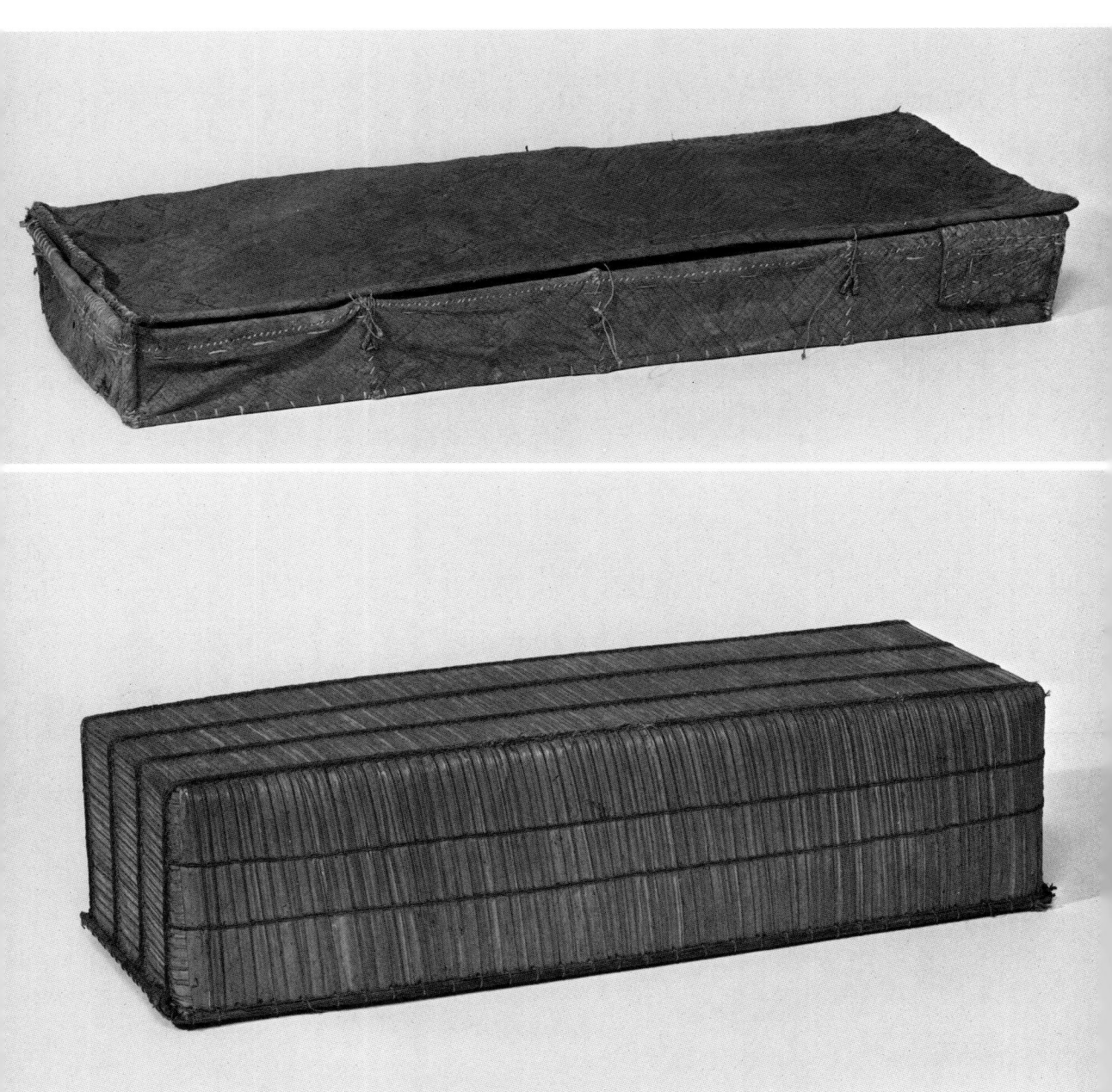

Taf. 26a – Deckelschachtel aus Rindenbaststoff, Coretù
Taf. 26b – Deckelschachtel aus Palmblatt, Coëruna

Taf. 27 – Sitzschemel, Juri

Taf. 28 – Stampfrohr,
Juri-Taboca

Seite 77:
Taf. 29 – Stampfrohr,
Juri-Taboca

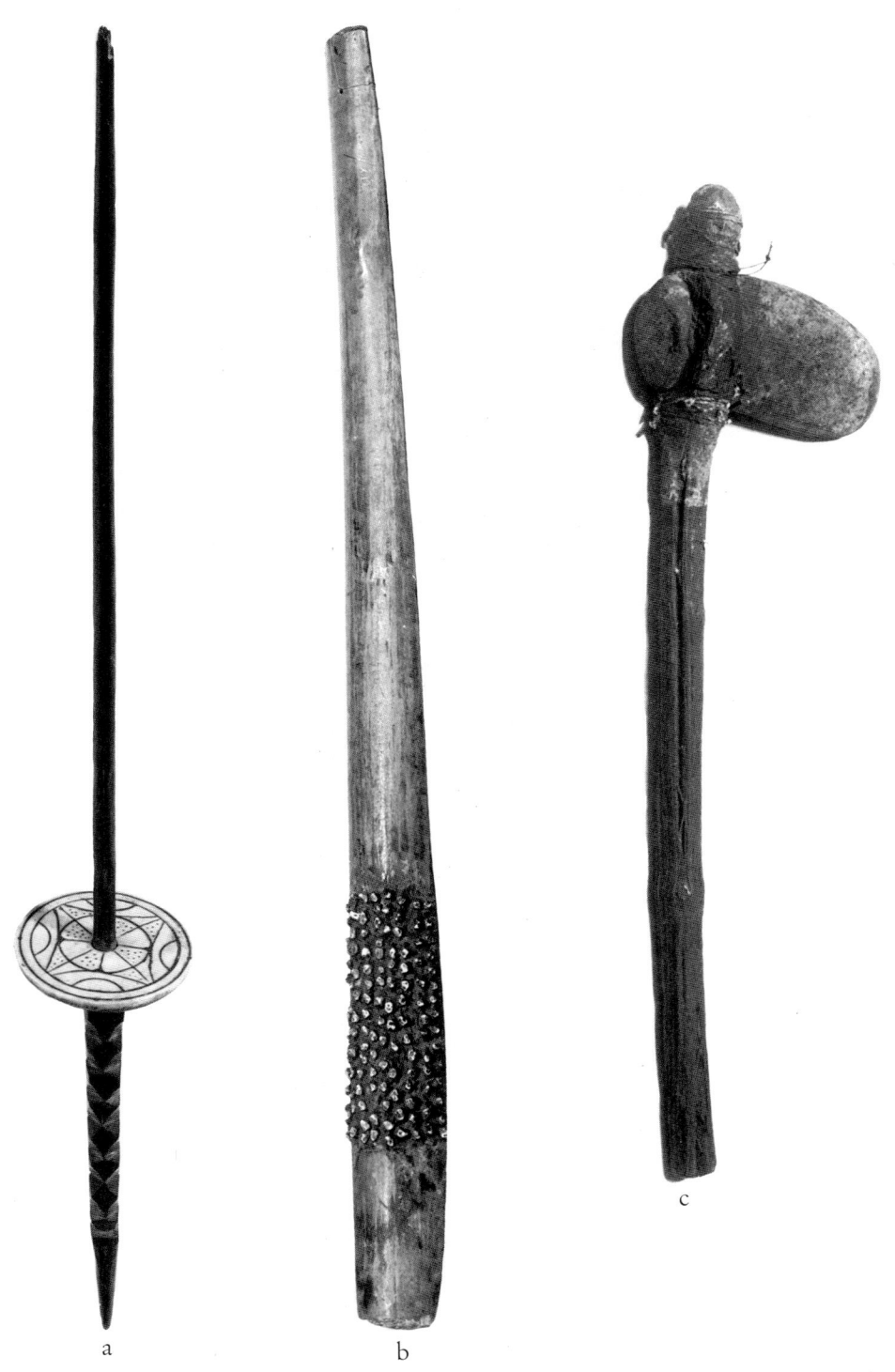

a   b   c

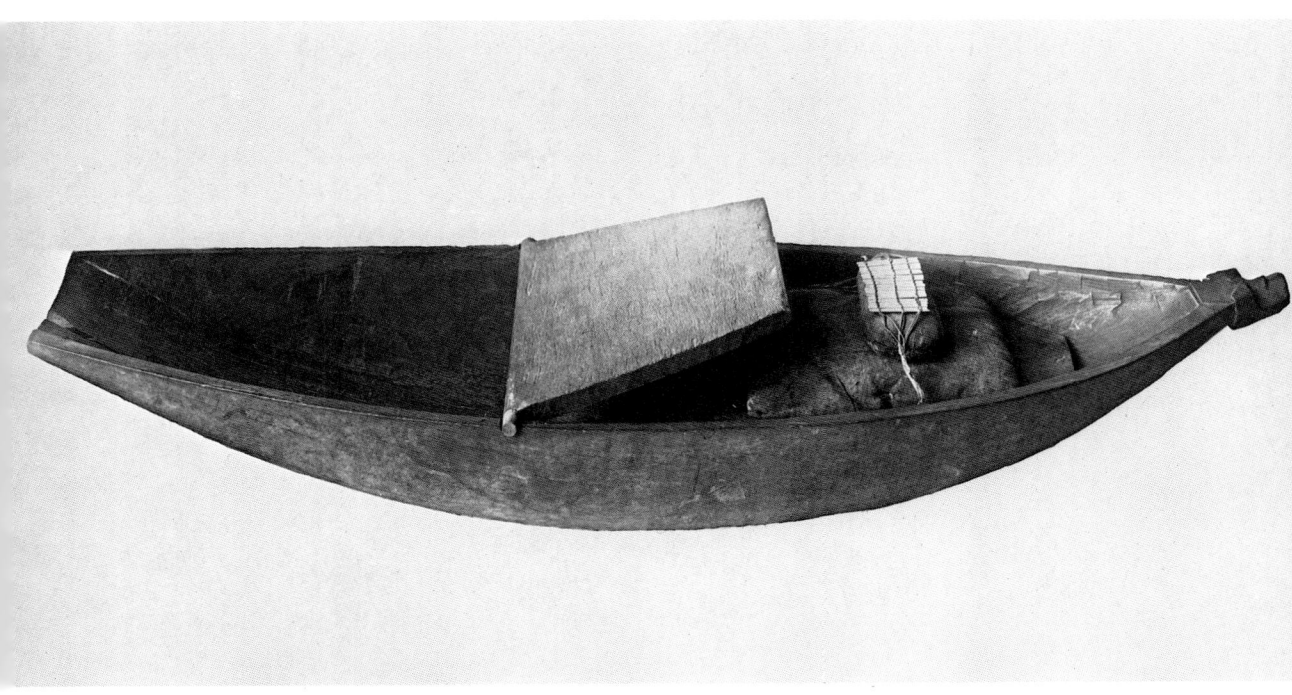

Taf. 31 – Kinderwiege in Bootsform, Omagua

Seite 78: Taf. 30a – Spindel, Miranha
        Taf. 30b – Reibebrett für Maniok, mit Zähnen besetzt, Miranha
        Taf. 30c – Steinbeil, Coëruna

Taf. 32 – Federkopfschmuck, Coëruna

Taf. 33 – Federkopfschmuck, Juri

Taf. 35 – Federschmuck, angeblicher »Weiberschurz«, Juri

Seite 82: Taf. 34 – Fächer aus schwarzen Federn, Passé

Taf. 36 – Feder-
kopfschmuck,
Juri

Taf. 37a, b –
Zwei mit Federn
besetzte Hüte
aus Rohrgeflecht,
Passé

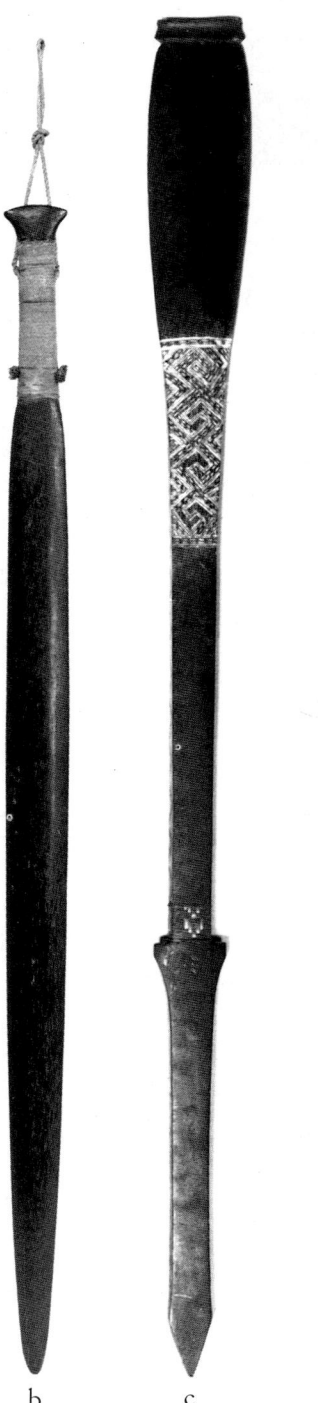

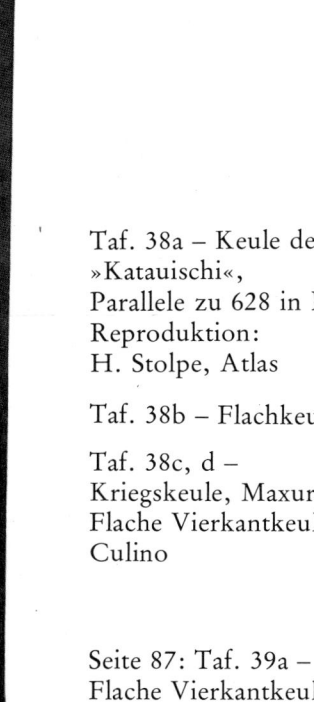

Taf. 38a – Keule der
»Katauischi«,
Parallele zu 628 in London
Reproduktion:
H. Stolpe, Atlas

Taf. 38b – Flachkeule, Miranł

Taf. 38c, d –
Kriegskeule, Maxuruna (?)
Flache Vierkantkeule,
Culino

Seite 87: Taf. 39a –
Flache Vierkantkeule.
Detail der Ornamentik,
Culino

Taf. 39b – Kriegskeule.
Detail der Ornamentik,
Maxuruna

86 a   b   c   d

a   b

Taf. 40 –
Flache
Vierkantkeule,
Paumari (?)

340a–l (Or.Nr. 146?) Festschmuck   Jumana
    a–d) vier Federdiademe, wie Nr. 284a (Coretù),
    e–f) zwei Federstirnbinden, wie Nr. 311a (Arara),
    g) Affenknochen, am Hinterkopf getragen, wie Nr. 284d (Coretù),
    i) Flaumfederstab für den Hinterkopf, wie Nr. 284c,
    k) Federplatte, Vogel darstellend, für den Hinterkopf, wie Nr. 284f.

340l (Or.Nr. 146?) Federkranz   Jumana (Mulinúma)
    als Achselschmuck wie 303k (Coëruna), 267 (Passé) und 269 (Tecúna).

454 (Or.Nr. 81) Rasselschmuck   Jumana
    Aus Pflanzenfaserschnur geflochtenes Band mit davon herabhängenden halbierten Kapseln
    einer Frucht, die beim Zusammenschlagen ein intensives Klappergeräusch hervorbringen.
    Es handelt sich hier wohl um Arm- oder Beinschmuck, zum Tanz getragen. (»Nüsse des
    Schellenbaums«).
    Lit.: Koch-Grünberg, 1909/1910, I. Band, S. 295:
    Fußrassel, mit der der Rhythmus beim Tanz durch Aufstampfen des Fußes akzentuiert
    wird.
    Länge: 35 cm
    Höhe: bis 10 cm

455 (Or.Nr. 72) Rasselschmuck   Cauixana
    aus halbierten, trockenen, harten Schalen einer Frucht. Sie sind am oberen Ende durch-
    bohrt und hängen an einem aus Pflanzenfaserschnur geflochtenen Bande, dessen Enden
    verknotet sind.
    Länge des Bandes: 56 cm

566 (Or.Nr. 147) Deckelschachtel   Jumana, Horde der Malinumà
    Feste Schachtel mit überzustülpendem Deckel gleicher Art und Form, aus Palmblatt,
    Holzstäben und Schnur hergestellt. Der Rand der Schachtel ist mit Bast, der des Deckels
    mit Rinde umhüllt; der Deckel ist braun gefärbt.
    Größe: 55 x 24 x 19 cm

267a, b (Or.Nr. 17) Zwei Federkränze   Passé
    als Halsschmuck für Frauen. Die Federn sind in gedrillte Tucum-Fäden so eingeknüpft, daß
    die Kielenden umgebogen, die Federn dann (meist zwei oder drei zugleich) rittlings auf den
    Faden gesetzt und unterhalb desselben umschnürt sind. In dem einen Falle sind zwei, im
    anderen drei solcher Federstränge zu einem Halsband verbunden: das eine Mal ist eine mitt-
    lere Schicht gelber Federn von jeder Seite mit einer Schicht von roten Federn überdeckt,
    während die unteren Enden der Federn einen braunen Ring bilden; bei dem anderen Stück

wechseln zwei gelbe Abschnitte mit drei roten ab, wobei der innere Ring ebenfalls braun ist.
Länge a): 2 x 22 cm
Länge b): 2 x 19,5 cm

268a, b, c (Or. Nr. 18) Drei Federkränze   Passé
als Frauenhalsschmuck mit abwechselnd roten und gelben Abschnitten, sonst wie Nr. 267.
Länge: ca. 21 cm

274 (Or. Nr. 24) Federkopfbinde   Passé
An netzartig verknüpften weißen Baumwollschnüren sind gelbe Federn befestigt.
Länge: 35 cm

298 (Or. Nr. 47a) Fächer   Passé
aus elf großen schwarzen Federn, die mit den Kielen dicht übereinander gelegt und unten dann mit Schnurumwicklung aneinander befestigt sind. Die Federn stammen vermutlich vom Hokko-Huhn.
Zum stärkeren Halt ist ein dünnes, biegsames Stäbchen durch eine Durchlochung sämtlicher Kiele durchgezogen, dessen Enden abwärts gebogen und in die Umschnürung der Kiele einbezogen sind. Anm. siehe Nr. 299.
Länge: 29 cm

299 (Or. Nr. 47b) Fächer   Passé
aus acht großen schwarzen Federn, vermutlich des Hokko-Huhns, die mit den Kielen dicht übereinander gelegt und durch ein dünnes Stäbchen, das durch die durchbohrten Kiele gezogen und zu einem Oval gebogen ist, befestigt sind.
Lit.: Kat. »Indianer vom Amazonas«, 1960, Nr. 103, S. 78.
Länge: 35 cm
Anm.: Die Bezeichnung des Originalkatalogs »Fliegenwedel« erscheint völlig unangebracht. Federfächer ähnlicher Art sind aus der peruanischen Montaña als Feuerfächer überliefert, so von den Kashibo (Tessmann, 1930, Tafel 16, Fig. 5, S. 132), Munitschi (Tafel 67, S. 307), Chebero (Tafel 76, S. 422). Nordenskiöld (1918, S. 72, Map 9) gibt weiterhin die sporadische Verbreitung des Feuerfächers aus Federn im Westen Amazoniens und im Gran Chaco an.

300 (Or. Nr. 47c) Fächer   Passé
aus zwölf großen schwarzen Federn, vgl. 299.
Länge: 31,5 cm

301 (Or.Nr. 47d) Fächer   Passé

aus vierzehn großen schwarzen Federn, vermutlich des Hokko-Huhns, die mit den Kielen dicht übereinander gelegt und unten dann mit Schnurumwicklung aneinander befestigt sind. Zum stärkeren Halt ist ein dünnes, biegsames Stäbchen durch eine Durchlochung sämtlicher Kiele gezogen, dessen Enden in einem Oval abwärts gebogen und in die Umschnürung der Kiele einbezogen sind. Über die mögliche Verwendung siehe Anm. zu Kat. Nr. 299.

Lit.: Kat. »Indianer vom Amazonas«, 1960, Nr. 104, S. 78.

Länge: 35 cm   *Tafel 34*

312a (Or.Nr. 69a) Stirnbinde   Passé

aus gelben Federn, an ein Baumwollnetz geknüpft, wie 311a, Arara; 263/5 Coëruna u.a.m.

312b (Or.Nr. 69b) Kopfreif   Passé

aus feinem Geflecht mit Federn.

(Die Federn sind nur noch in Resten vorhanden). Der Reif wird diademartig getragen und steht horizontal vom Kopf ab. Er ist annähernd hufeisenförmig und besteht aus zwei Lagen; diese sind nicht aus einzelnen losen Geflechtstreifen geflochten, sondern jede aus einem in schmale Streifen aufgelösten großen Blatt, das an den Enden noch unzerschnitten zusammengezogen ist.

Am Innenrand sind beide Lagen mit einer fortlaufenden Pflanzenfaserschnur an ein biegsames Rohrstäbchen geknüpft. Am Außenrand, jetzt nur noch an einer Lage vorhanden, läuft eine Schnur mit eingeknüpften roten Federchen entlang, von denen nur einige wenige übriggeblieben sind.

Durchmesser: ca. 24 cm

Breite: 2,7 cm

312c (Or.Nr. 69c) Halsschmuck   Passé

aus Tierzähnen. Die Zähne sind an einer zu einem Reif gebogenen und mit den Enden zusammengebundenen Gerte befestigt; sie sind nebeneinander mit Baumwollfaden umflochten, außerdem aber mit durch eine Durchlochung jedes Zahnes geschlungener Pflanzenfaserschnur aneinander befestigt.

Durchmesser: 24 cm

312d (Or.Nr. 69d) Halsgehänge   Passé

aus Schnurgeflecht mit daranhängenden klappernden Fruchtkapseln. Diese sind hohl, unten abgeschnitten und an einer Seite geschlitzt; sie hängen an gedrehten Pflanzenfaserschnüren, die durch ein Loch am geschlossenen Ende gezogen sind, von einem aus der gleichen Schnur in elastischer Schlingtechnik geflochtenem Bande herab. Es ist eine fortlau-

fende Schnur, die an den unteren Rand des Bandes geknotet ist und, unterhalb jedes Knotens eine Schlinge bildend, die Fruchtkapseln aufnimmt.
Länge des Bandes: 2 x 33 cm
Länge der Fruchtkapseln: ca. 5 cm   *Tafel 21*

312e (Or. Nr. 69e) Fächer   Passé
aus schwarzen Federn, wie 311b, Arara; oder 298–301, Passé.

312f (Or. Nr. 69f) Stirnschmuck   Passé
aus einer großen, schwarz und grau gebänderten Greifvogelfeder. Das Kielende ist abgeschnitten.
Länge: 29,5 cm

335 (Or. Nr. 121) Federstab   Passé (?)
Weiße Daunenfedern sind spiralig um einen Holzstab gebunden, so daß das obere Ende umfangreicher ist, als die Basis. Am oberen Ende sind ein paar kleine schwarze und gelbe Federn angebracht, so daß sie aus dem weißen Busch hervorragen. Der Stab ist am unteren Ende mit Pflanzenfaser fest an ein zugespitztes Stäbchen aus schwarzem Palmholz gebunden. Das Futteral aus einem Bambusröhrchen ist verlorengegangen.
Solche Federstäbe gehören zu einem kombinierten Kopfputz; vgl. Nr. 284 (Coretù).
Länge: 30 cm

336 Federstab   Coretù (?), Passé (?)
Weiße Flaumfedern sind mit Bastfaden an einem zugespitzten Stäbchen aus Rohr befestigt.
Teil eines Kopfschmuckes vgl. Nr. 284, 335/337.
Höhe: 34 cm

337 (Or. Nr. 123) Federstab   Passé
Typus wie Nr. 335, im Umfang jedoch nach oben zu gleichbleibend. (Hierzu gehörte ursprünglich ein Bambusröhrchen als Futteral).
Länge: 36,5 cm

339b/1 (Or. Nr. 145b) Zwei Federbinden   Passé
vermutlich Kniebänder aus kleinen schwarzen, roten und gelben Federn auf einem aus Pflanzenfaserschnur geflochtenen Bande als Grundlage. Das Band besteht aus langen durchlaufenden Kettenfäden mit im rechten Winkel dazu verlaufender zopfartiger Durchflechtung; die Kanten bilden wulstartige Verdickungen. In das Band wurden die Federn in Büscheln so eingeknüpft, daß die Kielenden, nachdem sie einmal durch die Masche gezogen waren, umgebogen und mit dem Kiel zusammen mit Bastfaden umschnürt wurden. Die Büschel stehen so dicht, daß sich auf der Vorderseite ein dichter Federpelz ergibt. Sie sind den Farben nach so angeordnet, daß sich die Fläche sich in einen schwarzen, einen roten und ei-

nen gelben Streifen teilt. Bei einem Stück ist der schwarze Streifen breiter als die beiden anderen zusammen.

Lit.: Kat. »Indianer vom Amazonas«, 1960, Nr. 100, S. 78.

Länge: 30 und 35 cm

339b/2 (Or.Nr. 145b) Drei Arara-Schwanzfedern   Passé

mit kleineren weißen Federn unterbunden. Sie hängen als Schmuck im Nacken herab.

Länge: 50 cm

339c, d (Or.Nr. 145c, d) Vier Federkränze   Passé

für Achseln und Schenkel, wie 267/8, Passé.

362 (Or.Nr. 34) Hut   Passé

aus Rohrgeflecht, mit Federn verkleidet.

Die Form ist der eines europäischen Zylinderhutes nachgebildet. An Boden und Wandung ist die Geflechtstechnik folgende: Zwei in verschiedener Richtung verlaufende Streifengruppen werden von einer dritten, in wieder anderer Richtung verlaufenden durchflochten. Im Rande laufen die gleichen Streifen radial aus, schlingen sich um einen festen Bord aus Rohrstäbchen und sind so in doppelter Lage von horizontal zu ihnen auslaufenden Rohrstreifen durchzogen.

Die Federn, schwarze, gelbe und rote, sind in Zonen angeordnet; sie sind durch Einstecken in das Geflecht befestigt. (Stellenweise sind die Federn herausgefallen, so daß das Geflecht zutage liegt).

Höhe: 24,5 cm   *Tafel 37*

363 (Or.Nr. 35) Hut   Passé

aus Rohrgeflecht, mit bunten Federn verkleidet, Form wie Nr. 362.

Die Federn sind hier nicht einfach in das Geflecht eingesteckt, sondern auf Stücke von Rindenbast aufgenäht und diese Stücke dann mit Faden aufgeheftet.

Aus den schwarzen, weißen und roten, gelben und blauen Federn sind kunstvolle Muster gebildet, ein gelber Federbusch sitzt auf dem Scheitel. Der Hut selbst ist aus dünneren Rohrstreifen und durchwegs in der bei Nr. 362 beschriebenen Technik geflochten. (Stark schadhaft, namentlich auf dem Rand fehlt größtenteils die Federverkleidung).

Höhe: ca. 20 cm   *Tafel 37*

406 (Or.Nr. 384) Konvolut   Passé

gelbe Bastfäden, von Palmblättern abgezogen.

Länge: ca. 48 cm

453 (Or. Nr. 118) Panflöte　　　　　　　　　　　　　　　　　　　　　Passé

aus acht mit Baumwollschnur aneinander gebundenen Rohrstücken; diese sind an den oberen Enden offen und an den unteren durch den natürlichen Knoten geschlossen. Der Durchmesser der einzelnen Pfeifen nimmt mit der Länge ab.

Länge: 24,3–10,2 cm　　　　　　　　　　　　　　　　　　　　　　　*Tafel 25*

645 (Or. Nr. 251) Rassellanze　　　　　　　　　　　　　　　　　　　Passé

Der Schaft aus dunkelbraunem Holz ist nicht poliert. Die blattförmige Eisenspitze war in einem Einschnitt im oberen Schaftende eingelassen und ist verloren gegangen und ersetzt. In der hohlen, zweimal geschlitzten Anschwellung des Schaftes befinden sich drei Klappersteinchen.

Länge: 243,5 cm

Spitze: 11 cm

Rasselspindel: 13 cm

Anm.: Klaus Peter Kästner vom Dresdner Museum für Völkerkunde, der z.Zt. die dortige Sammlung Eduard Pöppig bearbeitet, die aus etwa der gleichen Zeit wie die von Spix und Martius aus dem Amazonasgebiet stammt, weist mit Recht darauf hin (Brief vom 25. April 1978), daß Izikowitz' (S. 140) derjenigen Koch-Grünbergs konträre Meinung, die sogenannten Rassellanzen Nordwestamazoniens seien niemals reale Waffen gewesen, einer gewissen Korrektur bedarf. Die Feststellung trifft nämlich nur für die meist von den Desana verfertigten Exemplare des Içana-Uaupés-Gebietes, nicht aber für die von Izikowitz unerwähnten, in unserer Sammlung aber allein vertretenen Exemplare des Yapurá-Gebietes zu: Unsere Rassellanze von den Passé besaß eine Eisenspitze, eine weitere von den Coretù (Nr. 646) immerhin eine Holzspitze, wie dies auch bei einer leider verlorengegangenen Lanze der Juri (Nr. 644) der Fall ist, von der ein Foto (Tafel 91) erhalten blieb. Lediglich eine vierte, ebenfalls nicht mehr vorhandene Rassellanze der Coretù (Nr. 646) war ohne Spitze.

Das Bildnis eines Juri aus »Viagem Filosofica« des Alexandre Rodrigues Ferreira vom Ende des 18. Jahrhunderts (bei Th. Hartmann, 1975, Fig. 10, S. 176, Text S. 31/2) zeigt andererseits diesen mit zwei Rassellanzen in Händen. Das sichtbare Ende der einen Lanze weist die für die Rasselstäbe der Desana typischen Federmosaiken bzw. Einritzungen auf und läuft in zwei Zinken aus, was das Vorkommen auch dieses Typus ohne Waffencharakter am Yapurá belegt: Das sichtbare Ende der anderen Rassellanze zeigt die Klapperspindel; ob das entgegengesetzte Ende bewehrt war oder nicht, ist unbekannt. So gewinnt die Zuschreibung einer Rassellanze der Sammlung Leuchtenberg im Münchener Museum (Nr. 869, Amazonas-Katalog, Nr. 162, S. 91), als von den Juri-Taboca herrührend, an Gewicht.

646 (Or.Nr. 252) Rassellanze   Coretù
aus rotbraunem Holz. Die eingesetzte Holzspitze ist
bis auf einen kleinen Rest im Schafteinschnitt abgebrochen. In der spindelförmigen, ausgehöhlten Anschwellung im Schaft befinden sich zwei Klappersteinchen.
Länge: 226 cm
Länge der Rasselkapsel: 10 cm

Abb. 3

706 (Or. Nr. 392) Kleiner Bogen   Passé

aus braunem Holz, für einen Knaben bestimmt. Der Querschnitt ist oben flach, unten ge-
wölbt. Nach den Enden zu verjüngt sich das Bogenholz, die Spitzen sind zur Aufnahme der
Sehne abgesetzt. Die Sehne besteht aus gedrehter Pflanzenfaserschnur.
Länge: 99,3 cm
Dicke der Sehne: 0,4 cm

475 (?) Rassel   Passé (?)
    I. 116

aus einer kleinen länglichen Kalebasse mit einem der Länge nach durchgesteckten Holz-
stab. Die Kalebasse ist mit durch Ausheben des Grundes hergestellten Zackenstreifen in
Zonen übereinander verziert.
Länge der Kalebasse: 13 cm
Länge des Stabes: 29 cm   *Tafel 22a*
Anm.: Nach W. v. Hörschelmann handelt es sich wahrscheinlich um die Nr. 475 der
Sammlung Spix und Martius: Klapperbüchse der Passé; diese Nummer sei sonst nicht auf-
zufinden.

456 (Or. Nr. 179) Kleiner Flaschenkürbis   Indianer Brasiliens

Spitze und Basis sind durchlocht und ein Baststreifen durchgezogen.
Notiz im Orig.-Kat.: »... dergleichen die Indianer ziehen, um ihre Klapperbüchsen dar-
aus zu fertigen.«
Länge: 8,5 cm

283 (Or. Nr. 33) Fächer   Uainumà

aus dreizehn großen schwarzen Federn, vermutlich des Hokko-Huhns. Sie sind mit den
Kielen dicht aneinander gelegt, so daß sie einander seitlich überdecken und nur die mittelste
voll sichtbar ist. Die Kiele sind mit Schnurumwicklung, außerdem mittels eines, durch
Durchbohrung der Kiele gezogenen dünnen Stäbchens, das an den Enden herabgebogen
und in die Schnurumwicklung der Kiele einbezogen ist, zusammengehalten.
Länge: 32 cm

269a–c (Or. Nr. 19) Drei Federkränze   Tecuna

Sie bestehen aus je zwei Strängen von in Tucum-Faserschnüre mit umgebogenen Kielenden
eingeknüpften kleinen roten und gelben Papageienfedern. Die ganzen Schnüre sind mit
Pflanzenfaserfaden festoniert. Die Federn sind in abwechselnd rote und gelbe Abschnitte
geordnet.
Länge: 2 x 23 cm, 2 x 19 cm, 2 x 20 cm

270 (Or. Nr. 20) Federkranz   Uainumà
aus drei Strängen in Tucum- Faserschnüre eingeknüpfter kleiner in Abschnitten wechselnder roter und gelber Federn. Die Federn sind mit umgebogenen Kielenden der Schnur aufgesetzt und unterhalb derselben in ca. 0,5 cm Abstand umschnürt.
Im Orig.-Kat. sind hier zwei Federkränze angegeben; die Stränge sind voneinander gelöst,
aber da sie von gleicher Länge sind, ist es wahrscheinlich, daß sie zusammen gehören.
Länge: 2 x 40 cm

273 (Or. Nr. 23) Vier Federquasten   Tecuna
Gelbe Papageienfedern werden durch eine Pflanzenfaserschnur zusammengehalten, daran
hängt ein Klapperschmuck aus Fruchthülsen. Die Quasten bestehen aus straußartig zu-
sammengebundenen kleinen Büscheln an einzelnen Schnüren in großer Zahl. Die drei
Klapperhülsen sind holzige Fruchtkapseln, deren eine Spitze abgeschnitten und deren
Wandung an zwei Stellen geschlitzt ist. Aus dem hohlen Innern hängt ein zugespitztes
Knochenstäbchen.
Im Katalog wird ein Büschel roter und weißer Arara-Federn als dazugehörig genannt, das
seit langem nicht mehr vorhanden ist.
Durchmesser der Quasten: ca. 11 cm
Höhe der Fruchtkapseln: 2,3 cm

294a (Or. Nr. 45) Ein Paar Kniebinden   Tecuna
aus Baumwollband und roten Federn. Die Federn sind büschelweise von beiden Seiten
durch das geflochtene Band gesteckt, so daß die zusammengefaßten Kielenden auf der
Rückseite vorragen. Die Vorderseite wirkt wie ein Stück Vogelbalg.
Das Band endigt bei dem einen Stück in zwei Ösen auf der einen, in vier Einzelschnüre auf
der anderen Seite, bei dem anderen bildet ein Stück groben Geflechts die Unterlage, dessen
Ausläufer fehlen.

294b (Or. Nr. 45) Zwei Federquasten   Tecuna
Kleine gelbe Federn sind an Pflanzenfaserschnüre gebunden und wie ein Blumenstrauß zu-
sammengefaßt.
Notiz im Orig.-Kat.: »Wie sie die Weiber vom Stamm der Tecuna zu tragen pflegen.«
Durchmesser: 11 cm

342a Halsband aus Affenzähnen   Tecuna (Tukuna) ?
Die Zähne sind durchbohrt und mit Schnur fest zu einer Kette verbunden. Ein Büschel ro-
ter und gelber Federn ist eingeknüpft.
Lit.: Kat. »Indianer vom Amazonas«, 1960, Nr. 78, S. 70.
Länge: 2 x 32 cm

342b Halsband aus Affenzähnen   Tecuna (Tukuna) ?
Die Zahnreihe ist auf den biegsamen Zweig einer Schlingpflanze aufgeheftet. Eine Abbildung eines Reifs dieser Art als Halsschmuck eines Yupuà-Indianers findet sich im Atlas zum Reisewerk von Spix und Martius, Tafel 23.
Lit.: Kat. »Indianer vom Amazonas«, 1960, Nr. 79, S. 70.
Länge: 2 x 20 cm

343 (Or.Nr. 149) Drei Federstäbe   Tecuna (?)
Weiße Flaumfedern sind spiralig um Stäbe gebunden, je einige rote und gelbe Federn an der Spitze. Bei dem einen ist der Stab aus schwarzem Palmholz, bei dem anderen aus hellem Holz, der dritte besteht aus zwei Stäben, die auf eine Spitze aus Knochen fest aufgebunden sind.
Einzelne Federstäbe dieser Art gehören zum kombinierten Kopfputz, wie Nr. 284 (Coretù) bezeugt; der Stab wurde am Hinterkopf aufgesteckt.
Länge: 34 cm

346 (Or.Nr. 148) Federschmuck   Tecuna
Platte aus Rindenbast, mit Federn beklebt: einen Vogel darstellend.
Das Muster, das die Federchen bilden sollten, ist nicht mehr deutlich, da große Teile abgeblättert sind. Die Spitze ist leuchtend rot.
Nähere Beschreibung und Anmerkung siehe Nr. 350.
Länge: 17 cm

347 (Or.Nr.148) Federschmuck   Tecuna
Vogelförmige Platte aus Rindenbast, mit Federn beklebt, wie Nr. 346. Nähere Beschreibung und Anmerkung siehe Nr. 350.
Länge: 17 cm

348 (Or.Nr. 148) Federschmuck   Tecuna
Vogelförmige Platte wie Nr. 346. Die Ränder sind durch Stäbchen verstärkt, um die der Baststoff scharf umgeknickt ist; zwei kreuzweise gestellte Stäbe geben der ganzen Fläche Halt. An den beiden Ecken, wo die Flügel zu erwarten wären, ragen rückseitig angeklebte weiße Federn hervor. Nähere Beschreibung und Anmerkung siehe Nr. 350.
Länge: 16,5 cm

349 (Or.Nr. ?) Federschmuck   Tecuna
Vogelförmige Platte wie Nr. 346, in der Ausführung wie Nr. 348. Nähere Beschreibung und Anmerkung siehe Nr. 350.

350 Federschmuck   Tecuna (Tukuna) ?
Platte aus Rindenbast, mit Federn beklebt; einen Vogel darstellend. Die Ränder der Rin-
denstoffstücke sind nach der Rückseite umgebogen, die mit einer Harzmasse bedeckt ist.
Der Schwanz besteht aus größeren schwarzen Federn, während die übrige Fläche mosaik-
artig mit kleinen türkisblauen und violetten Federchen bedeckt ist. Rote Federn sind über
den Schwanz der Vogelfigur und in einem Streifen quer über den Rücken geklebt. Die
Spitze zeigt violette Federn.
Lit.: Kat. »Indianer vom Amazonas«, 1960, Nr. 74, S. 69.
Länge: 18,5 cm   *Tafel 20*
Anm.: Spix und Martius bilden im Atlas zu ihrem Reisewerk auf Tafel 14 eine solche Platte
als Hinterkopfschmuck eines Coëruna ab; sie hängt dort von der Bindung des Federdia-
dems als wichtiges Stück des Festkopfputzes herab. Als typisch wiederkehrender Bestandteil treten solche Platten in der Sammlung Spix und Martius an Federschmuck von den Coëruna sowohl wie an dem von den Coretù auf. Die besonders gut erhaltenen Exemplare sind
jedoch im Originalkatalog als von den Tukuna herrührend bezeichnet.

351 Federschmuck   Tecuna (Tukuna) ?
in Form einer vogelförmigen Platte. Die Figur ist aus parallelen Rohrstreifen gefertigt, die
mit Schnur auf einem Rahmenwerk aus Stäbchen festgebunden sind; von der glatten Seite
ist Rindenbaststoff dagegengeklebt. Das Federmosaik zeigt ein reicheres Muster, zu den
Farben türkisblau, rot, violett gesellt sich ein leuchtendes Gelb am Schwanzansatz. An den
Flügelansatzstellen sind weiße Federn eingebunden.
Lit.: Kat. »Indianer vom Amazonas«, 1960, Nr. 76, S. 75.
Länge: 19,5 cm

352 Federschmuck   Tecuna (Tukuna)
in Form einer vogelförmigen Platte aus Rindenbast, jedoch ohne Harzdecke auf der Rückseite. Die Farben des Federmosaiks sind türkisblau, violett und ein dunkleres Blau. Die
schwarzen Schwanzfedern fehlen bis auf eine.
Lit.: Kat. »Indianer vom Amazonas«, 1960, Nr. 75, S. 69.
Länge: 20 cm

353 Federschmuck   Tecuna
in Form einer vogelförmigen Platte wie Nr. 351, jedoch abweichende Farbgebung: Spitze
blau und leuchtend rot, Hauptfläche mattrot, Schwanzfedern schwarz mit mattroten Enden. Anmerkung siehe Nr. 351.
Länge: 18 cm

358 Federschmuck   Tecuna
Vogelförmige Platte wie Nr. 346. Spitze mattrot, im türkisblauen Grund der Hauptfläche
Reste leuchtenden Rots. Federn stark abgeblättert. Nähere Beschreibung und Anmerkung
siehe Nr. 350.
Länge: 14 cm

359 Federschmuck   Tecuna
Vogelförmige Platte wie Nr. 346. Teilweise Stäbchenversteifung an der Rückseite, ohne
Harzdecke. Die Schwanzfedern sind rot. Nähere Beschreibung und Anmerkung siehe
Nr. 350.
Länge: 18,5 cm

360 Federschmuck   Tecuna
Vogelförmige Platte wie Nr. 346. Die Federn an der Spitze und die Schwanzfedern fehlen.
Nähere Beschreibung und Anmerkung siehe Nr. 350.
Länge: 16 cm

412 (Or.Nr. 164) Ein Strang weißer Baumwollschnur   Tecuna
Dicke: ca. 0,2–0,3 cm
Länge des Konvoluts: ca. 47 cm

458 (Or.Nr. 306?) Netztasche   Tecuna
mit Bügel; aus Pflanzenfaserschnur in knotenloser Schlingtechnik angefertigt. Der Bügel
besteht aus parallelen Schnüren, die im Abstand von 23 cm vom Taschenrand mit einer als
Schuß fungierenden Schnur zu einem Bande verflochten sind.
In der Tasche befinden sich zwei Knäuel Palmfaserschnur.
Höhe der Tasche: 37 cm

464 Halskette   Tecuna (Tukuna)
aus Glasperlen und siebzehn aus einer harten Fruchtschale (Tucuma-Palme) ausgeschnitte-
nen Krötenfiguren. Die Glasperlen sind schwarz, blau und weiß und so angeordnet, daß
meist vier schwarze Perlen mit zwei bis vier weißen und blauen alternieren.
Lit.: Kat. »Indianer vom Amazonas«, 1960, Nr. 81, S. 70.
Länge der Kette: 2 x 50 cm   *Tafel 11*

468 (Or.Nr. 91) Halsschmuck   Tecuna (?)
aus Affenzähnen und weißen Glasperlen.
Orig.-Notiz: » . . . wie die Tecuna und andere Stämme sie tragen.«
Länge: 2 x 26 cm

477 Halsband Tecuna (Tukuna)?

aus Affenzähnen. Die Zähne sind durchbohrt und mit einer Pflanzenfaserschnur fest zu einer Kette verbunden. Diese Kette ist dann ebenfalls mit Schnur auf ein Gestell aus dem Stengel einer Schlingpflanze aufgebunden. Zwei Schnürchen mit aufgereihten grauen Samenkapseln, kleinen grünen und weißen Glasperlen und spitzen Stückchen Holz oder holziger Fruchtschale hängen herab.

Im Katalog ist bei Nr. 477 angemerkt: »... wie sie von den Tecunas (Tukunas) und anderen Stämmen getragen werden.« Eine direkte Zuweisung fehlt. Vgl. Nr. 342a, b.
Abb.: Spix und Martius, Atlas, Tafel 40: Ein solcher Reif als Halsschmuck eines Yupuà.
Durchmesser: 25 cm *Tafel 10*

478 (Or.Nr. 394) Doppelfelltrommel Tecuna (Tukuna)?

Sie besteht aus einem hölzernen Zylinder. Die Haut beider Seiten ist durch Reifen, die mittels im Zickzack gespannter Schnur zusammengezogen werden, gehalten. Die Haut ist auf beiden Seiten mit Ornamenten in brauner und gelber Farbe bemalt. Sie zeigen auf der einen Seite eine Art Sonnenrad, auf der anderen zwei größere und zwei kleinere Halbmonde (?). Während die Zuordnung im Eingangskatalog »Tecuna« lautet, erwähnt Martius im Reisewerk (III, S. 1228) von den Juri-Taboca kleine Trommeln (Oapycaba) aus dem Holz von Panax Morototoni; in seinem Alterswerk (Martius, 1867, I, S. 518 Anm.) bemerkt er von einer Trommel, »die wahrscheinlich nicht ursprünglich Erzeugnis ihres (d.h. der Indianer Brasiliens) Kunstfleißes ist« mit Namen Uapy oder Oapycaba, daß sie aus dem ausgehöhlten Ast von Panax Morototoni besteht, der mit der Blase des Lamantin überspannt wird. Hieraus geht nicht eindeutig hervor, ob es sich um eine einfellige oder doppelfellige Trommel handelt.

Sollte unsere Doppelfelltrommel tatsächlich von den Tukuna – und nicht von den Juri-Taboca oder einem anderen von Spix und Martius besuchten Stamm – herrühren, so wäre Nimuendaju (1952, S. 43/44) im Unrecht, der behauptet, vor ihm habe keiner der Besucher von den Tukuna diese Art Trommel erwähnt, die er wie Martius als möglichen europäischen Import bezeichnet. Sie wird u.a. während der Reifezeremonie eines jungen Mädchens geschlagen (Nimuendaju, 1952, S. 199, Tafel 15c).

Kat. »Indianer vom Amazonas«, 1960, Nr. 72, S. 69.
Höhe: 22,5 cm
Durchmesser: 32,5 cm *Tafel 23*

504 (Or.Nr. 112) Stäbchen-Kamm Tecuna (Tukuna)

Zugespitzte feine, flache Holzstäbchen werden von zwei Querhölzern zusammengehalten, die zwischen den Zähnen hindurch mit Faden fest umflochten und aneinandergepreßt sind. Die obere Hälfte des Kammes ist mit Rauten-Mustern (aus dem gleichen Faden) durchflochten, dem oberen Rand ist ein der Länge nach aufgeschnittenes Knochenstäbchen auf-

gesetzt. Die Zähne sind teils braun, teils schwarz und an den Spitzen einander genähert, so daß eine Trapezform entsteht.
Kat. »Indianer vom Amazonas«, S. 69, Nr. 73.
Breite: 9,3 cm

Tafel 12b

505 (Or. Nr. 113) Stäbchen-Kamm — Juri

Der Kamm ist vom gleichen Typus wie Nr. 504. Die Stäbchen sind jedoch alle von brauner Farbe. Die Gesamtform ist weniger trapezartig. Der Knochen, dessen Ende abgebrochen ist, wird an den Enden mit Fadenumbindung an den Querholzenden festgehalten.
Kat. »Indianer vom Amazonas«, S. 77, Nr. 98. Im Atlas von Spix und Martius sind unter Nr. 18, Tafel 33, die beiden Kämme 504, 505 als von den Juri-Taboca herrührend abgebildet.
Breite: 12,5 cm

Tafel 12a

517 (Or. Nr. 51) Jagdtasche — Tecuna

aus Baumwollfaden in doppelter Schlingtechnik gefertigt. Aus der weißen und braun gefärbten Baumwolle ist eine horizontale Streifung hergestellt. Der Rand ist durch einen weißen Strang verstärkt, der durch braune Fäden gehalten wird. Als Bügel dient ein 5 cm breites, der Länge nach braun und weiß gestreiftes Band.
Anm.: Bei dem von K. Feick (»Die Caraguatàbast-Knüpfereien der Chamacoco u. Tumanahà«, S. 42/43 u. Abb. Nr. 33/34) »Doppelte Schlingtechnik« genannten Verfahren verläuft die Schnur in mäanderartigen Windungen und bildet dabei Ösen, die sich nicht nur innerhalb der gleichen Reihe durch Umschlingung aneinander befestigen, sondern auch die Ösen der benachbarten Reihen umschlingen.
Größe: 29 x 27 cm

2. Die Tanzmasken der Tukuna (Tecuna) und Juri-Taboca

Einführung

Völlig einmalig und selbst in der Wiener Sammlung des österreichischen Naturforschers Johann Natterer nicht vertreten, die sonst mit den Münchener Beständen verglichen werden kann, ist eine Reihe höchst naturalistisch gestalteter Tiermasken der Juri- und Tukuna-Indianer vom Rio Yapurá und oberen Amazonas. Die Juri sind bereits um die Mitte des vergangenen Jahrhunderts wahrscheinlich ausgestorben bzw. in der Mischlingsbevölkerung ihres Gebietes aufgegangen; die Tukuna haben sich zwar als ein sehr lebenskräftiger Stamm erwiesen, doch hat sich ihre materielle Kultur schon stark an die europäische Zivilisation angeglichen. So haben wir es bei den Juri-Masken mit den letzten Zeugen einer verlöschenden Kultur zu tun, und die heute noch angefertigten Masken der Tukuna erreichen bei weitem nicht mehr die frühere künstlerische Höhe wie die unserer Sammlung.

Bei den Tiermasken der Juri und Tukuna handelt es sich um aus Rohr geflochtene, mit Baumbast überzogene und bemalte Häupter von Vierfüßlern, gelegentlich auch von Fischen und Vögeln. Einige dieser Gebilde werden wie Hüte von den Tänzern auf dem Kopf getragen, sind also keine Masken im engeren Sinne, wenn sie auch die gleiche Funktion erfüllen. Zu den Tiermasken gehören sinngemäß auch einige, in gleicher Technik geschaffene groteske Masken von Dämonen, die im Prinzip menschlich, jedoch mißgestaltig gedacht sind. Diese Dämonen sind Wald- und Buschgeister, die auch über das Wild herrschen und vom Indianer sehr gefürchtet werden.

Spix und Martius bilden im Atlas zu ihrem dreibändigen Reisewerk einen Maskenzug der Tukuna in Tabatinga ab, wie er an Hand der mitgebrachten Masken von dem Künstler nachträglich rekonstruiert wurde. Martius schreibt dazu nach den Notizen des Zoologen Spix (1831, S. 1188): »Die Geburt eines Kindes gibt Gelegenheit zu einer seltsamen Maskerade, wobei der böse Dämon Jurupari, der Sturmwind und die v e r s c h i e d e n e n T i e r e d e s W a l d e s , aus Baumrinde gebildet vorgestellt sind. Dem Säugling werden, während sich der Zug unter monotonem Gesang und dem Geklapper auf einer Schildkrötenschale, langsam durch die Ortschaft bewegt, die Haare ausgerissen.« (Siehe Tafel 60.)

Dieses Haarausreißen, eine schmerzhafte Abart des sonst von Naturvölkern bei sogenannten Durchgangsriten anläßlich von Geburt, Hochzeit oder Geschlechtsreife und Tod häufig geübten Haarabschneidens hängt mit der Vorstellung vom Haar als Sitz der Lebenskraft zusammen. Seine zeitweilige Entfernung – sie wiederholt sich bei den Mädchen der Tukuna im heiratsfähigen Alter, bei Eintritt der Pubertät – bedeutet wie das Haarabschneiden selbst den symbolischen Tod des Betreffenden, dem ein Wiederauferstehen zu einem neuen Leben, nicht im physischen, sondern in einem sozio-kulturellen Sinn folgt: Der Säugling wird mit dieser Zeremonie des Haarausraufens überhaupt erst in den sozialen Verband aufgenommen, das zur Frau herangereifte Mädchen als vollgültiges Mitglied der Gesellschaft anerkannt.

Die Tiermasken der Tukuna sowohl wie der Juri stellen nun, wie schon Werner von Hörschelmann (1920, S. 15) ganz richtig vermutete, nicht irgend beliebige Tiere, sondern die dämonischen Repräsentanten der betreffenden Art dar. Dies geht sehr klar auch aus einer Mythe
der Tukuna über den Ursprung dieser Masken hervor, die in den vierziger Jahren unseres
Jahrhunderts von dem besten Kenner der Tukuna und anderer Indianer-Stämme, Curt Nimu-
endaju-Unkel (1952, S. 80/1), noch aufgenommen werden konnte: »Einst tötete eine Gruppe
streifender Tukuna-Indianer ein riesiges Paca (= typisch südamerikanisches Nagetier, nor-
malerweise von der Größe eines kleinen Schweines und mit sehr schmackhaftem Fleisch) und
verzehrte es, hungrig wie sie waren. Dieses Paca war aber das Kind eines Noó-Dämonen, der
mit anderen in einer Berghöhle hauste. Um Mitternacht erschienen die Noó-Dämonen im La-
ger der Jäger und töteten alle, die vom Fleisch des Paca gegessen hatten, und schleppten die
Körper weg in ihre Höhle, um sie dort aufzufressen. Nur ein Jäger und seine Frau, die kein
Paca-Fleisch verzehrt hatten, weil sie als Eltern eines neugeborenen Kindes (!) Speise-Tabus
einhalten mußten, blieben verschont. Sie beide hatte der dämonische Vater des getöteten Paca
– wohl der Herr dieser Tierart – gewarnt und geraten, in der Nacht einen bestimmten Baum zu
besteigen, und die Rinde hinter sich abzuschälen, so würde ihnen nichts geschehen. Das über-
lebende Ehepaar kehrte mit seinem Säugling zum Dorf der Tukuna zurück und berichtete den
unerhörten Vorfall. Alsbald brachen die Bewohner zu einem Rachezug auf und räucherten die
Höhle der Dämonen mit Pfefferdämpfen aus – in großen Mengen ins Feuer geworfener Pfeffer
ist ein beliebtes Kampfmittel südamerikanischer Indianer. Alle Noó, die Menschenfleisch gegessen hatten, kamen um. Die Tukuna betrachteten die Körper der getöteten Noó-Dämonen
sorgfältig, merkten sich genau alle Einzelheiten und bildeten die Noó später in ihren Maskenkostümen nach.«

Wir dürfen diese Mythe als den geistigen Hintergrund und damit als Schlüssel zum Ver-
ständnis des kultischen Geschehens betrachten; sogar das neugeborene Kind findet sicherlich
nicht zufällig Erwähnung, denn beim Ritus des Haarausreißens – nach Nimuendaju allerdings
erst, wenn das Kind zwei Jahre alt ist – treten die Noó-Dämonen als Masken auf.

Andere von Nimuendaju bei den Tukuna gesammelte Mythen schildern, wie das während
der Pubertätszeremonien in einem besonderen Verschlag untergebrachte Mädchen von Tier-
dämonen heimgesucht und getötet wird.

So dürfen wir wohl unterstellen, daß das Auftreten von dämonischen Tiermasken bei der
Reifeweihe der Mädchen wie beim Ausreißen der Haare des Kindes bei den Tukuna eine kul-
tisch-dramatische Materialisierung der in den Mythen niedergelegten Vorstellung von der Ge-
fährdung des Menschen durch die Mächte der Umwelt in den Krisenzeiten des Daseins zum
Ausdruck bringen soll.

Die Masken der Juri-Taboca, einer Gruppe der Juri, die nach dem von ihnen in der Unter-
lippe getragenen Stift aus Palmholz (= Taboca) benannt ist – gleichen im Typus weitgehend
denen der Tukuna; sie wurden daher auch mit jenem vom Künstler der Tafel 13 »Festlicher
Zug der Tecunas« im Atlas des Reisewerkes von Spix und Martius nachträglich kombiniert.
Indessen wurden die Juri-Masken nicht von Spix in Tabatinga zusammen mit denen der Tukuna erworben, dort sind auch keine Juri-Indianer als Mitbewohner erwähnt, obwohl es lt.

Taf. 41 – Tanzmaske, Kopf eines Jaguars darstellend, Juri-Taboca (?)

Seite 106: Taf. 42 – Kopfaufsatz in Gestalt eines Eichhörnchens, Tecuna

Seite 107: Taf. 43 – Tanzmaske, Kopfaufsatz, einen Aasgeier darstellend, Tecuna

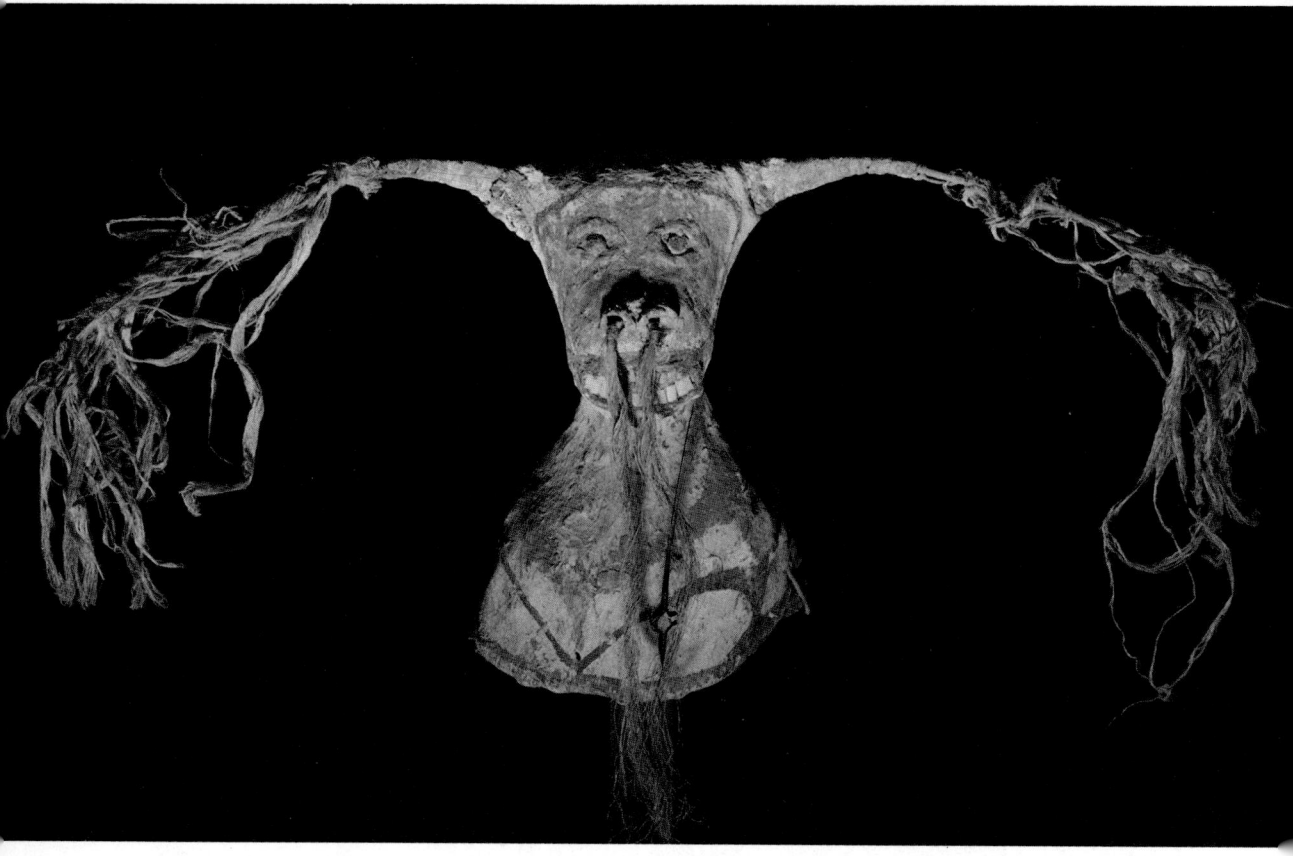

Taf. 46 – Kopfaufsatz, den Oberkörper eines Affen darstellend, Tecuna

Seite 108: Taf. 44 – Tanzmaske, Kopf eines Fischdämons, Juri-Taboca (?)

Seite 109: Taf. 45 – Kopfaufsatz, eine Waldkatze darstellend, Tecuna

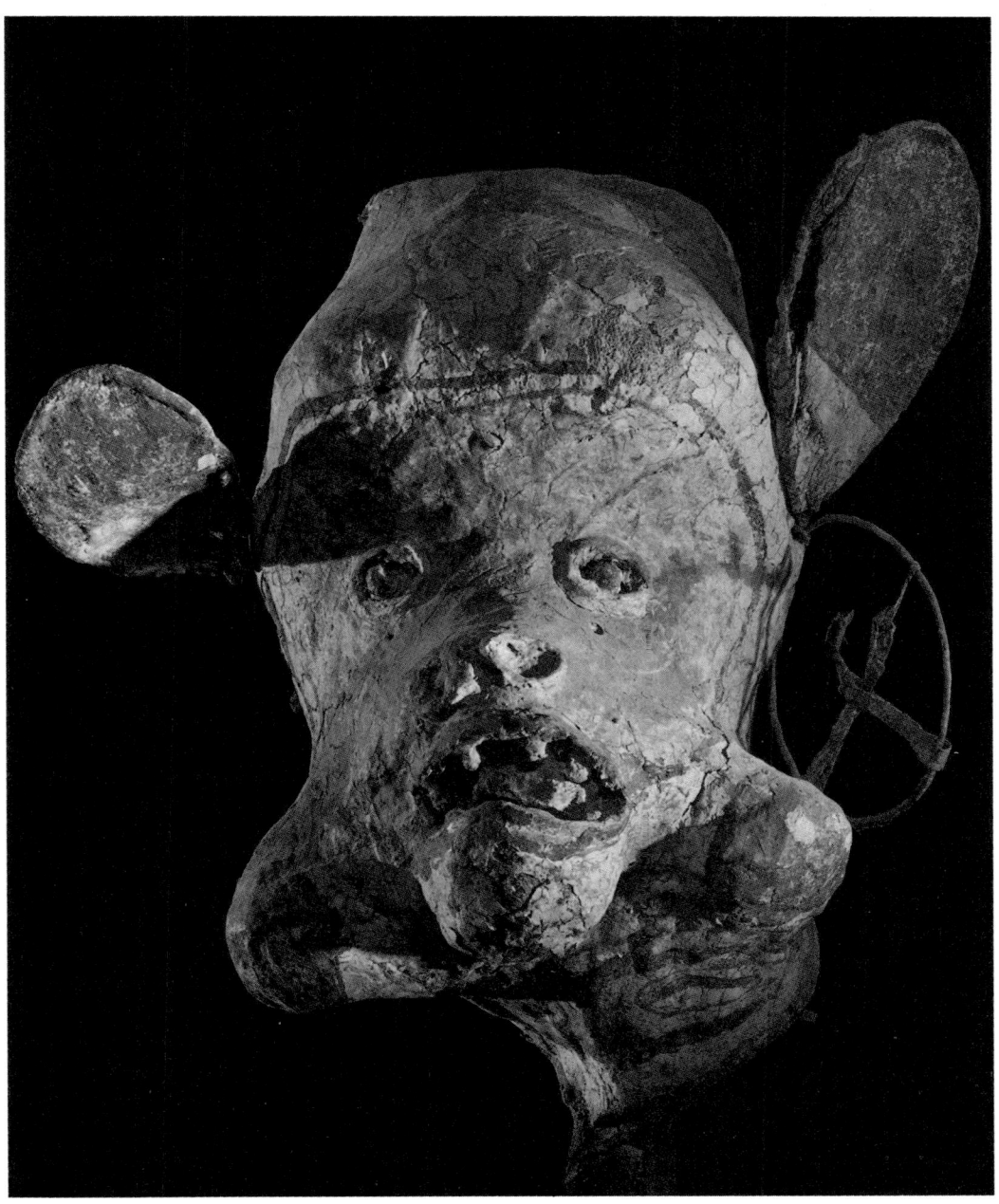

Taf. 47 – Tanzmaske, den Kopf des Waldteufels Uaiuari (Affe?) darstellend, Tecuna

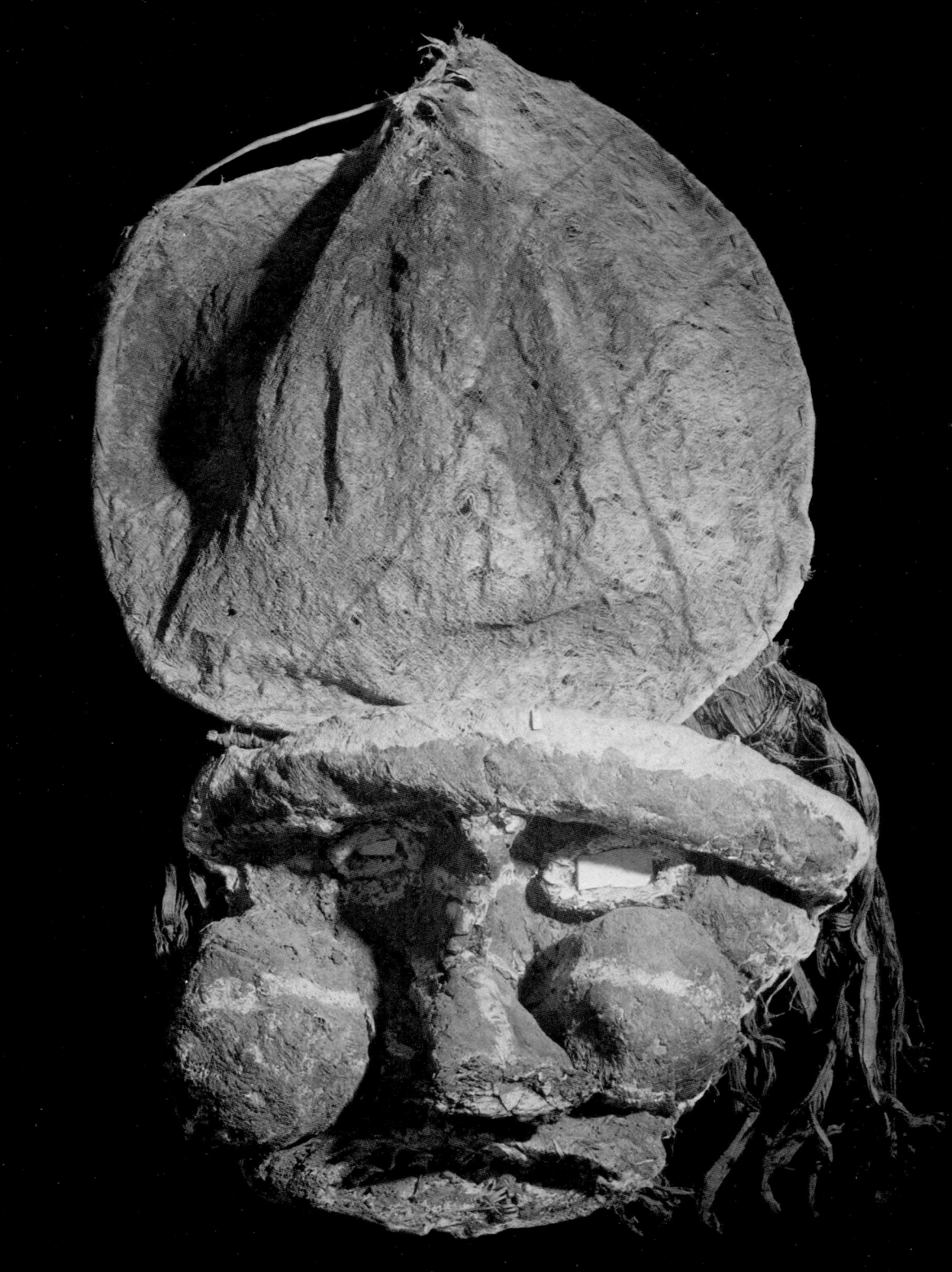

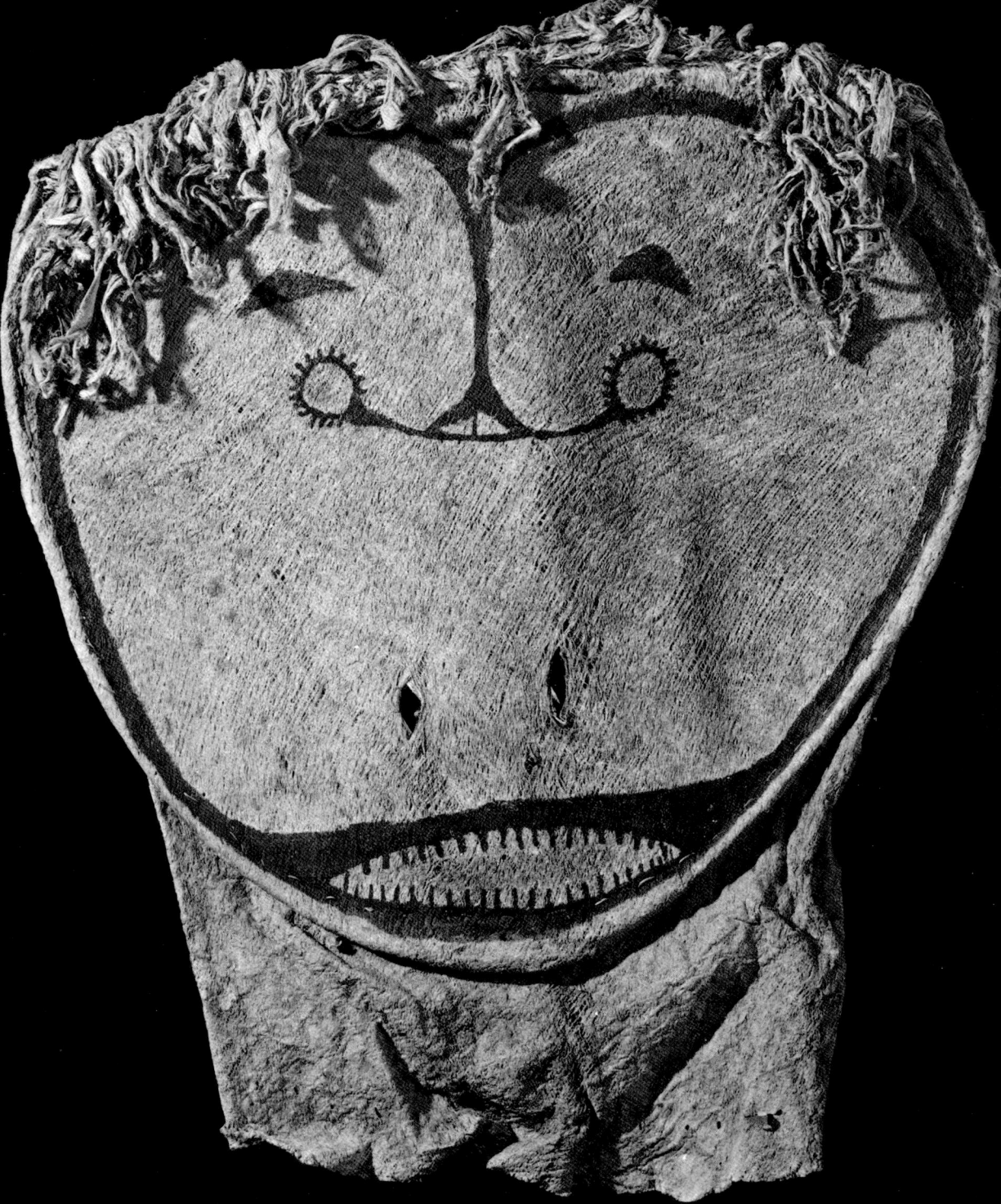

Seite 112:
Taf. 48 – Tanzmaske,
den Kopf eines Rehes (?)
darstellend, Tecuna

Seite 113:
Taf. 49 – Tanzmaske,
den Kopf des Waldteufels
darstellend, Tecuna

Seite 114:
Taf. 50 – Maske des
»Sturms«, Juri-Taboca

Seite 115:
Taf. 51 – Maske des
»Sturms«, Juri-Taboca

Taf. 52 – Maskenanzug,
Darstellung eines
Baumdämons (?), Tecuna

Taf. 53 –
Maskenanzug,
wahrscheinlich
Darstellung des
Maisdämons,
Tecuna

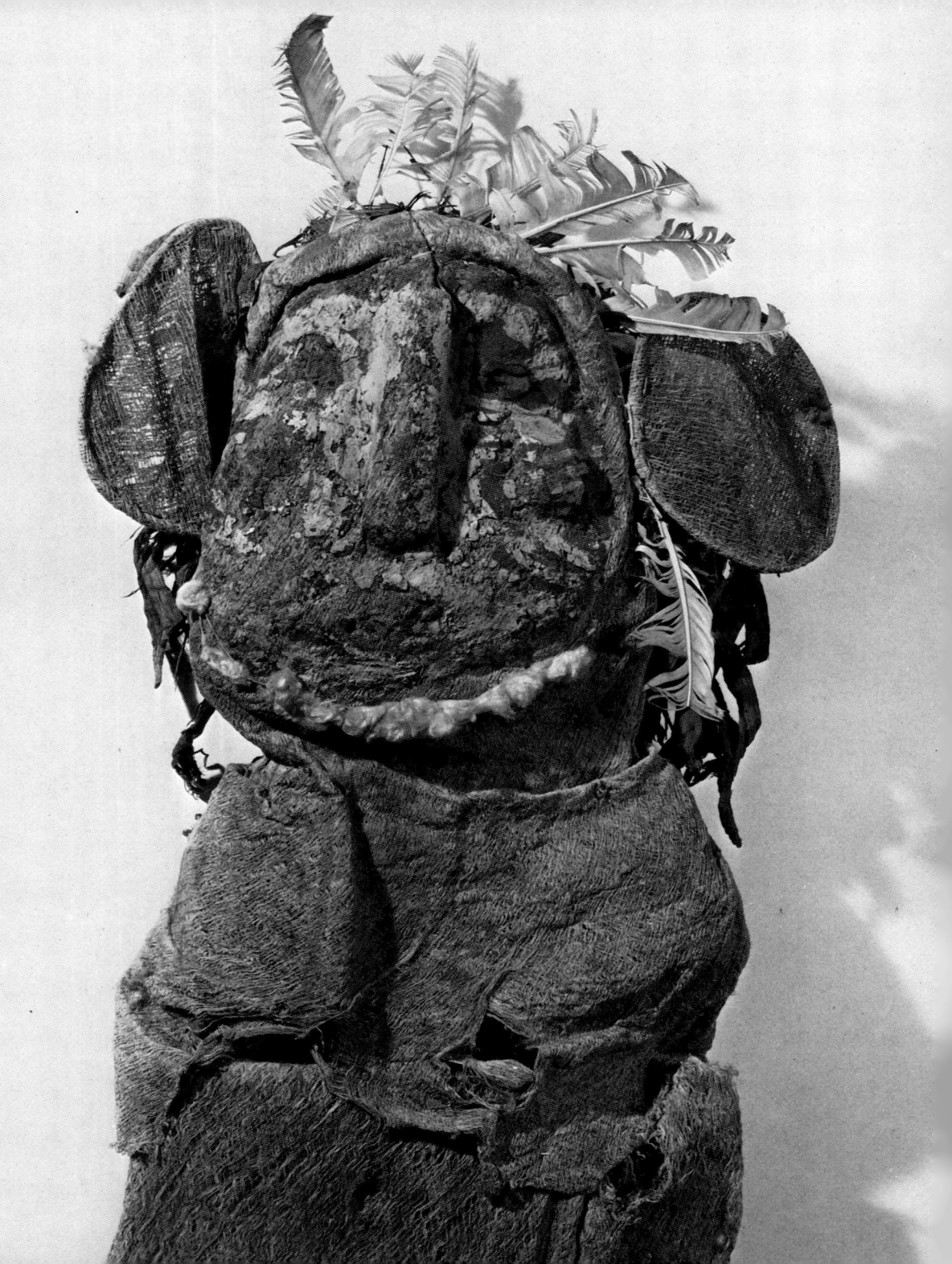

Seite 118:
Taf. 54 – Tanzmaske,
Detail: Kopf des
»Jurupari«-Dämons,
Tecuna

Taf. 55 – Tanzmaske
mit Gewand aus Baststoff:
Darstellung des Dämon
Jurupari, Tecuna

Taf. 56 – Vier Hängematten (in Verlust geraten), Miranha

Taf. 57 –
Maskenanzug (in
Verlust geraten),
Tecuna

BESUCH BEI DEM MURA.

Taf. 58 – Besuch bei dem Mura
Reproduktion: Spix und Martius, Atlas, Tafel »Bilder aus dem Menschenleben«

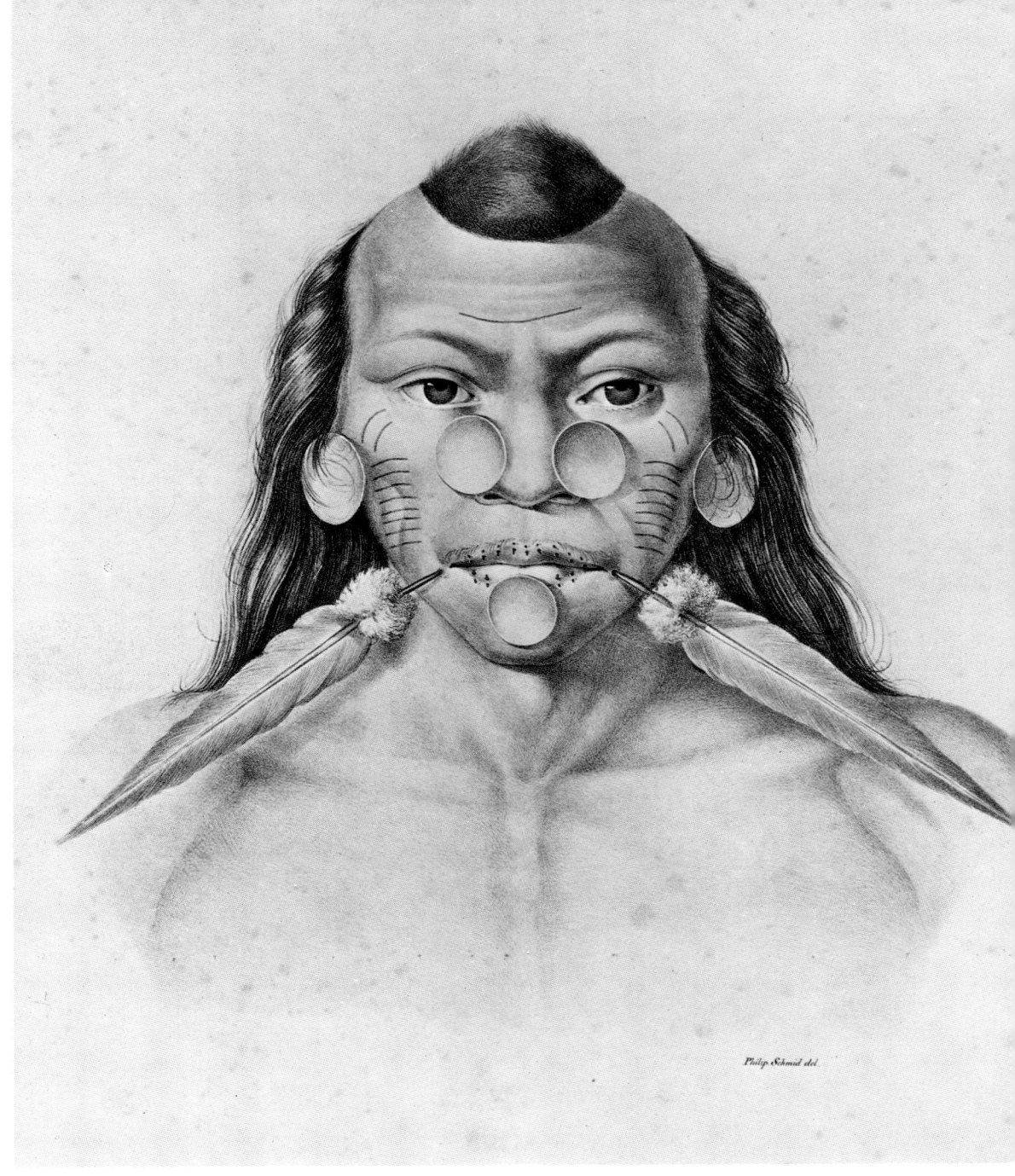

Taf. 59 – Portrait eines Maxuruna (= Mayoruna). »Ein Anführer dieses wilden und kriegerischen Stammes am Rio Javarí« Reproduktion: Spix und Martius, Atlas

FESTLICHER ZUG DER TECUNAS.

Taf. 60 – Festlicher Zug der Tecunas
Reproduktion: Spix und Martius, Atlas, Tafel 13

Taf. 61 – Tanzmaske, Darstellung der »Großen Zecke«, Juri-Taboca

Seite 126: Taf. 62 – Tanzmaske, den Kopf eines Tapirs darstellend, Juri-Taboca

Seite 127: Taf. 63 – Tanzmaske, den Dämon Juri-Para darstellend, Juri-Taboca

Seite 128: Taf. 64 – Häuptling der Mundurucú in Festkleidung Santarem, 1828.
Reproduktion nach Hercules Florence in G. H. von Langsdorff, 1979, S. 254

Santarem en Aout 1838   Florance Florance f.^{eit}

Tuchāua   Mandurucu en costume de fête.

Karte 5 (Handb. S.Am.Ind. 3) nicht allzuweit davon eine Splittergruppe »Juri« südlich des Amazonas gab, sondern offenbar von Martius im Dorf Uarivaú der Juri-Taboca am Rio Yapurá, wie aus dessen Beschreibung eines dortigen Tanzfestes hervorgeht, bei dem zwischen den Tänzern plötzlich Masken hin und her schwärmten. Er schreibt (Spix/Martius, II, S. 1227/8): »Es waren nackte Indianer, die statt der eigenen scheußliche, monströse Köpfe zeigten. Diese Masken waren von Mehlkörben gemacht, über die ein Stück Turiri (tuchähnlicher Baumbast) gezogen war. Rachen und Zähne waren an den Gesichtern nicht gespart und die Grundfarbe war weiß.«

Durch die ausdrückliche Erwähnung *nackter* Indiander als Maskenträger wird ein Teil der herben Kritik entkräftet, die Nimuendaju (1952, S. 184) an der Darstellung des Maskenzuges bei Spix und Martius übt. Er beanstandet nämlich u.a. die Nacktheit von neun der dreizehn Maskentänzer, die nur Kopfmasken tragen, »was niemals vorkommt«. Wegen dieser Ungenauigkeit und einiger anderer Fehler behauptet Nimuendaju: »Spix' Künstler . . ., hatte offensichtlich nicht mehr die Masken, die Spix gesammelt hatte, oder wenn er sie hatte, so waren sie unvollständig, so daß alle, oder die meisten von ihnen, aus dem Gedächtnis rekonstruiert wurden.« Die Unvollständigkeit der Maskenkostüme mag in einigen Fällen zutreffen (vgl. die Anmerkungen zu den Masken Nr. 372, 373), doch läßt die Diktion von Nimuendajus Ausführungen vermuten, daß er vom Verbleib und der Fortexistenz der Masken im Münchener Völkerkunde-Museum keine Kenntnis hatte. Damit steht im Einklang, daß er Hörschelmanns Arbeit mit keiner Silbe erwähnt.

Um die Wende des Jahres 1857/1858 beobachtete der englische Naturforscher Henry W. Bates beim Ort São Paulo de Olivença (69° ö.L.), der wie Tabatinga am Amazonas, aber weiter stromabwärts liegt, eine Maskenzeremonie der Tukuna, die er irrtümlicherweise für ein Hochzeitsritual hielt. Dieses ist aber offensichtlich das Ende einer Pubertätszeremonie gewesen, bei der gleichfalls Maskentänzer auftraten, darunter die Träger einer Jaguar- und einer Tapir-Maske, wie sie in unserer Sammlung nur von den Juri-Taboca enthalten sind, während aus neuerer Zeit solche auch von den Tukuna bekannt sind. Die Abbildung bei Bates zeigt offenbar, wie vor dem letzten Ritual des Haarausreißens das Mädchen, mit einer Federkrone angetan, aus der Seklusion herausgeführt wird.

Anm.: Nach G. Hartmann (1968, S. 121) werden die Masken der Tukuna aus den faserigen Rinden verschiedener Ficus-Bäume (Bertholletia sp., Cariniana sp.) angefertigt. Diese Rinden tragen häufig die Bezeichnung tururi, ein Sammelbegriff, der speziell für Baumbaste der botanischen Arten Lecythis ollaria L. und Manicaria saccifera Mart. gelten. Es handelt sich um große, z.T. 20 m Höhe erreichende Bäume.

Der Verfasser hat beide Maskengruppen angeblich verschiedener Provenienz hier zusammengefaßt, wie es auch in der Darstellung des Maskenzuges im Atlas des Reisewerkes geschehen ist, obwohl es über die Masken der Juri-Taboca strenggenommen keine Hintergrundinformation, weder von Martius noch aus späterer Zeit, wegen des Verschwinden dieses Stammes aus der Geschichte gibt. Die Vermutung von Trupp (1974, S. 109/110), daß es sich bei einem in dem betreffenden Gebiet neuerdings aufgetauchten bisher unbekannten Stamm um die einstigen Juri handelt, bedarf noch der Bestätigung. Auf jeden Fall ist es unwahrscheinlich, von ihnen noch Auskünfte über etwaige Maskenbräuche zu erhalten, die auch in Trupps Bericht nicht erwähnt werden. Andererseits zeigen die Ausführungen des nächsten Abschnitts eine von anderer Seite belegte Verwandtschaft der Maskentänze der Tukuna und Juri, die eine gemeinsame Behandlung rechtfertigen (Zerries, 1961, S. 44/45).

371 (Or.Nr. 368) Tanzmaske mit Gewand   Tecuna

aus Baststoff. Sie gehört zu dem Typus, der irgendwie menschlich konzipierte Dämonen verkörpert. Das Gesicht ist mit gelber, schwarzer, weißer und rötlicher Farbe bemalt; ein rötlicher, schwarz eingefaßter Streifen zieht sich vom inneren Augenwinkel zum Ohr hin. Nase und Wangen treten hervor, als Ohren sind mit Bast bezogene Reifen angenäht. Am Kinn ist aus weißen Baumwollflocken ein Bart angedeutet, eine dichte Perücke aus rot-braunen Baststreifen gibt das Haupthaar wieder. Von dem Diadem aus weißen Federn und den Federbüscheln hinter dem Ohr sind nur noch Reste vorhanden. Außer diesem aus Bast-stoff über Rohrgeflecht hergestellten, bis über die Schulter herabreichenden Kopfteil be-steht die Maske noch aus einem ärmellosen Gewand aus naturfarbenem Baststoff mit unten einer breiten Franse aus rotbraunen Baststreifen. Zusätzlich zu der ornamental bemalten Vorderseite des Gewandes weist das Original noch auf dem Schulterteil und dem Rücken Spuren einer sparsamen Bemalung auf.

Lit.: Zerries, 1961, S. 365/366

Höhe: 200 cm   *Tafel 54, 55*

Anm.: Über die Bedeutung dieser Maske entnehmen wir dem Reisewerk von Spix und Martius (III, 1831, S. 1188) folgende Bemerkung: »Sie hielten einen förmlichen Aufzug. Derjenige, der als Teufel (Jurupari) in eine große Affenmaske verkleidet war, eröffnete den Zug. Der Saum seines von Bast gemachten Kleides wurde von zwei kleinen Indianerinnen getragen.« (Vgl. »Festlicher Zug der Tecunas«, Atlas, Tafel 13.)

Nimuendaju (1952, S. 80/83) wertet den Umstand, daß zwei kleine Mädchen der Jurupa-ri-Maske sozusagen die Schleppe tragen dahingehend, daß schon damals (1820) die Mas-kenkostüme der Tukuna völlig profan und für Frauen und Kinder keineswegs tabuiert wa-ren.

»Jurupari« ist der Name eines gefürchteten Dämonen und Waldgeistes der alten Ost-Tupi (Tupinamba), mit dem im Gefolge der Ausbreitung der sogenannten »Lingoa geral« – der im Amazonasgebiet üblichen Verkehrssprache aus portugiesischen und Tupi-Sprachele-menten – verschiedene überragende Gestalten der örtlichen Mythologie bezeichnet wur-den, die inhaltlich mehr oder weniger dem einstigen Vorbild entsprechen.

Hier im nordwestlichen Amazonasgebiet verbirgt sich unter der Bezeichnung »Jurupari« eine im Kult häufig auftretende Sagengestalt, die insbesondere mit Initiationsriten und Pu-bertätszeremonien verbunden ist, eine Figur, die dem Anlaß des Maskentanzes der Tukuna durchaus entspricht.

Nach Nimuendaju (1952, S. 80) identifizieren die Tukuna ihren weiblichen Schmetter-lingsdämon berú mit dem Jurupari der Lingoa geral, doch zeigt die von ihm (l.c. Tafel 17b) abgebildete moderne beru-Maske keine Ähnlichkeit mit unserem Stück. Seine Bezeichnung als »Affenmaske« im Text des Reisewerkes – im Museumskatalog fehlt jede Benennung – erscheint seinem Aussehen nach wenig gerechtfertigt.

372 (Or. Nr. 375) Tanzmaske — Juri-Taboca

den Kopf eines Tapirs darstellend, aus Rohrgeflecht mit einem Überzug aus Rindenbast. Der ganze Kopf ist mit einem weißen Farbüberzug versehen und darauf schwarz, braun und gelb bemalt. Mit Baststoff überzogene Rahmen aus biegsamen Pflanzenstengeln bilden Zunge und Ohren. Die Augen sind von einem erhabenen Wulst umgeben. Die Mähne besteht aus braunen Baststreifen.

Martius schreibt (Spix/Martius, III, S. 1228) von einem Maskentänzer der Juri-Taboca, der ihn besonders beeindruckte: »Er trug eine Maske, die den Tapirkopf vorstellte, kroch auf allen vieren und ahmte mit dem Rüssel die Gebärden der Anta nach, wenn sie weidet.« Diese Tapirmaske konnte Martius offenbar nach dem Tanzfest erwerben, sie ist eines der künstlerisch bedeutendsten Stücke seiner Sammlung. Jedoch fehlt daran der »aufs abenteuerlichste bemalte Sack von Turiri«, in den der Tänzer nach Martius' weiterer Beschreibung im Gegensatz zu den übrigen nackten Maskenträgern eingehüllt war. Auch auf der Abbildung »Maskentanz und Hochzeitsfest der Tukuna-Indianer« bei Bates (1866) ist der Träger einer sehr ähnlichen Tapirmaske mit einem Umhang aus Rindenstoff mit Fransen bekleidet.

Weitere Lit.: Spix/Martius, III, S. 1188; Martius, 1867, I, S. 445.

Abb.: Spix und Martius, Atlas, Tafel 13; Hörschelmann, 1920, S. 16, Abb. 20; Kat. »Frühe Kunst Amerikas«, 1950; Kat. »Indianer vom Amazonas«, 1960, S. 75, Tafel 9; Zerries, 1961, S. 370/1, Tafel V/3.

Höhe: 50 cm — *Tafel 62*

Anm.: Der Tapir spielt gerade im Ritual der Mädchenweihe bei den Tukuna eine besondere Rolle. So sitzt das Mädchen, während ihm die Haare ausgerissen werden, auf der Haut eines Tapirs (Nimuendaju, 1952, S. 89/91). Sie wird auch, auf der Tapirhaut sitzend, von fünf oder sechs Männern hoch über deren Häuptern in feierlicher Prozession zum Bad an den Fluß getragen. In einer Mythe wird eine Tapirhaut mitsamt den darauf befindlichen Teilnehmern der Zeremonie an den Himmel versetzt, wo sie noch heute zu sehen ist, wenn der Mond einen Hof hat (l. c. p. 135/136). Dies geschah auf den Wunsch der Initiandin, unsterblich zu werden. Zu den Unsterblichen gehört auch ein junger Mann, der in Gestalt einer Tapirs ein Mädchen entführt und heiratet, als deren Onkel aus Trunkenheit nicht imstande ist, das Ritual der Waschung im Fluß vorzunehmen – zu der das Mädchen auf einer Tapirhaut getragen wird! Die »Unsterblichen«, íine oder má gita genannt, sind die ersten Menschen, die Dyoi und Epi, die beiden Kulturheroen, als Fische an Land gezogen haben (l. c. p. 129). Viele der Unsterblichen leben nach Meinung der Tukuna noch heute mit Epis Sohn Teku-kirá am Oberlauf eines Baches und feiern dort bei Vollmond ein Fest. Wer sich ihnen jedoch zu nähern sucht, wird wahnsinnig (l. c. p. 135).

373 (Or. Nr. 362) Tanzmaske — Juri-Taboca (?)

den Kopf eines Jaguars darstellend, aus Rohrgeflecht mit einem Überzug aus Rindenbast. Die ganze Maske ist mit weißer Farbe überzogen und schwarz und gelb bemalt. Die Augen sind im Relief gearbeitet. Kleine Bastbüschel stellen die Schnurrhaare dar, kleine, mit Farbe überzogene Bastbüschel die Zähne.

Die Maske ist im »Festlichen Zug der Tecunas« mit abgebildet; auch bei Bates (1866) tritt auf der Tafel »Maskentanz . . .« der Tucuna-Indianer ein am Körper mit einem Umhang aus Rindenstoff bekleideter Tänzer auf, der eine solche Jaguarmaske als Kopf trägt. Martius nennt in seinem späteren Werk (1867, I, S. 445) unter den Masken der Tecuna ebenfalls die der »Onze« wie auch des Tapirs, doch kann dies unter dem Eindruck der Abbildung bei Bates (1866) geschehen sein, die Martius (l. c. p. c. Anm. 1) inzwischen gesehen hatte.
Lit.: Zerries, 1961, S. 369, Tafel III/2.
Abb.: Spix und Martius, Atlas, Tafel 13; Hörschelmann (1920), S. 18, Abb. 24; »Frühe Kunst Amerikas«, Katalog, 1950; Kat. »Indianer vom Amazonas«, 1960, Tafel 6, S. 75.
Höhe: 43 cm   *Tafel 41*
Anm.: Über die Entstehung der Jaguarmaskierung und ihre gefährlichen Folgen berichtet Nimuendaju (1952, S. 147) eine Mythe der Tukuna, deren erster Teil folgendermaßen lautet: »Ein alter Mann ging fort mit seiner Frau und verschiedenen anderen Männern – ich weiß nicht wohin, ich denke in die Unterwelt. Der alte Mann lehrte die anderen einen magischen Trick: sooft er einen Pfeil hoch in den Stamm eines tururí-Baumes (Couratari sp.?) schoß, löste sich von selbst ein handbreiter Streifen weißen Bastes los und schälte sich bis auf den Boden ab. Jede Person wählte einen Streifen, glättete und bemalte ihn mit schwarzen Flecken in Nachahmung eines Jaguarfelles und machte sich so ein Jaguarkostüm. Als sie diese Kostüme anzogen, wurden sie in Jaguare verwandelt und liefen als solche durch den Dschungel, Menschen tötend und verschlingend. Aber andere Indianer entdeckten das Geheimnis und überlegten sich, wie sie jene töten könnten. Einmal griff der alte Mann in Jaguargestalt eine Gruppe von Jägern an, wurde aber von einem von ihnen getötet. Seine Frau aber hörte sie über den Töter reden und beschloß, ihres Gatten Tod zu rächen. In ihr Jaguarkostüm gekleidet, verfolgte sie den Jäger und riß ihn in Stücke.«
Nach Anschauung der Tukuna gibt es einen ganzen Clan dämonischer Jaguare. Einer ihrer prominentesten Vertreter ist der Dämon mači, der schließlich von den Zwillingsheroen getötet wurde (Nimuendaju, 1952, S. 125). Mačis Seele befindet sich nun in der Oberwelt, wo sie die Seelen der Blutschänder bei ihrer Ankunft angreift. Ein anderer dämonischer Jaguar wird als der »Herr der Affen« bezeichnet (l. c. p. 149/150) – einer Tierart also, die er mit Vorliebe verspeist.

374 (Or.Nr. 356) Tanzmaske   Juri-Taboca (?)
die »Große Zecke« darstellend, aus Rohrgeflecht mit einem Überzug aus Rindenbast. Die Maske ist dick mit weißer Farbe überzogen und dann schwarz und gelb bemalt. Seitlich vom langen Rüssel hängen zwei gedrehte, ursprünglich ebenfalls mit Farbe überzogene Bastbündel herab. Die schildartige Hinterhauptskappe hat einen festen Rahmen aus einem gebogenen Zweig, von diesem hängen ebenfalls kleine Bastzipfel herab.
Die Zecke »Carapato« (Ixodes) wird von Martius (1867, I, S. 445) auch als eine Maske der Tukuna erwähnt und im »Festlichen Zug« dieser Indianer mitabgebildet.

Abb.: Spix und Martius, Atlas, Tafel 13; Hörschelmann, 1920, S. 17, Abb. 20a; Kat. »Indianer vom Amazonas«, 1960, Nr. 89, Tafel 7.
Lit.: Zerries, 1961, S. 273, Tafel VII/1.
Höhe: ca. 40 cm   *Tafel 61*
Anm.: Über die Bedeutung der Zecke selbst kann ich in der Mythologie der Tukuna keinen Hinweis finden. Das nächstverwandte Beispiel, das ein blutsaugendes Insekt betrifft, ist das der Wanze tu'čuru, die des Tags über menschliche Form hat, des Nachts aber sich in eine riesige, etwa ein Meter große Wanze verwandelt, die den Leuten alles Blut aussaugt, so daß sie sterben, wie eine Mythe zu berichten weiß (Nimuendaju, 1952, S. 145/146). Den gleichen Vampircharakter weisen auch noch andere dämonische Insekten auf, wie etwa die Monstren in Gestalt riesiger schwarzer Heuschrecken, die einst ein in Seklusion befindliches Mädchen aussaugten, das entgegen der Vorschrift die Nacht in der Hängematte schlafend, anstatt wachend auf den Beinen verbrachte (l. c. p. 74). Eine ähnliche Rolle können wir der Zecke zweifelsohne unterstellen, wenn sie als dämonische Maske anläßlich der Mädchenweihe der Tukuna auftritt.

375 (Or. Nr. 359) Tanzmaske   Juri-Taboca
den Dämon Juri-Para darstellend, aus Rohrgeflecht mit einem Überzug aus Rindenbast. Der Kopf ist ganz mit dicker weißer Farbe überzogen und schwarz und gelb bemalt. Die Augen sind von dicken Bastwülsten, der offene Mund von einer gedrehten Schnur umrahmt. Auf dem Scheitel Haar aus braunem Bast. Die Ohren, je ein längliches und ein rundes auf jeder Seite, sind mit Baststoff überzogene Rähmchen aus biegsamen Zweigen.
Abb.: Hörschelmann, 1920, S. 18, Abb. 21; Kat. »Indianer vom Amazonas«, 1960, Tafel 5, Nr. 88.
Lit.: Zerries, 1961, S. 366/7, Tafel IV/1.
Höhe: 43 cm   *Tafel 63*
Anm.: Juri-Para oder besser »Jurupari« ist der Name eines gefürchteten Dämonen und Waldgeistes der alten Ost-Tupi (Tupinamba), mit dem im Gefolge der Ausbreitung der sogenannten »Lingoa geral«, der im Amazonasgebiet üblichen Verkehrssprache aus portugiesischen und Tupi-Sprachelementen, verschiedene überragende Gestalten der örtlichen indianischen Mythologie bezeichnet wurden, die inhaltlich mehr oder weniger dem einstigen Vorbild entsprechen. Im Juri-Para der Juri-Taboca dürfte sich eine in Nordwest-Amazonien weitverbreitete und auch im Kult häufig auftretende Sagengestalt verbergen, die vor allem mit der Initiation und dem Pubertätsritual verbunden ist. Auch bei den Tukuna wird die Maske des obersten Geistwesens beim Fest des Haarausreißens als »Yurupary« bezeichnet (Spix/Martius, III, S. 1188; Bates, 1924, S. 276/277).

376 (Or. Nr. 360) Tanzmaske   Tecuna (Tukuna)
angeblich ebenfalls den Kopf des Waldteufels Uaiuari darstellend. Dieser hat offenbar Affengestalt, denn die Maske zeigt unverkennbar die Züge eines Affen, möglicherweise sogar die des Brüllaffen (Alouatta seniculus), wenn die kugeligen Auswüchse als Nachbildung

des Kehlsacks dieses Tieres gedeutet werden können. Noch heute kennen die Tukuna-Indianer zwei Affenmasken »toi« (Cebus albifrons) und »taikire« (Cebus fatuellus; Nimuendaju, 1952, S. 83).

Abb.: Hörschelmann, 1920, S. 18, Abb. 22; »Frühe Kunst Amerikas«, Kat. 1950; »Indianer vom Amazonas«, Kat. 1960, Nr. 85, Tafel 2; Zerries, 1961, S. 367, Tafel IV/3.

Höhe: 40 cm   *Tafel 47*

Anm.: Nach Meinung der Stämme des Uaupésgebietes, z.B. der aruakischen Tariana, ging der Dämon Jurupari zu seinen Lebzeiten mit einem Affenfell bekleidet (Coudreau, 1887, S. 184ff.). Sein Symbol ist daher die Macacaraua, ein aus Affen- und Mädchen(!)haar geflochtener Maskenanzug, mit dem seine Darsteller bekleidet an den sogenannten Juruparifesten auftreten. Die bei der Herstellung der ärmellosen Kapuze verwendeten Mädchenhaare werden diesen anläßlich der ersten Menstruation abgeschnitten, ein deutlicher Hinweis auf den Zusammenhang dieser Feste mit der weiblichen Pubertät, wie er beim Maskenumzug der Tukuna gegeben ist (Koch-Grünberg, 1910, S. 253).

377 (Or.Nr. 364) Kopfaufsatz   Tecúna

eine »Waldkatze« darstellend. Ein rötlicher Farbüberzug bedeckt diese, den Kopf und Hals des Tieres wiedergebende Maske der Tukuna aus Rohrgeflecht und Rindenbast, von dem sich die Fellzeichnung und andere Einzelheiten schwarz abheben. Kleine Holzpflöcke geben die Zähne wieder, kleine Bastbüschel die Schnurrhaare.

Falls es sich nicht um eine der anderen zahlreichen kleineren Katzenarten der Neotropen handelt, wäre hierbei an den Ozelot (Felis pardalis) zu denken.

Abb.: Spix und Martius, Atlas, Tafel 13; Hörschelmann, S. 19/20, Abb. 27.

Lit.: Zerries, 1961, S. 372, Tafel VI/4.

Höhe: 29,5 cm   *Tafel 45*

Anm.: Der Ozelot gilt bei den Tukuna als Eponym des Clans këturë (Nimuendaju, 1952, S. 56/57). Vielleicht wird dieser Clan außer mit dem Ozelot auch noch mit dem Brasilholz-Baum (Brosium sp.) identifiziert, wie ein anderer Clan (čiva) derselben Stammeshälfte den Jaguar (ai) und den Seringarana-Baum, ein dritter (nëni) den Puma (në'ma) und den Mulattenholzbaum (Capirona sp.) als Embleme besitzt. Die Identifikation dieser Bäume mit Säugetieren – Raubkatzen, Eichhörnchen etc. – geht auf die Vorstellung der Tukuna von der Seele (naa'ë) dieser Bäume zurück, die des Nachts in Gestalt des betreffenden Tieres ihren Wohnsitz verläßt, um bei Tagesanbruch dahin zurückzukehren (l. c. p. 57, 100).

378 (Or.Nr. 376) Tanzmaske   Tecuna

Gestell aus hexagonalem Rohrgeflecht, enganliegend mit Rindenbast überzogen. Wie die langen Ohren, mit Bast überzogene Rähmchen, anzeigen, handelt es sich um einen Tierkopf. Eine Bemalung fehlt. Vermutlich handelt es sich um ein unfertiges Stück.

Höhe: 42 cm

379 (Or.Nr. 365) Kopfaufsatz   Tecuna (Tukuna)
den Kopf und Oberkörper eines Affen darstellend, aus Rohrgeflecht und Rindenbast nachgebildet und mit weißer Farbe übermalt, auf der die Einzelheiten und Ornamente schwarz
und gelb aufgetragen sind. Die Zähne sind durch eingepichte Rohrstückchen wiedergegeben. Aus der Nase hängen zwei lange Fasersträhnen herab. Die Ohren sind durch Stäbe
verlängert, von denen Baststreifen herabhängen. Diese nicht-natürlichen Akzessorien er-
schweren die nähere Bestimmung, welche Affenart dargestellt werden soll.
Abb.: Spix und Martius, Atlas, Tafel 13; Hörschelmann, S. 19, Abb. 29.
Lit.: Zerries, 1961, S. 369, Tafel V/1.
Höhe: 27 cm   *Tafel 46*
Anm.: Noch heute kennen die Tukuna-Indianer zwei Affenmasken der Arten »toi« (Cebus
albifrons) und »taikire« (Cebus fatuellus), die jedoch keine Ähnlichkeit mehr mit unseren
beiden hier behandelten Exemplaren besitzen (Nimuendaju, 1952, Tafel 18a, c). Nimuen-
daju (l. c. p. 83) bemerkt, daß man die Tiere (= Affen), deren Namen die dargestellten
Dämonen tragen, nicht erkennen kann.

380 Tanzmaske   Tecuna (= Tukuna)
Ärmelloses Gewand mit Kopf aus Rindenbast. Er ist flach, in seinem Innern befindet sich
ein Gerüst aus Rohrgeflecht, drei strahlenartig auseinanderstrebende Büschel aus gespaltenem Rohr sind auf dem Scheitel befestigt. Der Kopf ist unbemalt, ein Gesicht fehlt also.
Auf dem Gewand sind in vertikaler Richtung zwei Zinnenstreifen und fünf Reihen kleiner
quadratischer Rahmen in brauner und gelber Farbe angebracht. Drei dieser Quadrate haben je einen vertikalen Trennungsstrich, zwei sind durch ein kleines Muster verbunden.
Höhe: 215 cm   *Tafel 52*
Anm.: Bei diesem Maskenkostüm handelt es sich möglicherweise, wie ein Vergleich mit
Nimuendaju (1952, S. 83, Tafel 18b) nahelegt, um die Darstellung von ma'vi, dem Arapa-
ryana-Baum (Macrolobum multijugum). Das Hauptargument liegt darin, daß es bei Nimuendaju (a.a.O.) heißt, daß auf dem Kopf der gesichtslosen Maske ein Büschel von uaruma-
Streifen (Ichnosyphon sp.) angebracht ist, was recht gut mit dem Kopfteil unserer Maske
übereinstimmt. (Siehe auch G. Hartmann, S., 1968, S. 120ff.)

381 (Or.Nr. 366) Tanzmaske   Tecuna (Tukuna)
Kopf und Oberteil eines Vogels (Aasgeier) darstellend aus Rohrgeflecht mit Überzug von
Rindenbast. Das ganze Stück ist mit weißer Farbe gedeckt, die Details und Ornamente sind
schwarz und gelb aufgemalt, die Augen erhaben gearbeitet. Die Maske wurde hutartig auf
den Kopf gesetzt.
Abb.: Spix und Martius, Atlas, Tafel 13, »Festlicher Zug der Tecunas«; Hörschelmann,
1920, S. 29, Abb. 28; »Frühe Kunst Amerikas«, Kat. 1950; »Indianer vom Amazonas«,
Kat. 1960, Nr. 87, Tafel 4.
Lit.: Zerries, 1961, S. 372/3, Tafel V/1.
Höhe: 37 cm   *Tafel 43*

Anm.: Der kleine schwarze Aasgeier oder Urubú (Cathartes sp.) von der Größe eines Raben spielt keine große Rolle in der Mythologie der Tukuna, soweit wir sie durch Nimuendaju (1952) kennen. Er tritt nur einmal in der Gestalt einer alten Frau als Ratgeber eines Helden auf, der vom Königsgeier verfolgt, in die Unterwelt gerät (l. c. p. 119). Mit dem Namen des Königsgeiers und des Aasgeiers (Urubú) werden auch zwei der bei der Mädchenweihe als Stimmen der Dämonen (noó) geblasenen sakralen Holztrompeten (toki) belegt (l. c. p. 76/77).
Obwohl Nimuendaju (1952, S. 80) eine Beziehung zwischen den zeremoniellen Musikinstrumenten und den Maskenkostümen verneint – sie treten offenbar nicht zusammen auf –, scheint eine solche durchaus gegeben. Es sind zwei verschiedene Manifestationen, eine akustische und eine visuelle, der gleichen Konzeption.

382 (Or.Nr. 367) Kopfaufsatz   Tecuna (Tukuna)
ein in ganzer Gestalt aus Rohrgeflecht und Rindenbast nachgebildetes Eichhörnchen darstellend. Details und Ornament sind auf weißem Grund in Schwarz und Gelb aufgetragen.
Abb.: Spix und Martius, Atlas, Tafel 13; Hörschelmann, Abb. 25, S. 19/20.
Lit.: Zerries, 1961, S. 372, Tafel VI/3.
Höhe: 29,5 cm   *Tafel 42*
Anm.: In der Mythe der Tukuna vom Erwerb des Tageslichts hilft das kleine Eichhörnchen (ta'ine) den beiden Kulturheroen entscheidend beim Umstürzen des riesigen Kapokbaumes, dessen Krone den ganzen Himmel verdunkelt und erhält dafür deren Schwester (aikine) zur Frau (Nimuendaju, 1952, S. 124). Zwei Eichhörnchenarten (Sciurus sp.) sind ferner mit zwei Clans der einen Stammeshälfte totemistisch verbunden, zu denen auch der Heros Dyoi besondere Beziehung hat (l. c. p. 56).

383 (Or.Nr. 369) Tanzmaskenanzug   Tecuna (Tukuna)
Mit Dreieckmustern gelb und schwarz bemaltes, ärmelloses Gewand aus Rindenbast mit einer Versteifung aus Rohrgeflecht am oberen Ende, in dem sich eine runde Öffnung – angeblich für das Gesicht – befindet, wie aus der Darstellung auf Tafel 13 des Atlas zum Reisewerk hervorgeht. Die dort angegebene Art, das Stück zu tragen, ist jedoch nicht verständlich, da das Rohrgerüst nach unten geschlossen ist (vgl. Hörschelmann, 1920, S. 15/6). Außerdem trägt der Tänzer auf dem Bilde einen inzwischen verlorengegangenen bemalten Holzzylinder (Nr. 399) auf dem Haupt, der mit Sicherheit nicht zu dem Anzug gehört.
Höhe: 107 cm

384 (Or.Nr. 370) Tanzmaskenanzug   Tecuna (Tukuna)
Ärmelloses, oben geschlossenes Gewand aus Rindenbast. Der Bastüberzug ist aus mehreren Stücken zusammengenäht und mit gelbbraunen und schwarzen Ornamenten versehen. Der oberste Teil ist abgeschnürt und durch ein Gerüst aus Rohrgeflecht versteift; oben öffnet sich dieser Teil und bildet zwei halbrund abgeschnittene Lappen ungleicher Länge; an

den größeren ist ein langer Zipfel aus Bast angeheftet. Die streifige Bemalung dieses Teiles und der daran angeheftete Zipfel läßt an die Repräsentation des Mais-Dämonen čaví denken, wie sie uns Nimuendaju (1952, S. 83, Tafel 17a) von den Tukuna überliefert.
Lit.: Zerries, 1961, S. 361; G. Hartmann, 1968, S. 121ff.
Abb.: Spix und Martius, Atlas zum Reisewerk, Tafel 13, »Festlicher Zug der Tecunas«.
Höhe: 155 cm   *Tafel 53*

385–386 (Or.Nr. 357–358) Zwei Tanzmasken   Juri-Taboca
den »Sturm« darstellend. Aus Rindenstoff ist eine Art flacher Tasche hergestellt, in deren Vorderseite ein Rahmen aus Holz (ein gebogener Schlingpflanzenzweig) so eingenäht ist, daß die Fläche auch beim Überziehen der Maske über den Kopf ihre Eiform behält. Diese Fläche ist in schwarzer und gelber Farbe mit einander sehr ähnlichen Gesichtern bemalt; der ausgefranste obere Rand des Baststoffes bildet die Haare. Es handelt sich um einen seltenen, beinahe einmaligen Maskentypus.
Abb.: Hörschelmann, Abb. 30/31, S. 20.
Lit.: »Indianer vom Amazonas«, Kat. 1960, Nr. 93;
Zerries, 1961, S. 373/4, Tafel VII/4.
Höhe: 52 cm   *Tafel 50, 51*
Anm.: Von dem Fest in Tabatinga erwähnt Spix auch die Maske des Sturmwindes, ohne daß diese im »Festlichen Zug der Tecunas« im Atlas des Reisewerkes auftritt. Die neueren Forschungen Nimuendajus (1952, S. 82) überliefern von den Tukuna in der Tat den Glauben an einen Winddämon Oma, der mit seinem gigantischen Phallus die Bäume des Waldes entwurzelt. Die Maske, die der ihn verkörpernde Tänzer bei den Tukuna heute noch trägt, hat jedoch wenig Ähnlichkeit mit unseren beiden Exemplaren der Sturmmaske von Juri-Taboca.

387 (Or.Nr. 361) Tanzmaske   Tecuna (= Tukuna)
den Kopf des Waldteufels Uaiuari darstellend. Die Maske besteht aus Rindenbast und ist über einem Gerüst aus Rohrgeflecht errichtet. Martius (1867, S. 445) nennt die Masken der Tukuna ein Flechtwerk von Scitaminen-Stengeln mit dem Bast von Couratari-Bäumen überzogen. Die Nase ist rüsselförmig, am vorderen Ende abgeflacht. Die Backen treten hochgeschwollen vor. In den von einem erhöhten Wulst begrenzten Augenhöhlen befindet sich je ein Stück weißes Porzellan als Auge. Über der als dicker Wulst vortretenden Stirn erhebt sich eine runde Scheibe, ein mit Baststoff bezogener Rahmen aus einem biegsamen Pflanzenstengel. Vom Scheitel fällt rückwärts dichtes Haar aus braunen Baststreifen herab. Das Gesicht ist dunkelbraun, gelb und weiß bemalt.
Lit.: Spix/Martius, III, S. 1188; Martius, 1867, S., S. 445.
Abb.: Spix und Martius, Atlas, Tafel 13, »Festlicher Zug der Tecunas«; Hörschelmann, 1920, S. 18, Abb. 23; Kat. »Indianer vom Amazonas«, 1960, S. 72; Zerries, 1961, S. 367, Tafel IV/2.
Höhe: 70 cm   *Tafel 49*

Anm.: Der Name Uaiuari als Bezeichnung eines Waldgeistes der Tukuna ist außer in der Notiz des Originalkatalogs nirgends belegt, weder im Reisewerk von Spix und Martius bzw. der späteren Arbeit von Martius (1867) selbst noch in der neueren Literatur über diesen Stamm (Nimuendaju, 1952). Ähnlich klingt im Tupi der Name eines Wassergeistes »Uauyara«, der in der Folklore der eingeborenen Bevölkerung Amazoniens im 19. Jahrhundert eine große Rolle spielt. Ferner existiert in vielen Aruak- und Kariben-Sprachen vom oberen Amazonas bis weit nach Guayana hinein das Wort »Mauari« in verschiedenen Ableitungen als Bezeichnung für meist feindlich gesinnte Geistwesen.

Da sie unter den Masken der Sammlung Spix/Martius die groteskeste ist, besteht auch die Möglichkeit, daß diese Maske den Dämon Jurupari wiedergeben soll, da Bates (1924, S. 277) von den Maskenzügen der Tukuna aussagt: »Die unförmlichste und häßlichste Maske stellt immer den Jurupari vor.« Allerdings bezeichnen Spix und Martius (III, S. 1188) auf Tafel 13 des Atlas eine andere, weniger groteske Maskenfigur als Jurupari. Nach Nimuendaju (1952, S. 80) verbirgt sich bei den Tukuna unter dem Namen Yurupari der weibliche Schmetterlingsdämon »beru«. Schließlich erwähnt Martius (1867, I, S. 445) an anderer Stelle von den Tukuna noch die Maske eines Dämonen »Iticho«. Nach Nimuendaju (1952, S. 80/1) ist »iticho« (nach Spix »itoho«) identisch mit der allgemeinen Bezeichnung »noó« für die durch solche Masken repräsentierten Dämonen, deren oberster der Geist Cherine sein soll.

388 Tanzmaske   Tecuna (= Tukuna)

Kopf und Hals eines »Rehes« darstellend. Mit Rindenbast überzogenes Rohrgeflecht ist mit weißer Farbe überstrichen und dann mit Linienmustern gelb und schwarz bemalt. Die Ohren sind durch mit Baststoff bespannte Rahmen aus biegsamen Pflanzenstengeln gebildet. Die Maske wurde hutartig auf den Kopf gesetzt. Da es in Südamerika keine Rehe sondern nur Hirsche gibt, ist vermutlich ein (weiblicher) Hirsch (Mazama sp.) dargestellt.
Abb.: Spix und Martius, Atlas, Tafel 13, »Festlicher Zug der Tecunas«; Hörschelmann, 1920, S. 19, Abb. 26, »Frühe Kunst Amerikas«, Kat. 1950; »Indianer vom Amazonas«, Kat. 1960, Tafel 3.
Lit.: Zerries, 1961, S. 371, Tafel VI/1.
Höhe: 46,5 cm   *Tafel 48*
Anm.: Die Tukuna glauben, daß der Hirsch in alter Zeit ein menschenfressender Jaguar war, der erst vom Kulturheros Dyoi in ein harmloses Tier verwandelt wurde. Dyoi selbst bediente sich der Gestalt eines Hirsches auf der Flucht vor dem Kopfgespenst (Nimuendaju, 1952, S. 133). Ein andermal verwandelte er seinen Bruder Epi in einen Hirsch (l. c. p. 127). Beider Vater Nutapa wiederum wurde als Hirsch von einem Jaguar gefressen, jedoch von Dyoi wieder zum Leben erweckt (l. c. p. 123). Schließlich stahl Dyoi den Korb des mythischen Hirsches, den dieser mit den Schößlingen und Samen der Nutzpflanzen vom Lebensbaum gefüllt hatte und legte die erste Pflanzung an (l. c. p. 21, 131) – eine Variante des in Südamerika weitverbreiteten Motivs vom Reh oder Hirsch als Bringer der Nutzpflanzen und Lehrmeister des Ackerbaus. Eine Beziehung des Hirsches zur Mäd-

chenweihe, bei der seine Maske auftritt, ergibt sich daraus, daß er auf der Wand des Seklusionsraumes aufgemalt wird (l. c. p. Tafel 11a). Nimuendajus (1952, S. 58) Deutung dieser Darstellung als »Symbol der Wachsamkeit« dürfte, selbst wenn sie auf Aussagen der Indianer beruht, nach den hier angeführten Belegen der Mythologie nicht erschöpfend sein: Der Hirsch wird im tropischen Südamerika vielfach als dämonisches Tier betrachtet. Er ist im besonderen Maße ein Medium der Verwandlung, weshalb der Genuß von Hirschfleisch häufig untersagt ist (vgl. Zerries, 1954, S. 252ff.).

398 (Or. Nr. 377) Tanzmaske   Juri-Taboca (?)
aus Rohrgeflecht mit einem Überzug aus Rindenbast, nach der Originalnotiz von Martius »einen großen Teufel vorstellend«. Die Maske war ursprünglich mit dicker weißer Farbe überzogen, die Einzelheiten waren schwarz und gelb aufgemalt, jedoch sind von der Bemalung nur Reste vorhanden. Auf dem Scheitel und an der Stelle der Ohren ragt je eine flache, flossenartige Spitze vor, mit Bast überzogene Rahmen aus biegsamen Zweigen. Die Öffnung des Mundes ist ebenfalls von einem festen Rahmen eingefaßt. Die Zähne sind durch kleine Rohrstücke wiedergegeben, die in die Farbmasse eingedrückt wurden.
Abb.: Hörschelmann, 1920, S. 15, Abb. 19, »Frühe Kunst Amerikas«, Kat. 1950, »Indianer vom Amazonas«, Kat. 1960, Nr. 90, Tafel 8; Zerries, 1961, S. 367/368, Tafel IV/4.
Höhe: 83 cm   *Tafel 44*
Anm.: Die Maske verkörpert zweifellos den Kopf eines Fisches. Sein breites Maul mit nach unten gezogenen Mundwinkeln läßt an die Darstellung des berüchtigten neotropischen Raubfisches, des Piranha (Serra salmo sp.) denken, d.h. an einen gigantischen dämonischen Vertreter dieser Spezies.
Bei den Tukuna wird heute noch der Wasserdämon »Dyevae« in einem Maskenkostüm verkörpert, das die Attribute eines Katzenfisches (Wels) zeigt und ganz anders aussieht (Nimuendaju, 1952, S. 82, 120, 152). Auch Spix erwähnt (Spix/Martius, III, S. 1188) von dem Auftritt der Tukuna-Masken in Tabatinga eine Fisch-Maske, eine solche ist jedoch auf Tafel 13 im Atlas des Reisewerkes nicht abgebildet.

3. Oberer und Mittlerer Amazonas

Einführung

Dieses Gebiet kann nicht als einheitliches Kulturareal bezeichnet werden. Es wurde ursprünglich von einer Anzahl sprachlich verschiedener Gruppen eingenommen, die schon zur Zeit von Spix und Martius großenteils verschwunden, bzw. in der Mischlingsbevölkerung aufgegangen waren. An ihrer Stelle begegneten unsere Forscher dort Angehörigen von Stämmen benachbarter Kulturareale, wie der peruanischen Montaña und des Juruá-Purus-Gebietes, abgesehen von den Tecuna, die zu Nordwestamazonien gerechnet werden. Von diesen Gruppen wurden jeweils wenige Objekte (Mayoruna, Culino, Catuquina, Canamare, Mura) oder gar nur Einzelstücke (Omagua, Paumari) erworben, zu denen noch einige Gegenstände aus den portugiesischen Niederlassungen (Ega, Santarem, Serpa) hinzukommen, deren genauere indianische Herkunft nicht mehr bestimmbar ist. – So hatten nach Spix und Martius (III, S. 1081) die wenigen in Serpa wohnenden Indianer alle Spuren ihrer verschiedenartigen Abkunft verloren und sprachen die allgemeine Sprache (Lingoa geral).

Die Mayoruna waren ein halbnomadischer, kriegerischer Pano-Stamm, gerieten nichtsdestoweniger im 17. Jahrhundert teilweise unter Missionseinfluß, nahmen aber nach Vertreibung der Jesuiten (1767) ihre Expansion zu Lasten der Nachbarstämme und Kolonisten wieder auf. Lediglich mit den Omagua bestand auch freundlicher Kontakt. Die heute noch auf brasilianischem Boden lebenden 300 bis 500 Mayoruna sind gegen Fremde feindselig eingestellt; auch die auf peruanischem Boden lebenden ca. 1500 Mayoruna haben nur sporadischen Kontakt mit der Außenwelt und sind wie ihre brasilianischen Stammesbrüder ethnologisch immer noch wenig bekannt.

Zu den panoischen Culino – es gibt auch einen Aruak-Stamm gleichen Namens –, die in der Masse weiter landeinwärts, am Oberlauf der rechten Zuflüsse wohnten, gehörte wahrscheinlich auch die Culino-Gruppe längs des südlichen Amazonasufers vom unteren Rio Javari bis zur Mündung des Rio Jandiatuba, die Spix in Olivença antraf (Métraux, 1948, S. 660). Über ihren heutigen Verbleib ist nichts bekannt.

Die aruakischen Paumari zeichneten sich durch ein seminomadisches Leben auf den südlichen Zuflüssen des Amazonas, vor allem des Rio Purus aus, an dem heute noch fünf Paumari-dörfer mit etwa 250 Einwohnern vorhanden sind. Über die Catuquina und die wahrscheinlich mit ihnen verwandten Canamare existieren uneinheitliche Berichte über ihre verstreuten Wohnsitze und ihre sprachliche Zugehörigkeit.

Katalog

345 (Or.Nr. 157) Lippenschmuck   Maxuruna (Mayoruna; R. Jutai u. Javary)
aus fünf langen roten Arara-Schwanzfedern mit angeknüpften kleineren Federzieraten:
schwarzen und weißen Federchen an der Basis und an der Spitze oder vom Kiel unterhalb
der Spitze herabhängenden kunstvollen Zusammensetzungen aus vom Kiele gelösten Teilen größerer weißer Federn, kleinen schwarzen Federn und weißem Flaum – oder endlich
von der Spitze herabhängenden Teilen weißer Federn. Die unteren Kielenden sind zum Teil
an zugespitzte Knochenstäbchen gebunden oder auf solche aufgesetzt. Solche Federn wurden von den Maxuruna in der Oberlippe getragen (vgl. Spix und Martius: Atlas »Kopf eines
Maxuruna mit langen Federn in den Mundwinkeln«, siehe Tafel 59).
Lit.: Kat. »Indianer vom Amazonas«, 1960, Nr. 70, S. 68.
Länge: bis 47 cm

624 (Or.Nr. 278) Kriegskeule   Maxuruna (Mayoruna am Rio Yavary [?])
aus schwerem, rotem, poliertem Holz. Das obere Drittel ist als Griff von der übrigen Waffe
abgesetzt. Der Hauptteil zeigt zunächst beinahe rechteckigen Querschnitt, verbreitert sich
dann aber zu einem flach-ovalen Schlagende mit geradem Abschluß. In eine Faserschnur-
umwicklung unter dem Griff sind auf allen vier Seiten Rohrstreifen eingeflochten, so daß
sich kleine Muster ergeben. Die beiden Schmalseiten des Hauptteils zeigen ein eingeritztes
Zickzackband, auf dem Ansatz des Schlagendes ist beiderseits ein Mäandermuster ebenfalls
eingeritzt und teilweise ausgekratzt. Die Keule ist im Atlas zum Reisewerk von Spix und
Martius, Tafel 21, Nr. 4 abgebildet und Martius (1867, I, S. 430) spricht ausdrücklich von
den viereckigen Keulen der Maxurunas (Spix/Martius, II, S. 1188): »Zieht ein Canot vor-
über, so durchbohren jene feindlichen Indianer, hinter einem Baum versteckt, den Piloten
mit einem großen Wurfspeer oder mit der Lanze, und fallen dann über die andere Mann-
schaft mit großen viereckigen Keulen (Tamaranas) her, so daß ihnen selten ein einziger
entwischt.« Dietschy (1939, S. 170, Tafel IV, 21) sieht in unserem Exemplar eine eigentüm-
liche Mischung der beiden an sich in *Guayana* beheimateten Keulenformen: »Die Länge
und der rechteckige Querschnitt des größten Teils der Waffe gehören der *Vierkantkeule* an,
der Umriß mit Griffspitze, der Griffabsatz gegen das besonders in die Länge gezogene Zwischenstück – hier ist sogar eine kurze Strecke umflochten – und das ovale scharfkantige
Blatt mit Querleiste zeigen den Einfluß der *Schaufelkeule*. «
Länge: 122 cm
Breite: 8,7 cm   *Tafel 38c, 39a*
Anm.: Die Herkunftsangabe »Mayoruna« ist, zumindest was die Anfertigung betrifft, un-
sicher, da die stilistischen Merkmale allzusehr nach Guayana hinweisen. Frühe Quellen des
17. und 18. Jahrhunderts verzeichnen von den Mayoruna Keulen und Holzschwerter (=
macanas) nicht genannter Form (Steward/Métraux, 1948, S. 554); aus neuerer Zeit überliefert Tessmann (1930, S. 373) eine abgeplattete, an den Enden zugespitzte Keule (= panjin-

jar) – eine Form, die mit der unseres Münchener Exemplars nicht übereinstimmt. (Zerries, 1964, S. 363/4, Abb. IV; Kat. »Indianer vom Amazonas«, S. 67/8, Nr. 69.)

643 Kriegsspeer   Maxuruna (Mayoruna)

Der Schaft besteht aus schwarzem Palmholz, die Spitze aus einem breiten, langen Bambusmesser.
Länge: 250 cm
Spitze: 60 cm

648 Kriegsspeer   Maxuruna

aus schwarzem Palmholz mit eingeschnitzter Spitze und zweimal zwei Widerhaken.
Eine dreizehn Zentimeter breite Manschette d.h. Rohrumflechtung in Schwarz und Gelb (Rautenmuster) befindet sich in der Mitte des Schaftes. Der Querschnitt ist plan-konvex (Bogen!) bis dreikantig (Spitze). Der von Nr. 643 abweichende Typus erinnert an die Auca-Speere Ecuadors.
Länge: 213,5 cm
Durchmesser: 2,5 cm

690 (Or.Nr. 270) Bogen   Maxuruna (Mayoruna)

Der Querschnitt aus rotbraunem, gut geglättetem und poliertem Holz ist kreisrund. Das eine Ende läuft spitz zu, am andern ist eine kleine Spitze abgesetzt.
Die Sehne aus gedrehter Faserschnur ist in Unordnung geraten.
Länge: 311 cm
Durchmesser in der Mitte: 2,2 cm

Die Omagua (Campeva)

Die Omagua, in Brasilien Campeva (Canga-apeva) genannt, was Flachköpfe bedeuten soll (vgl. Nr. 422), werden schon von Gaspar de Carvajal, dem Chronisten der Expedition Francesco de Orellanas von 1542, erwähnt. Sie waren ein damals entlang des oberen Amazonas in voller Ausbreitung zwischen den Mündungen des Rio Jutahy und Rio Napo begriffener Tupi-Guarani-Stamm. Es ist jedoch nicht ganz sicher, ob sich der Name Omagua in den verschiedenen Quellen früherer oder späterer Zeit stets auf denselben Volksstamm bezieht, da die auffällige Sitte der Kopfabplattung auch bei anderen Stämmen der Region, z.B. der Pano-Gruppe, vorkam und Anlaß zu der gleichen Bemerkung gegeben haben könnte.

Im 17. und 18. Jahrhundert hatten die Omagua schwer unter den Sklavenjagden der Portugiesen zu leiden, weshalb sie sich weiter amazonasaufwärts bis auf spanisches Gebiet zurückzogen. In der ersten Hälfte des vergangenen Jahrhunderts existierte noch eine bedeutende Gruppe von Omagua in dem Ort São Paulo de Olivença, wo ihnen Spix begegnete. Sie waren Abkömmlinge der alten Omagua, welche vorher drei Inseln im Amazonenstrom bewohnten und mit Gewalt umgesiedelt worden waren (Métraux, 1948, S. 690) und hatten die Sitte der Kopfabplattung noch bewahrt, die bei anderen Gruppen der Omagua unter dem Einfluß der Jesuiten bereits verschwunden war.

Heutzutage sind die Omagua kulturell und physisch in der Mischlingsbevölkerung des oberen Amazonas (Solimões) aufgegangen. Man sagt, daß die Verwendung des Gummi (Saft der Hevea brasiliensis) zu den verschiedensten Artikeln auf die Omagua zurückgeht, die ihre Kunst den Kolonisten des Staates Pará übermittelten.

144

Katalog

422 (Or. Nr. 310) Kinderwiege   Omagua (Campeva), Brasilien
in Form eines Bootes, aus einem Stück Holz ausgehöhlt, mit Vorrichtung zum Abplatten der Stirn des Neugeborenen. In ihr wurde nach der Beschreibung von Martius (1867, I, S. 439) der Säugling, »die Füße unter einem Brettchen ausgestreckt, das nach oben zurückgeschlagen werden kann, festgeschnürt. Der Kopf bekam ein weiches Kissen zur Unterlage, und zwei viereckige Baumwoll-Lappen, auf die flache Strohhalmstücke aufgenäht waren, bewirkten den Druck auf Hinterhaupt und Stirn. Wenn das Kind schlief, wurde das Brettchen (das mit zwei seitlichen Fortsätzen in Auskehlungen des Bootsrandes ruht) zur Verstärkung des Druckes nach oben geschlagen, ebenso, wenn der Kahn gereinigt werden mußte. Die Mutter reichte die Brust, während der Säugling festgebunden blieb« (vgl. auch Spix/Martius, III, S. 119/213). Unser Exemplar, das von Spix 1819 in São Paulo de Olivença am oberen Rio Solimões, an der Grenze von Peru erworben wurde, wo die Omagua damals noch einen starken Bevölkerungsteil ausmachten, weicht hiervon etwas ab. Statt der Baumwoll-Lappen sind als Stirnpresse ein kleines längliches Kissen und eine kleine Matte von flachen Rohrstäbchen mit Bindeschnüren vorhanden. Die Funktion eines zweiten, größeren, in die Wiege eingepaßten Brettes ist von Spix bzw. Martius nicht überliefert. Nach Hörschelmann (S. 11) sollte das Kind darauf ausgestreckt liegen, es kann jedoch auch zur Abdeckung der Wiege gedient haben, um das Kind darin festzuhalten. An einem Ende des Bootskörpers befindet sich ein geschnitzter Menschenkopf. Bei dieser Wiege handelt es sich um ein absolutes Unikum; bisher ist kein zweites Exemplar bekannt geworden.
Länge: 100 cm
Breite: 33 cm
Tiefe: 13 cm   *Tafel 31*
Abb.: Spix und Martius, Atlas, Tafel »Indianische Gerätschaften«, Nr. 37; Ratzel, Völkerkunde, 1. Auflage (1886) II, S. 622; Tessmann, 1930, Tafel 67; Erwähnung: A. Métraux, 1928, S. 197; Kat. »Indianer vom Amazonas«, S. 68, Nr. 71.

627 Flache Vierkantkeule   Culino
aus dunkelbraunem, schwerem, poliertem Holz mit leicht konkaven und dadurch gegen die Enden zu ausladenden Schmalseiten. Am Schlagende sind auf beiden Breitseiten Muster aus größeren und kleineren Zirkelkreisen eingeritzt.
Abb.: Spix und Martius, Atlas, Tafel »Indianische Waffen«, Fig. 5; Hörschelmann, S. 10, Abb. 12; H. Stolpe, 1927, Tafel XIV, Nr. 6; Zerries, 1964, Abb. V; Kat. »Indianer vom Amazonas«, 1960, Nr. 208, S. 102.
Länge: 106 cm
Breite (maximal): 8,5 cm
Dicke: 2 cm   *Tafel 38d, 39b*
Anm.: Spix traf in São Paulo de Olivença mit Culino-Indianern von dem am südlichen Amazonasufer wohnenden Teil dieses Stammes zusammen (Spix/Martius, III, S. 1189), bei

welcher Gelegenheit die Keule erworben sein dürfte. Dietschy (1939, S. 170) nennt sie eine »reine, schwertartige Vierkantkeule«; Stolpe (a.a.O.) bezeichnet ihre Form als isoliert.

628 (Or. Nr. 276?) Flache Vierkantkeule   Puru-Puru oder Paumari (?)
aus schwerem, rotem Holz, das eingezogene Griffende ist eckig ausgeschnitten, der breite flache Schlagteil trägt auf beiden Seiten ein eingeschnittenes Muster aus weißen rhombischen Feldern mit stehengebliebener dunkler S-Figur, sowie weißen, meist spiralig auslaufenden Linien. Der gerade Abschluß des Schlagteils und der Rechteckgriff ist der Vierkantkeule eigentümlich, ebenso der in der unteren Hälfte noch rechteckige Querschnitt. Unter dem typologischen Einfluß der Flachkeule wird der Schlagteil jedoch immer flacher und zuletzt fast zweischneidig, der ursprünglich rechteckige Querschnitt bleibt jedoch noch erkennbar (vgl. Dietschy, 1939, S. 170).
Die Keule ist im Atlas zum Reisewerk von Spix und Martius abgebildet, desgleichen bei F. Ratzel, Völkerkunde, 1. Aufl. (1886), Bd. II, S. 576; 2. Aufl. (1894), Bd. I, S. 497, und bei Hörschelmann, S. 10, Abb. 13. Ehrenreich (1891, S. 51) erwähnt sie als ausgezeichnete Arbeit der Paumari; W. Schmidt (1913, S. 1095) führt sie ebenfalls an. Vgl. außerdem Katalog »Indianer vom Amazonas«, Nr. 68, Foto 14 (München 1960); Zerries, 1964, S. 362, Abb. III.
Länge: 89 cm
Breite: 9 cm   *Tafel 40*
Anmerkungen zur strittigen Provenienz: Unter Bezugnahme auf unseren Gegenstand veröffentlichten A.B. Meyer und U. Uhle (1885, S. 5, Tafel 9, Abb. 2 und 3) zwei mit ihm weitgehend identische Stücke aus dem Ethnographischen Museum Dresden Nr. 205 und 206. Diese Keulen wurden 1843 von dem Forschungsreisenden E. Pöppig mitgebracht und stammen seiner Angabe nach von den Juri am Rio Napo. Meyer und Uhle halten es aber nicht für sicher, daß Pöppig selbst mit Juris zusammentraf, während Spix und Martius (III, S. 1147/8) einigen Puru-Puru-Indianern am Amazonas nahe der Einmündung des Rio Purus begegneten. Die beiden Dresdener Keulen bestehen nach Pöppig aus »hartem klingenden Rotholz«, wahrscheinlich einer Leguminosenart (Meyer/Uhle, S. 5). Von ihnen entspricht das eine Exemplar in den Proportionen (87,5 cm lang, ca. 10 cm breit) unserem Münchener Stück, das andere erscheint wesentlich schlanker (98,4 cm lang, ca. 8 cm breit). Der letztgenannten schlankeren Variante gehört eine vierte Keule des gleichen Typus an, die Hjalmar Stolpe (1927, Tafel XVI, Nr. 3) als im Besitz des Britischen Museums in London (Inv. Nr. 8726) befindlich publiziert. Sie wird von ihm als zweischneidig bezeichnet, die Länge mit 88,7 cm angegeben, was genau der Länge der Münchener Keule entspricht. Tatsächlich gehörte sie einst zur Sammlung Spix/Martius und wurde 1872 als angebliche Doublette zu einer anderen Keule (Nr. 629) der Münchener Sammlung nach London im Tausch abgegeben (siehe Tafel 38a). Sie trägt dort nach Stolpe die Herkunftsbezeichnung »Cataures Indians«. Dies geht auf eine Angabe »Cature's« zur Nr. 629 im Eingangskatalog des Münchener Museums von 1867/8 zurück. Cataures oder Catures-Indianer gibt es je-

doch in Südamerika nicht. Nach 1867 wurde auch die Eintragung im Münchener Katalog nach älteren Unterlagen (Verzeichnis der Sammlung von 1843, Orig.-Nr. 277) in »Catauixis« verbessert. Die Katauischi sind ein Stamm der Katukina-Sprachgruppe und Nachbarn der aruakischen Paumari im Gebiet des Rio Purus. Einige Angehörige dieses Stammes befanden sich unter der Gruppe Paumari, mit der Spix und Martius zusammentrafen, so daß die beiden Katauischi-Keulen (Nr. 629 und Duplikat) mitsamt der gleichartigen Paumari-Keule (Nr. 628) bei dieser Gelegenheit erworben sein könnten. Im Jahre 1885 erwähnen Meyer und Uhle bei Besprechung der Dresdener Exemplare auch noch »zwei ähnliche Keulen in München«, also wohl Nr. 628 und 629. Leider ist jedoch die ursprüngliche Katauischi-Keule (Nr. 629) zu der Londoner Doublette im Münchener Museum seit geraumer Zeit unauffindbar. Statt ihrer wurde später unter der Nr. 629 irrtümlicherweise eine typische Guayana-Keule registriert, was wiederum Dietschy (1939, S. 170) unter Berufung auf dieses Beispiel zu falschen kulturgeschichtlichen Schlüssen verleitete: »Die Ornamente auf der schwertartigen Keule der Catauixi sind noch durchaus guayanisch.« Ich nehme jedoch an, daß die Bezeichnung »Doublette« sich auf die Ähnlichkeit von Nr. 629 zu Nr. 628 bezieht, und das nach London weggetauschte Exemplar bereits Nr. 629 gewesen ist, denn die Ornamentik der neuen Guayana-Keule (Nr. 629) ist völlig verschieden von der Londoner »Cataures«-Keule.

Schließlich wird auch noch in der Natterer-Sammlung des Wiener Museums unter Nummer 1463 eine Keule des gleichen hier behandelten Stiles mit dem angeblichen Namen Cuidaru von den »Mancheronas« am Rio Javari geführt, die 95 cm in die Länge und 10 cm in die Breite mißt (vgl. Katalog Museum für Völkerkunde Wien »Brasiliens Indianer«, Nr. 338, Tafel 29). Natterer sammelte insgesamt acht Gegenstände von diesem Stamm (Heger, 1908, S. 11), der laut Nowotny (1949, S. 164) mit den panoischen Maschorunas (= Mayorunas) identisch ist. Ich möchte der Vollständigkeit halber erwähnen, daß noch zu Beginn unseres Jahrhunderts zwischen zwei Nebenflüssen des Rio Javari, dem Rio das Pedras und dem Rio Itecoai (7° südlich, 72° westlich) auch ein Stamm der Catukina-Sprachgruppe mit Namen Mangeroma existierte, für den auch das Synonym Tucundyapa überliefert ist (Métraux, 1948, S. 658, 663). Ihre ungewöhnliche Keulenform (vgl. l. c. p. 674) ist jedoch von der bisher in Rede stehenden Art völlig verschieden, so daß die Tucundyapa – im übrigen unmittelbare südliche Nachbarn der Mayoruna – als Provenienz des Wiener Exemplars ausscheiden. Natterer hat keinen der beiden Manscherona genannten Stämme in seinem Wohnsitz selbst besucht, wie aus der Beschreibung seines Reiseweges ersichtlich ist (Heger, 1908, S. 9); die Mayoruna-Gegenstände wurden vermutlich 1829 während seiner Fahrt den Madeira abwärts erworben.

In einem Brief vom 13. März 1978 an den Verfasser nimmt der wissenschaftliche Oberassistent am Staatlichen Museum für Völkerkunde Dresden, Klaus Peter Kästner, zu dem Problem wie folgt Stellung: »Ich habe mich übrigens auch mit den beiden ›Juri‹-Keulen unserer Pöppig-Sammlung (Nr. 205 und 206) befaßt, die Sie in Ihrem Artikel über Holzschnitzarbeiten aus der Spix-Martius-Sammlung (Zerries, 1964) im Zusammenhang mit der gleichartigen Paumari-Keule behandelt haben. Ich bin jedoch hier der Ansicht, daß die Herkunftsangabe Juri wahrscheinlicher ist als Paumari. Dafür spricht meiner Meinung nach u. a. die Keulenform. Martius (1867, S. 664) erwähnt viereckige Keulen (Cuidaruz, Cuidarû) im Yapurá-Gebiet, was ja auch in dem alten ›Ballungsgebiet‹ von Aruak-Stämmen (Rio Negro – Yapurá-Gebiet) erklärlich ist. Auch die aus der Lingoa geral stammende Bezeichnung Cuidaruz (Cuidarû) ist offensichtlich (auch nach Dietschys, S. 142, Meinung) im Zusammenhang mit dem Typ der Vierkantkeule (wenn hier auch nicht in reiner Form, sondern als Mischform zwischen Vierkant- und Flachkeule) zu sehen. Dafür spricht auch die von Ihnen erwähnte gleichartige Keule (angeblich von den Manscherona) aus der Wiener Natterer-Sammlung, die ebenfalls unter dem Namen ›Cuidaru‹ geführt wird. Eines Ihrer Hauptargumente für die Richtigkeit der Provenienz Paumari basiert auf der Korrektur der Bezeichnung ›Cature's‹ im Münchener Katalog für die nicht mehr vorhandene Keule Nr. 629 in ›Catauixi‹. Ich halte es jedoch durchaus für möglich, daß ›Cature's‹ bzw. ›Cataures‹ (Bezeichnung der Londoner Keule) eine verstümmelte Form von ›Cuidaruz‹ sein könnte. Es findet sich in Martius' Reisewerk (S. 1209) auch die Bemerkung, daß er Keulen (Cuidaruz) in Maripi am Yapurá (damals bewohnt von Juri, Passé, Jumana und Coëruna) erwarb. Hinsichtlich der Paumari und Catauishi ist lediglich der Fakt der Begegnung vermerkt, aber nicht der Erwerb von Objekten. Im übrigen steht die Bemerkung von Martius (1867, S. 421) über die unvollkommenen Waffen der Paumari in krassem Widerspruch zu den ausgezeichnet gearbeiteten Keulen der hier genannten Art. Es gibt meines Wissens keinen eindeutigen Beleg für das autochthone Vorkommen der Vierkantkeule südlich des Amazonas. Auch über Keulenformen der Stämme des unteren und mittleren Purús-Gebiets habe ich keine Hinweise in der einschlägigen Literatur gefunden. Das Hauptargument, das meiner Ansicht nach gegen die autochthone Provenienz Paumari spricht, sind die auf den Keulen angebrachten Ornamente, die in dieser spezifischen Form charakteristisch sind für das Rio Negro – Yapurá-Gebiet. Von den Stämmen des unteren und mittleren Purús sind mir von vergleichbaren Ornamenten nur einfache Rautenmuster der Ipurina bekannt. Das sind kurz skizziert die Hauptpunkte, die meiner Ansicht nach für die Herkunftsangabe ›Juri‹ unserer Keulen sprechen, wobei man natürlich nicht ausschließen kann, daß Keulen dieser Art durch Tauschbeziehungen auch zu den Paumari und anderen Stämmen südlich des Solimões gelangt sind.«

Hierzu möchte ich bemerken, daß es eine Enklave der Juri südlich des Amazonas (ca. 4° S, 79° W, vgl. Karte 5, Handbook of South American Indians, vol. 3) gibt bzw. gegeben hat, in deren Nähe die anderen möglichen Provenienzen Paumari, Katauischi und Mayoruna liegen. Im übrigen haben die Schlußfolgerungen des Dresdener Kollegen bezüglich der Herkunft »Juri« für alle erwähnten fünf Keulen gleicher Ornamentierung meiner Meinung einen hohen Grad von Wahrscheinlichkeit.

Inzwischen hat K.P. Kästner seine mir brieflich mitgeteilten Erwägungen im Rahmen eines Aufsatzes über »Westamazonische Keulen« aus der Pöppig-Sammlung des Staatlichen Museums für Völkerkunde Dresden veröffentlicht (Ethnog. Archäol. Zeitschr. Bd. 20, 1979, S. 295), die mich in der Akzeptierung der Provenienz »Juri« für unseren Gegenstand bestärken.

Katalog

338 (Or. Nr. 144) Ein Paar Kniebinden   Catuquina
aus Baumwolle und Menschenhaar geflochten. Das Geflecht hat die Struktur eines einfachen Gewebes, in das mit jedem Schuß ein Strang Haar eingelegt ist. Die Enden der Haarsträhne ragen an beiden Rändern hervor.
Die Bänder sind durch je eine Anzahl die Enden verbindender Schnüre zu Reifen verknüpft. Sie zeigen starke Gebrauchsspuren.
Breite: ca. 3 cm

528 (Or. Nr. ?) Ein Paar Kniebinden   Catuquina
aus Baumwollschnur und Menschenhaar geflochten. Die Baumwollfäden bilden die Kette, die Haare in kleinen Bündeln den Schuß. Nur die vorragenden Enden der Haare sind sichtbar. An den Längsseiten sind die Fäden zu erhöhten Rändern verflochten. An der einen Schmalseite ragen die Fadenenden frei hervor, während sie an der anderen Seite verknotet sind.
Die Binden zeigen starke Gebrauchsspuren.
Länge: 25,5 cm
Breite: 4,5 cm

700 (Or. Nr. 258) Bogen   Canamaré
aus rotbraunem Holz. Er besitzt einen abgeflachten, halbrunden Querschnitt, mit der Wölbung auf der *inneren* Seite. Die Befestigung der Sehnenschnur ist nicht mehr ursprünglich.
Notiz von Professor Dirr: »Die Umschlingung der Sehne stimmt nicht mehr ganz.« (Mai 1920)
Länge: 186 cm
Querschnitt: B 2,7 cm
              H 1,5 cm

Die Mura

Sie waren als Wassernomaden ursprünglich vorzügliche Fischer, die mit der ihnen altvertrauten Harpune auch den größten Fisch des Amazonasgebietes, den Pirarucú (Arapaima gigas) und die Seekuh oder Manati (Trichechus manatus) erlegten. Jede Familie, die wichtigste soziale Einheit, besaß ihren eigenen Fischgrund; Streitigkeiten darüber wurden bisweilen mit Keulen ausgetragen. Obwohl sie auch kleine Ansiedlungen mit einigen wenigen Kuppelhütten an Ufern oder an Sandbänken errichteten, war das Rindenkanu, später der Einbaum, ihre wahre Behausung, auf der sogar Schlafplattformen erbaut wurden. Frühe Reisende berichten auch von sehr primitiven Basthängematten, die zu dem Ausspruch geführt haben: »Träge wie ein Mura, der auf drei Schnüren schläft.« Bei ihrem Besuch in der Hütte eines Mura (siehe Tafel 58) fanden die Forscher noch eine andere primitive Hängematte aus einem kahnförmigen Stück Baumrinde vor.

Das exzessive Schnupfen von pulverisierten Samen des Paricá-Baumes (Mimosa acacioides) war bei den Mura Gegenstand eines besonderen Festes, das alljährlich unter Ausschluß der Frauen abgehalten wurde. Es begann mit einer paarweisen gegenseitigen Geißelung der Teilnehmer mittels Peitschen aus Tapir- oder Seekuhhaut – von Martius (1867, S. 410) als »Akt der Liebe« bezeichnet – und fand seinen Höhepunkt darin, daß die jeweiligen Partner kniend das Paricá-Pulver einander mit fußlangen Knochenröhrchen einbliesen. (Vgl. 537.) Bisweilen wurde diese Droge auch in einem Klistier mit Hilfe einer Gummispritze verabreicht. Durch erstmaliges Schnupfen narkotischen Pulvers wurden auch die Knaben in den Kreis der Erwachsenen aufgenommen, doch mußten sie sich außerdem einer rituellen Geißelung unterziehen. Eine solche fand auch während des Vollmondes statt, um jemandes Stärke zu vermehren. Der Mond wurde von den Mura 14 Tage lang als weiblich und 14 Tage lang als männlich empfunden, wobei in den beiden Perioden jeweils die Frauen bzw. die Männer für stärker gehalten wurden.

Vom Beginn des 18. Jahrhunderts waren die Mura mit ihrem Zentrum am unteren Madeira der Schrecken ihrer indianischen Nachbarn und der Nordbrasilianer. Nach ihrer z.T. mit Hilfe der Mundurucú erfolgten Befriedung vermischten sie sich mit den Neobrasilianern und sind heute vollkommen akkulturiert.

Katalog

334 (Or.Nr. 111) Federkopfbinde Mura (?)

Den Grund bildet ein 6 cm breiter aus Pflanzenfaserschnur geflochtener Gurt.
Auf ihm sind drei Lagen Federn befestigt; den unteren Rand bildet an eine biegsame Gerte gebundener weißer Flaum, darüber läuft ein auf einen Streif Rindenbast geklebter Streifen kleiner roter Federn; die größere obere Hälfte wird von 7 bis 8 cm langen gelben Federn gebildet, die mit umgebogenen Kielenden in eine Schnur geknüpft sind. In der Mitte ragen einige der roten Federn höher hinauf, die Mitte betonend.
Die Technik des Geflechts ist die auch bei Hängematten gebräuchliche Schlingtechnik ohne Knoten.
Anm.: Die Provenienz »Mura« ist anzuzweifeln, da diese Art Federbinde für die Yapurá-Stämme der Sammlung typisch ist, zudem die Mura im Gebiet des Amazonas und unteren Madeira wohnten, wo auch die Kontakte stattfanden.
Länge: 47 cm

667a–c (Or.Nr. 264) Drei Pfeile Mura

bestehend aus Rohrschaft, eingesetztem Holzstab und eiserner Spitze mit dornförmigem Widerhaken; dieser scheint das ausgebogene untere Ende der Spitze zu sein. Die Spitze von quadratischem Querschnitt ist in eine tiefe Rinne im Stabende eingelassen; die Umwicklung aus Bast begreift auch den Dorn mit ein. Die Umwicklung des oberen und unteren Schaftendes besteht ebenfalls aus Bast.
Das untere Ende ist eingezogen und besitzt eine Kerbe. Eine Fiederung ist nicht vorhanden, es handelt sich wohl um Fischpfeile.
Lit.: Koch-Grünberg, 1910, S. 30/31.
Länge: 177–181 cm

667d–e (Or.Nr. 264) Zwei Pfeile Mura

bestehend aus Rohrschaft und eingesetzter Holzspitze; diese ist ein am Ende zugespitzter Stab von rundem Querschnitt. Die Umwicklung der Einsatzstelle ist mit Baumwollfaden vorgenommen. Das Schaftende ist *ungekerbt* und *ungefiedert*, aber mit Umwicklung (defekt) versehen; der umwickelte Teil ist bis kurz vor dem Ende leicht eingezogen.
Länge: 191,5 und 193 cm

667f (Or.Nr. 264) Pfeil Mura

bestehend aus Rohrschaft und eingesetztem Holzstab, dessen Ende (unfertiges?) nicht zugespitzt ist. Das obere Schaftende mit der Einsatzstelle ist auf einer Länge von 10 cm mit ca. 0,2 cm breitem Rindenstreifen spiralig umwickelt, das hintere Schaftende gekerbt. Von einer Fiederung sind keine Spuren vorhanden, wohl aber Reste einer sehr ausgedehnten Umwicklung mit dünner Baumwollschnur; auf dem weißen Grunde weist sie rotbraun gefärbte Zonen auf.
Länge: 147,5 cm

699 (Or.Nr. 263) Bogen   Mura
aus braunem Holz. Der Querschnitt ist fast rund, nur am Rücken leicht abgeflacht, die
Oberfläche schartig. Die Sehne wurde aus Pflanzenfaserschnur gedreht.
Länge: 185 cm
Durchmesser des Querschnittes in der Mitte: 3 cm

401 (Or.Nr. 173) Fasern aus Ananasblättern   Villa de Santarem
Länge des Konvoluts: ca. 21 cm

402 Fasern aus Ananasblättern   Villa de Santarem
wahrscheinlich derselben Herkunft wie Nr. 401
Länge des Konvoluts: ca. 30 cm

460 (Or.Nr. 305) Preß-Schlauch »Tipiti«   Manaos
Zylindrischer Schlauch aus zähen, aber elastischen Rohrstreifen geflochten, zum Auspres-
sen des giftigen Saftes aus der geriebenen Mandioca-Masse.
Der Schlauch ist am oberen Ende offen, mit einem Bügel zum Aufhängen versehen und am
unteren Ende fest zugeschnürt, aber mit einem ähnlichen geflochtenen Bügel zum Be-
schweren versehen. (Das obere Ende war abgerissen, ist jetzt mit Schnur angestückt.)
Abb.: Atlas zum Reisewerk, Tafel 20, »Indianische Gerätschaften«, Nr. 22; von den zah-
men Indianern in der Barra de Rio Negro (= Manaos) siehe Spix/Martius, II, 1828,
S. XIV.
Lit.: Martius, 1867, I, S. 490.
Länge: 150 cm
Durchmesser: ca. 11 cm

508 (Or.Nr. 390) Korb   Indianer in Villa de Ega
aus Palmblattstreifen geflochten. Er wird aus zwei senkrecht zueinander stehenden Gruppen von einfarbigen, hellen Streifen gebildet, von denen eine jedesmal drei Streifen der anderen Gruppe überspringt, so daß die in gleicher Richtung laufenden Geflechtsmaschen
stufenförmig neben- und übereinander liegen. Der Boden ist quadratisch. Die Wandung
rundet sich oben fast zum Kreis, und zwar sind in ihr die hellen Streifen des Bodens mit röt-
lichbraunen so durchflochten, daß zwischen oberem und unterem Rand ein Muster entsteht (M. Schmidt, 1904, S. 492).
Höhe: 16,5 cm

509 (Or.Nr. 391) Korb   Indianer in Villa de Ega
aus einfarbig hellen Palmblattstreifen so geflochten, daß zwei senkrecht zueinander ste-
hende Gruppen einander in wechselnder Anzahl überspringen, bzw. übersprungen werden. Der Boden ist quadratisch. In der Wandung sind die hellen Streifen mit dunkelbraunen
durchflochten, so daß komplizierte Muster entstehen, die auf der Außen- und Innenseite
verschieden sind.

An der Wandung sind die Ecken abgerundet; das Profil ist kelchartig geschweift.
Abb.: Spix und Martius, Atlas, Tafel 20, »Indianische Gerätschaften«, Nr. 35.
Obere Weite: 50–52 cm
Höhe: ca. 19 cm

Tafel 99

522 (Or.Nr. 101) Körbchen   Brasilien
aus Rohrgeflecht, zum Aufbewahren von Schmuckfedern benutzt. Das Geflecht besteht
aus zwei Lagen senkrecht zueinander verlaufender Streifen; jeder Streifen überspringt je
zwei der anderen Lage, jedoch wird dieses Schema nur an der Bodenfläche durchgeführt,
während es an den Wandungen nicht eingehalten wird.
Der ausgefranste Rand ist mit Faserschnur durchflochten und mit einem biegsamen Ran-
kenstengel umbunden.
Höhe: 13 cm

554 (Or.Nr. 104) Büschel   Indianer von Villa de Ega
aus gelben und roten Federn, aus denen ein Stäbchen mit Resten weiterer Federn aufragt. Es
steckt in einem kleinen Postament aus rötlichem Ton.
Das Stück ist das Geschenk einer zivilisierten Indianerin in Ega an die Reisenden Spix und
Martius, also wohl als Andenkenware zu betrachten.
Höhe: 16,5 cm

4. Blasrohr und Pfeilgift, vergiftete Bogenpfeile und Speere

Einführung

Das Blasrohr, eine typisch indianische Waffe der amerikanischen Tropen, ist auf den Norden und Westen Südamerikas, Mittelamerika und Teile des südöstlichen Nordamerika beschränkt. Während in Mittelamerika aus dem Blasrohr Tonkugeln auf Vögel verschossen wurden, bestanden in Nordamerika, wie noch heute in Südamerika, die Geschosse aus kleinen Pfeilen oder Bolzen aus Holz, die erst durch das Bestreichen mit Gift ihre eigentliche Wirkung entfalten. – Blasrohre mit Giftpfeilen werden außerhalb Amerikas übrigens noch im westlichen Indonesien, Teilen Südostasiens und Melanesiens gebraucht, was zu berechtigten Vermutungen kulturgeschichtlicher Zusammenhänge zwischen den Gebieten geführt hat, wobei die Alte Welt als der gebende Teil erscheint.

Seine höchste Entfaltung erreichte das Blasrohr in Südamerika unter den Stämmen am oberen Amazonas und in der Region zwischen Orinoko und Anden. Es ist fast ausschließlich Jagdwaffe und wird vorwiegend gegen Vögel und kleinere Säugetiere, insbesondere Affen, angewandt. Bei einigen Stämmen, wie z.B. den Jivaro ist sein Gebrauch im Kriege ausdrücklich verboten, da dieser die Waffe fürderhin für Jagdzwecke untauglich mache.

In Südamerika unterscheidet man vier Typen von Blasrohren: der nur vereinzelt vorkommende primitivste Typus I besteht aus einem einzigen Bambusrohr. Er ist in unserer Sammlung nicht vertreten. Ein zweiter Typus, im westlichen Guayana, am Orinoco und im Uaupés-Gebiet heimisch, wird aus zwei ineinandergeschobenen Rohren gebildet, um ein Verziehen der Waffe zu verhindern. Das innere Rohr besteht dabei aus dem Stengel der Arundinaria, einer Schilfart; das äußere aus einem ausgehöhlten Stämmchen der Paschiuba-Palme. Von diesem Typus II enthielt die Sammlung nur das inzwischen verlorengegangene Blasrohr Nr. 636.

Die dritte Blasrohrart wird aus den beiden mit einer Längsrille versehenen Hälften eines Palmstämmchens zusammengesetzt. Sie ist der einzige noch in der Sammlung vertretene Typ (III) und auch noch weiter westlich, am oberen Amazonas und in der ecuadorianischen und peruanischen Montaña zu finden. Schließlich gibt es noch ein Mittelding zwischen dem zweiten und dritten Typus: das innere Schilfrohr ist von den beiden Hälften eines jungen Palmstämmchens umschlossen (vgl. Yde, 1948, S. 275ff.). Nach Vellard (1965, S. 141/142) besteht das von den Indianern Brasiliens zwischen Rio Negro und Rio Napo, sowie am Rio Putumayo, Uaupés und Caquetá (= Yapurá) in Kolumbien, sowie südlich des Amazonas im Gebiet des Rio Javahy verwendete Curare aus einer Mischung zweier verschiedener hierzu geeigneten Pflanzenarten der Familien Loganiaceen und Menispermaceen, vor allem den Arten Strychnos Castelnaeana und Chondodendron limacii folium. Näheres über das in unserer Sammlung vertretene Curare ist bei Nr. 527 ausgeführt. Das Curare diente in diesem Gebiet aber nicht nur zum Vergiften der Blasrohrpfeilchen, sondern auch eines Teiles der Bogenpfeile.

154

Schließlich ist das Auftreten von meist vergifteten Wurfspeeren an Stelle von Bogen und Pfeil für viele Stämme an den Nebenflüssen des oberen Amazonas charakteristisch (Métraux, 1949, S. 258). Vergiftete Spitzen aus Palmholz weisen in unserer Sammlung die Wurfspeere der Tukuna, Juri, Uainumà, Passé und Miranha auf. In allen Fällen handelt es sich bei dem Gift um das auf pflanzlicher Basis hergestellte Curare.

Katalog

435 (Or. Nr. 214) Zylindrischer Köcher   Juri (?)
für Blasrohrpfeile aus rotem Holz. Am oberen Teil befindet sich eine Hohlkehle, über welcher der Köcher bis zum Rande scharf abgesetzt ist, um den Deckel aufzunehmen. Der Deckel besteht aus Flechtwerk und ist außen ganz mit Pech überzogen. Der Köcher ist am oberen und unteren Ende mit schwarz aufgemaltem Ornament versehen. Die Holzscheibe, die als Boden gedient hat, fehlte und wurde 1979 ersetzt. An einer Pflanzenfaserschnur um die Hohlkehle ist eine dickere Schnur zum Aufhängen befestigt, an dieser wiederum mittels eines Schnürchens und eines Knochenringes der Deckel. Von der Schnur um die Hohlkehle hängt ein aus dünner Pflanzenfaserschnur fein geknüpftes Beutelchen herab, das oben geschlossen, unten aber mit einer kreisrunden Öffnung versehen und mit Baumwolle zum Umwickeln der Pfeilenden gefüllt ist.
Lit.: Martius, 1867, I, S. 661.
Abb.: Atlas zum Reisewerk, Tafel 20, »Indianische Gerätschaften«, Nr. 10 (dort als Herkunft »Passé« angegeben); F. Ratzel, 1894, I, S. 498; Kat. »Indianer vom Amazonas«, 1960, Nr. 198, S. 100.
Höhe: 37 cm   *Tafel 88*

499 (Or. Nr. 218?) Köcher   Tecuna (?)
für Blasrohrpfeilchen aus Flechtwerk.
Form: Zylindrisch mit viereckigem Boden.
Der Köcher war ursprünglich ganz mit Pech überzogen, wovon jetzt nur spärliche Reste vorhanden sind. Im Köcher befindet sich eine zusammengerollte Matte aus trockenem Gras oder Palmfiedern zur Aufnahme der Pfeile. An der Pflanzenfaserschnur zum Aufhängen des Köchers hängt ein Säckchen aus Bast mit einer Öffnung am unteren Ende, gefüllt mit feiner Baumwolle für die Umwicklung der hinteren Enden der Pfeile.
Anm.: Im Orig.-Kat. bei Nr. 218 angegeben: »Tecuna«. Sehr ähnlich ist Nr. 501 von den Coëruna.
Abb.: Spix und Martius, Atlas, Tafel 21, »Indianische Waffen«, Nr. 8: Coretù.
Höhe: 25 cm

501 (Or. Nr. 220) Köcher für Blasrohrpfeilchen   Coëruna (?)
einheimische Bezeichnung angeblich: »Galraitsche«. Er ist zylindrisch mit viereckigem Boden und ausladendem Rand geflochten und außen ganz mit Pech überzogen, das stellenweise abgesprungen ist. Das Geflecht ist aus vertikalen Streifen, deren obere Enden um einen festen Ring nach außen gebogen und mit Faserschnur durchflochten sind, hergestellt. Im Köcher befinden sich in einem Gras- oder Palmfiederbüschel eine Anzahl vergifteter Pfeilchen, ohne Wattebausch. Außen hängt ein mit der Baumwolle zur Umwicklung der hinteren Pfeilenden gefülltes Säckchen.

Abb.: Spix und Martius, Atlas, Tafel 21: »Indianische Waffen«, Fig. 11 (als von den Tecuna stammend bezeichnet); F. Ratzel, 1894, I, S. 498; 1886, II, S. 579; Hörschelmann, 1920, S. 6, Abb. 4; Kat. »Indianer vom Amazonas«, 1960, Nr. 196, S. 99.
Höhe: 26,5 cm   *Tafel 87*

502 (Or.Nr. 198) Köcher für Blasrohrpfeilchen   Miranha
Die zylindrische Hülle besteht aus mit Pflanzenfaserschnur oben und unten verbundenen Rohrabschnitten von gleicher Länge, die zur Aufnahme je eines fertigen Pfeiles dienen. In der Mitte steckt in einem Beutel von Palmblatt, der unten vorragt, ein dichtes Bündel der vorerst noch nicht mit dem Baumwollbusch versehenen, aber bereits zugespitzten und vergifteten Pfeilchen. Sie sind nebeneinander in zwei parallele Schnüre eingeknüpft; diese Matte wird dann zu dem Bündel aufgerollt. An dem Köcher hängen: eine mit der Samenwolle von Eriodendron Samauma gefüllte Kalebasse; das Schädeldach eines kleinen Säugetiers zur Aufnahme von Ton, mit dem die Pfeile vor dem Abschießen am hinteren Ende beschwert werden; ein kleines Stück von der Kinnlade eines Fisches (Piranha) mit scharfen Zähnen zum Einkerben der Pfeilspitze vor dem Schuß, damit sie im Körper des getroffenen Tieres abbricht.
Abb.: Spix und Martius, Atlas, Tafel 21, »Indianische Waffen«, Fig. 9; F. Ratzel, 1894, I, S. 498; 1886, II, S. 579.
Lit.: Martius, 1867, I, S. 661/2; Hörschelmann, 1920, S. 6, Abb. 1/3; Kat. »Indianer vom Amazonas«, 1960, Nr. 195, S. 98.
Höhe des Köchers: 29,5 cm   *Tafel 88, 89*
Anm.: Im Staatlichen Museum für Völkerkunde München befindet sich unter Interimsnummer I 130 – er wurde also ohne Nummer und Herkunftsangabe aufgefunden und provisorisch registriert – ein Köcher mit Blasrohrpfeilchen –, der ganz genau dem Köcher der Miranha Nr. 502 unserer Sammlung entspricht. Es könnte sich um eine nicht inventarisierte Doublette zu dieser Nummer handeln.

503 (Or.Nr. 300) Bündel dünner Palmholzstäbchen   Juri
zur Bereitung von Blasrohrpfeilchen, dazu sechs fertige vergiftete Pfeilchen mit Baumwollumwicklung am hinteren Ende.
Länge der Stäbchen: 35 cm

526 (Or.Nr. 191) Tontöpfchen mit Urari-Pfeilgift   Juri (?)
in ein Säckchen aus hellbraunem Baumbast eingeschnürt. Vgl. 527.
Der Inhalt ist mit einem Blatt abgedeckt.
Durchmesser: 12 cm

527 (Or.Nr. 213) Tontöpfchen mit Urari-Pfeilgift   Juri
in ein Säckchen aus hellbraunem Baumbast eingeschnürt. Martius beobachtete selbst die Zubereitung des Urari bei den Juri in Manacarú (Spix/Martius, III, S. 1237). Danach lie-

ferte ein dünner Baum, der Rouhamon gujanensis, eine Strychnos-Art – in der Tupi-Sprache »Urari-üva« genannt –, die Basis. Die eingeweichte Rinde wurde von den Juri-Taboca mit den Händen ausgepreßt und der gelbliche Saft in einer flachen Schüssel über gelindem Feuer eingedickt, indem ähnliche wässerige Auszüge aus den Wurzeln einiger anderer Pflanzen, zusammen etwa in gleich großer Menge, dazu gegossen wurden. Dieser gemischte Extrakt von der Konsistenz eines dicken Syrups hatte über dem Feuer eine dunkelbraune Farbe erhalten, als er in kleine Schälchen, deren jedes etwa zwei Unzen faßt, gegossen und im Schatten der Hütte zur Abkühlung überlassen wurde. – In der hier gezeigten Form wurde das Urari-Pfeilgift, besser unter dem Namen »Curare« bekannt, in den zwischen den einzelnen Indianerstämmen üblichen Tauschhandel gebracht.
Lit.: Martius, 1867, I, S. 653–660; Kat. »Indianer vom Amazonas«, 1960, Nr. 200, S. 100.
Durchmesser: 8 cm
Höhe: 6,5 cm   *Tafel 93b*
Anm.: Dieses sogenannte »Topf-Curare« wurde von W.P. Bauer (1965) als älteste der ihm vorliegenden Curare-Proben untersucht (l. c. p. 217, 222). Danach gehört es zum Pfeilgift des Hauptmengentypus Toxiferin (l. c. p. 231/232, Tabelle 3). Bauer entdeckte das Tontöpfchen als mit roter und weißer Engobe versehen.

561 (Or.Nr. 299) Urari-Baumrinde   Juri-Taboca
in kleinen Stückchen zur Bereitung des Pfeilgiftes (Curare); in einer an beiden Enden zugebundenen Hülle aus Palmblatt aufbewahrt.
Abb.: Spix und Martius, Atlas, Tafel 21, »Indianische Waffen«, Fig. 13.
Lit.: Spix/Martius, III, S. 1237; S. 1155/1156; Martius, 1867, I, S. 653/660.
Länge: 23 cm   *Tafel 93a*
Anm.: Über die Bereitung des Pfeilgiftes: Spix/Martius, III, S. 1237, S. 1155/1156; Martius, 1867, I, S. 653/660.

633 (Or.Nr. ?) Blasrohr   Miranha (?), Coretù (?)
Typus III wie Nr. 631. Das Visier ist hier vollständig erhalten und besteht aus zwei mit schwarzem Wachs aufgepichten Schneidezähnen eines Nagetiers.
Anm.: Es könnte sich um eine der Or.Nr. 119, 202, 212 oder 223 handeln. Im Originalkatalog stammen von den vier Blasrohren drei von den Miranha und eines von den Coretù.
Länge: 3,5 cm
Kaliber: 1 cm

634 (Or.Nr. 209) Blasrohr   Jupuà (Tukano-Gruppe im Apaporis-Gebiet)
aus zwei genau aufeinander gepaßten Hälften eines der Länge nach gespaltenen Baumstämmchens. Es ist nicht, wie die Mehrzahl der Blasrohre, mit dunklen Rindenstreifen umwickelt, sondern mit gelben Rohrstreifen; das ganze Rohr ist dann in der oberen Hälfte mit einer schwarzen Masse (Harz oder Wachs) und in der unteren mit einer grau-weiß gepunkteten Substanz überzogen.

Das Mundstück hat die Form eines abgestumpften Kegels, der obere Rand ist vom Rohr aus mit der schwarzen Decksubstanz verkleidet. Das Visier aus einem Nagetierzahn ist verlorengegangen.

Lit.: Kat. »Indianer vom Amazonas«, 1960, Nr. 191, S. 98.
Länge: 279 cm
Kaliber: 0,9 cm

635 (Or.Nr. 242) Blasrohr   Tajassu-Indianer
Typus III wie Nr. 631ff. Der Übergang vom kurzen Mundstück zum Rohr ist durch Wachs ausgefüllt. Das Visier aus vier Tierzähnen ist in einen Wachsklumpen gebettet, nur drei cm vom Rand des Mundstücks entfernt.
Ganze Länge: 272 cm
Länge des Mundstücks: 11,3 cm
Kaliber: 0,9 cm

637 (Or.Nr. 210) Blasrohr   Jupuà
Typus III wie Nr. 634 und Nr. 631ff. Über der Rohrumwicklung befindet sich eine geglättete Schicht aus einer schwarzen, im unteren Teil grauweißen Substanz (Wachs, Harz?). Diese Schicht ist teilweise abgesprungen; sie bedeckte fast das ganze Rohr. Das kurze, stempelförmige Mundstück hat am Ende den gleichen Durchmesser wie das Rohr. Das Visier besteht aus einem langen Tierzahn (4,5 cm), der in einen Wachshügel, 11 cm vom Mundstück entfernt, eingelassen ist.
Länge: 279 cm
Kaliber: 1 cm

638 (Or.Nr. 219) Blasrohr   Tecuna (Tukuna)
Typus III wie Nr. 631ff. Das Visier besteht aus einem Aufsatz aus schwarzem Wachs, die eingepichten Nagetierzähne sind wahrscheinlich abgefallen (?).
Länge: 257 cm
Länge des Mundstücks: 19,5 cm
Kaliber: 1 cm
Visier (vom Mundstück): 3,5 cm

639 (Or.Nr. 221) Blasrohr   Maxuruna (Mayoruna)
Typus III wie Nr. 631. Von einem Visier in der Nähe des Mundstücks ist nichts mehr zu sehen, vielleicht ist die rauhe Stelle (in 21 cm Entfernung) der Ansatz eines später abgefallenen Visiers gewesen.
Ganze Länge: 228 cm
Unterer Durchmesser: 3,5 cm
Oberer Durchmesser: 1,2 cm
Länge des Mundstücks: 10,5 cm
Öffnungsdurchmesser: ca. 4 cm
Kaliber: 0,9 cm

640 (Or.Nr. 207) Blasrohr   Passé
aus zwei rinnenförmig ausgehöhlten Hälften eines Baumstämmchens (Typ III). Die Um-
wicklung mit Rindenstreifen, die das ganze Rohr bedeckt, erstreckt sich auch noch auf den
größeren Teil des Mundstücks, so daß dieses vom Rohr nicht abgesetzt erscheint. Das
Mundstück ist kurz und von der Form eines abgestumpften Kegels.
Lit.: Kat. »Indianer vom Amazonas«, 1960, Nr. 192, S. 98.
Länge des Mundstücks: 8,5 cm
Durchmesser oberhalb des Mundstücks: 3 cm
Durchmesser am oberen Ende: 1,8 cm
Kaliber: 0,9 cm
Gesamtlänge: 229 cm

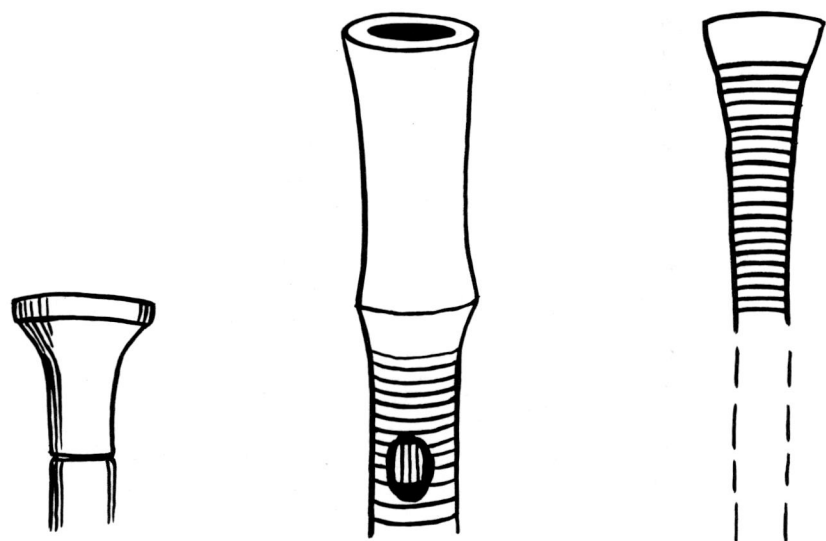

Abb. 5 Mundstücke der Blasrohre 637, 635, 640

641 (Or.Nr. ?) Blasrohr   Miranha (?), Coretù (?)
Typus III wie Nr. 631. Das Visier ist abgefallen, es befand sich 3,5 cm vom Mundstück.
Anm.: Vgl. Nr. 633
Länge: 257 cm
Kaliber: 1 cm
Länge des Mundstücks: 17,7 cm

160

642 (Or. Nr. 285) Palmrohrstab (?)   Uariquena
von der Art, woraus die Uariquena den inneren Teil ihrer Blasrohre verfertigen.
Vgl. Unfertiges Blasrohr: Nr. 636!
Länge: 222 cm

660a–g (Or. Nr. 224) Sieben vergiftete Bogenpfeile   Uariquena
mit Schutzfutteral.
Die Pfeile bestehen aus einem Rohrschaft mit einem eingefügten Stab aus schwarzem Holz,
der in eine Spitze ausläuft. Eine feste Umwicklung aus gepichtem Faserfaden hält beide
Teile zusammen. Die Spitze ist mit mehreren Einkerbungen versehen und auf ca. 20 cm
Länge dick mit Gift bestrichen (nur zwei der Spitzen sind intakt, die andern am Ende abgebrochen). Unterhalb der Giftgrenze ist die Spitze auf ca. 1,5 cm Länge gleichmäßig mit fein
gedrehtem Faden und daran anschließend auf weiteren 4 bis 5 Zentimetern mit ungedreh-
tem Bast umwickelt, dessen eines Ende wie eine Quaste heraushängt.
Aus dieser Bastumwicklung ragen kleine rote und gelbe Federchen rund um den Stab abwärts. Das Schaftende ist ungefiedert und ungekerbt, aber 7 cm lang mit gepichtem Faserfaden dicht umwickelt, wobei das äußerste Ende durch eine zweite kreuzweise angeordnete
Umwicklung verstärkt ist. Bei vier der Pfeile ist das umwickelte Ende noch durch eingezo-
gene Rohrstreifen gemustert. Das Schutzfutteral hat die Form eines abgestumpften Kegels.
Es besteht aus sieben Einzelhülsen aus zusammengerolltem zähem Blatt, deren sechs um
die siebente im Kreis angeordnet sind.
Die Zwischenräume sind mit Pech gefüllt, das Ganze ist mit einer konischen Hülle aus
Blattstreifen in zwei Lagen, einer horizontal und einer vertikal verlaufenden bedeckt.
Die 13 cm lange Spitze des Futterals ist dicht mit Faserschnur umwickelt und fest verpicht.
Das untere Ende hat einen Rand aus schwarzem Rindenstreifen (?), darüber ist es auf 5 cm
Länge mit Baumwollschnur umwickelt. Danach folgt eine schmale Umwicklung mit dün-
nem Faserfaden, der auch den freiliegenden Blätterabschnitt in weiten Abständen umgibt.
Aus dem unteren Rand der Baumwollumwicklung hängen zwei rote Federn und zwei
kleine Federquasten herab.
Ganze Länge: 169,5 cm
Länge der Spitze: 48 cm
Länge des Schutzfutterals: 33 cm
Durchmesser: 4,5 cm

661a–g (Or. Nr. 225) Sieben vergiftete Bogenpfeile   Uariquena
mit Schutzkapsel. Typus wie Nr. 660.
Abweichend ist die Umwicklung der Holzspitze: der feingedrehte gelbe Faden ist nur bei
einem Pfeil vorhanden, während die anderen sechs an der gleichen Stelle spiralig mit hell-
gelbem Gras (?) umwunden sind.
An Stelle des Bastes ist die untere Umwicklung aus weißer Faserschnur hergestellt, aus der
nur die Quaste aus Bast herabhängt. In der Umwicklung der Schaftenden ist keine Muste-

rung mit Rohrstreifen vorgenommen. Bei dem Schutzfutteral ist die untere Umwicklung nicht mehr vorhanden.
Länge der Pfeile: 171 cm

662a–g (Or.Nr. 226) Sieben vergiftete Bogenpfeile   Uariquena
mit Schutzkapsel. Typus wie Nr. 660.
Abweichend: Die Umwindung des Spitzenstabes mit feinem gelbem Faden oberhalb der Bastumwicklung fehlt; an der unteren Umwicklung des Futterals hängen nur zwei Federquasten, keine Einzelfedern. Die Umschnürung des Futterals ist nicht intakt. In der 8 cm breiten Umwicklung der Schaftenden fehlt die Musterung mit Rohrstreifen.
Länge der Pfeile: 170 cm

663a–g (Or.Nr. 227) Sieben vergiftete Bogenpfeile   Uariquena
mit Schutzkapsel. Typus wie Nr. 660.
Abweichend ist die Umwicklung der Spitze unterhalb des Giftes; sie besteht aus drei Teilen: zuoberst feingedrehtes, gelbes Gras (?), in der Mitte weiße Baumwolle, zuunterst eine mit Harz (?) getränkte Faserschnur (?). In der Umwicklung des Schaftendes fehlt die Musterung mit Rohrstreifen.
Länge: 163–168 cm

664a–h Acht vergiftete Bogenpfeile   Uariquena (Arikena)
mit einem Schutzfutteral für die Spitzen, aus doppelt gelegten, zähen Blattstreifen von der Form eines abgestumpften Kegels, der mit einem Geflecht aus schmalen gelben und schwarzen Rohrstreifen verziert ist. Die Spitze der Kapsel ist dicht mit Faserschnur umwickelt und fest verpicht. Das untere Ende hat einen Rand aus einem schwarzen Rindenstreifen. Im Inneren besteht die Kapsel aus hier acht, sonst meist sieben Einzelhülsen aus zusammengerollten Blättern, die im Kreis angeordnet sind. Die Zwischenräume sind mit Pech ausgegossen. In den Hülsen stecken die Pfeile aus einem Rohrschaft mit einem eingefügten Stab aus schwarzem Holz, der in eine mehrfach eingekerbte Spitze ausläuft. Die Spitzen tragen kleine, gezahnte Rochenstacheln, die bis auf einen dick mit Gift (Curare) bestrichen sind, das sich auch noch ein Stück des Holzschaftes entlang zieht. Unterhalb des Giftes ist dieser Schaft mehrfach umwickelt, zuoberst mit feingedrehtem, gelbem Gras, in der Mitte mit weißer Baumwolle, zuunterst mit einer Faserschnur, die mit Harz (?) getränkt ist. Das Handende ist ungefiedert und ungekerbt, aber mit gefiedertem Faserfaden 7 cm lang dicht umwickelt und das äußerste Ende durch zweite, kreuzweise angeordnete Umwicklung verstärkt.
Lit.: Kat. »Indianer vom Amazonas«, 1960, Nr. 107, S. 79.
Länge der Pfeile: 163 cm
Länge der Schutzkapsel: 30 cm   *Tafel 89*

665a–g (Or.Nr. ?) Sieben vergiftete Bogenpfeile   Uariquena
mit Schutzkapsel. Typus wie Nr. 660.
Die Spitzen sind mit Rochenstacheln (vgl. Nr. 664) versehen. Die Umwicklung der Holz-
spitze unterhalb des Giftes ist wie bei Nr. 663 vorgenommen. Bei zwei Pfeilen ist außerdem
noch weißer Flaum mit eingewunden, so daß er am oberen und unteren Rand des mittleren
Teils aus Baumwolle vorragt.
Bei der Umwicklung der Schaftenden fehlt die Musterung durch Rohrstreifen. An der
Schutzkapsel fehlt die untere Umwicklung, die herabhängenden Einzelfedern sind vorhan-
den.
Länge der Pfeile: 163 cm

694 (Or.Nr. 149) Bogen   Uariquena
aus rotbraunem Holz. Halbrunder Querschnitt mit der Rundung nach außen (nordbrasilianischer Typus nach H. Meyer).
Länge: 208,5 cm
Basis des Querschnitts: 2,6 cm

666a–e (Or.Nr. 259) Fünf vergiftete Bogenpfeile   Canamare
mit Schutzfutteral. Letzteres besteht aus einem Stück Bambusrohr, das oben durch den natürlichen Knoten geschlossen und am unteren Rand mit weißer dünner Baumwollschnur
umwunden ist. Die Umwindung zeigt eine Musterung durch gekreuzte Fäden.
Die Pfeile bestehen aus einem Rohrschaft mit Holzeinsatz: dieser ist von rundem Querschnitt und geht bei dreien selbst in die Pfeilspitze über, während zwei Pfeile am Ende einen
Einschnitt zur Aufnahme einer selbständigen Holzspitze tragen. Die Spitzen sind von quadratischem Querschnitt (die eine der beiden Spitzen fehlt); der runde Holzstab ist einmal
abgesetzt.
Das hintere Schaftende ist bei einem Pfeil offenbar unfertig, da es weder Kerbe noch Fiede-
rung oder Umwicklung hat, die andern Schaftenden sind gekerbt und mit zwei halbierten
Federn versehen, die am unteren und oberen Ende durch Umwicklung befestigt sind. Die
Endumwicklung, weiß mit schwarzen Zonen, ist bei zwei Pfeilen aus Baumwollschnur und
mit durch gekreuzte Fäden verstärktem Ende versehen. Der eine der Pfeile mit eingesetzter
Spitze hat eine einfache, mit Pech getränkte Baumwollschnurumwicklung, während der
zweite die kunstvollere Umwicklung aus Pflanzenfaserschnur aufweist.
Länge: 125–161 cm

670a–c (Or.Nr. 275) Drei vergiftete Pfeile   Indianer in Serpa
Sie bestehen aus einem Rohrschaft mit rundem, stabförmigem Holzeinsatz, der in eine
Spitze von quadratischem Querschnitt übergeht. Die Umwicklung der Einsatzstelle besteht aus weißem Baumwollfaden mit dunkel gefärbten Ringen. Das Schaftende ist gekerbt
und gefiedert.

Die Fiederung besteht aus zwei halbierten Federn, die mit einer Drehung von 90° an beiden Enden durch Baumwollschnurumwicklung und an zwei oder drei Stellen des Zwischenraumes mit Bastfaden befestigt sind.

Das leicht eingezogene Schaftende ist ebenso wie das obere Ende mit weiß und braun geringelter Umwicklung versehen, deren Rand durch Fadenkreuzung verstärkt ist. Die Spitzen sind jede durch ein Stück ausgehöhlten Rohres geschützt, – die Stücke sind wohl die Reste einer für sieben oder acht Pfeile gemeinsamen Schutzhülle, worauf das anhaftende Pech hindeutet.

Länge: 162 cm

670 d, e (Or.Nr. 275) Zwei Pfeile   Indianer von Serpa

Sie bestehen aus Rohrschaft und Holzeinsatz mit verdicktem Ende; in dem sich ein Loch zur Aufnahme einer Spitze befindet, die fehlt. Die Baumwollschnurumwicklung des Einsatzes ist bei dem einen Stück 1,5 cm lang und glatt, bei dem anderen 4 cm lang und teilweise mit gekreuzten Fäden gemustert.

Die nur bei dem einen Stück erhaltene Fiederung ist die »ostbrasilianische« mit zwei halbierten Federn.

Die Umwicklung des gekerbten Schaftendes ist bei diesem Stück fast ganz mit der Musterung aus gekreuzten Fäden bedeckt und unten durch einen Fadenwulst abgeschlossen.

Länge: 141 und 152,5 cm

672a–d (Or.Nr. 291) Vier vergiftete Bogenpfeile   Parentintin oder Juma (?)

Die Spitzen sind je mit einem Stück Rohr überdeckt, wohl den Teilen eines gemeinsamen Schutzfuterals für sieben oder acht Pfeile, worauf das anhaftende Pech schließen läßt.

Die Pfeile bestehen aus dem ungekerbten, gefiederten Rohrschaft und der langen eingesetzten Holzspitze; diese ist zunächst von rundem Querschnitt, nach 43 cm folgt eine Einziehung und dann die 18 cm lange, vergiftete Spitze, von quadratischem Querschnitt mit Längsfurchen.

Das obere Schaftende ist mit dünner Baumwollschnur fest und regelmäßig auf 3 bis 3,5 cm Länge umwickelt, wobei sich schwarze Ringe vom gelben Grund abheben.

Aus dem unteren Rande schaut ein Kranz von kleinen gelben und schwarzen Federn vor, oberhalb dieses Schaftendes ist der Holzeinsatz mit der gleichen Schnur auf 1 bis 1,5 cm Länge mit einer Musterung aus gekreuzten Fäden umwunden.

Die Federn der Peru-Pech-Fiederung (nach H. Meyer) sind blau und rot. Die kunstvolle Umwicklung des Schaftendes zeigt in der unteren Hälfte Baumwollfadenumwicklung mit einem Muster aus gekreuzten Fäden; die Umwicklung bedeckt auch den ungekerbten *Schaftboden*, auf dem ein quadratisches Ornament zu sehen ist. In der oberen Hälfte der Schaftumwicklung wechseln Ringe von Schnur und solche von gelbbrauner Rinde oder gespaltenem Rohr einander ab.

Länge: 150 cm
Länge der Spitze: 65 cm

673 (Or.Nr. 257) Fünf vergiftete Bogenpfeile   Canamare
Wie 672, Beschreibung siehe dort.
Länge: 150 cm

682 (Or.Nr. 230) Sieben vergiftete Speere   Miranha
aus rötlich braunem Holz, mit Schutzkapsel.
Die Rohrhülsen am oberen Ende unterhalb der Bambusumkleidung sind mit Bast umflochten.
Länge: 210 cm

683 Sieben vergiftete Speere   Miranha
aus rötlich gelbem Holz, mit Schutzkapsel.
Länge: 212,5 cm

685 Sieben vergiftete Speere   Miranha
aus rötlich gelbem Holz, mit Schutzkapsel.
Länge: 188 cm

651 Fünf Speere   Uariquena
aus schwarzem Palmholz hergestellt; die vergifteten Spitzen sind mit einer Schutzkapsel bedeckt.
Die Speere haben einen runden Querschnitt und verjüngen sich nach dem hinteren Ende zu. Der vordere dickere Teil hat einen Einschnitt, in den die Spitze aus Holz eingefügt wurde; dieser Teil ist mit Bast umwickelt. Die für sieben Lanzen berechnete Schutzkapsel besteht aus sieben Rohrhülsen, die oben mit Pech verschlossen und außen über einer Pechschicht mit sechs Bambusplatten bekleidet sind.
Lit.: Koch-Grünberg, 1909/1910, Bd. II, S. 270/271: Beschreibung und Abbildung derselben Giftlanzenbündel vom R. Apaporis (Yahuna, Makuna).
Länge der Lanzen: ca. 190 cm
Länge der Kapsel: 20 cm

652 Sieben vergiftete Speere   Uariquena
mit Schutzkapsel, wie Nr. 651.
Länge: 210 cm

653 (Or.Nr. 253) Sieben vergiftete Speere   Jupuà
mit Schutzkapsel. Näheres vgl. Nr. 651 (Uariquena).
Länge: bis 194 cm

655 (Or. Nr. 245) Sieben Speere   Miranha

aus schwarzem Palmholz, die vergifteten Spitzen stecken in einem Schutzfutteral. Schaft und Spitze sind aus *einem* Stück. Das obere Schaftende ist abgesetzt, die Spitze selbst drei- oder vierkantig. Zwischen Schaft und Spitze ist ein von acht Dreiecken begrenztes Zwischenstück ausgeschnitzt.

Das Schutzfutteral aus sieben Rohrabschnitten ist nicht mehr intakt; die äußeren Bambusplatten fehlen. Eine Lanzenspitze ist abgebrochen. Vgl. Nr. 651 (Uariquena).

Länge: ca. 200 cm

Spitzen: ca. 14 cm lang

656 (Or. Nr. 232/233) Sechs Speere   Miranha

aus schwarzem Palmholz, die vergifteten Spitzen stecken in einem Schutzfutteral. Vgl. Nr. 655 (Miranha).

Länge: ca. 207 cm

657 Sieben Wurfspeere   Miranha (Horde Oeruaçu)

aus schwarzem Palmholz, die Spitzen in einem Schutzfutteral aus Bambus. Die vergifteten Holzspitzen sind in den dickeren oberen Teil der Speere eingesetzt und stecken innerhalb des Futterals nochmals in Rohrhülsen. Der Gebrauch von meist vergifteten Wurfspeeren anstelle von Bogen und Pfeil ist für eine große Anzahl Stämme an den Nebenflüssen des oberen Amazonas charakteristisch.

Lit.: Koch-Grünberg, 1910, S. 270/1; Métraux, 1949, S. 258; Kat. »Indianer vom Amazonas«, 1960, Nr. 109, S. 79/80.

Länge der Speere: 202 cm   *Tafel 91*

659 (Or. Nr. 282) Zwei vergiftete Wurfspeere   Culino

in einer gemeinsamen Schutzkapsel.

Die Speere sind aus schwarzem Holz von rundem Querschnitt, sie verjüngen sich nach dem hinteren Ende zu. Der eine Speer ist, Schaft und Spitze, aus *einem* Stück gearbeitet. Bei dem andern ist die aus gleichem Holz bestehende Spitze mit dem abgeflachten Rückende in einen Einschnitt des Schaftes eingelassen. Das vordere Schaftende ist bei beiden Speeren auf 7 cm Länge abgesetzt und mit Baumwolle und Faserschnur umwunden. Die eingesetzte Spitze hat einen dreieckigen Querschnitt; die andere ist viereckig und weist, bevor sie in den Schaft übergeht, ein geschnitztes Zwischenstück auf. Die Schutzkapsel besteht aus zwei, oben durch ihren Knoten verschlossene Rohrhülsen, welche mit Palmblatt umkleidet und mit Faserschnur umwunden sind. Zu beiden Breitseiten ist je ein unten zugespitzter Bambussplitter aufgelegt; diese waren durch Rohrstreifenumwicklung befestigt, von der nur noch ein Rest vorhanden ist.

Länge: 246 cm

Länge der angeschnitzten Spitze: 29 cm

Länge der Schutzkapsel: 46 cm

5. Narkotika, halluzinogene Drogen und Stimulantia

Einführung

Rausch- und Reizmittel spielen bei vielen indianischen Völkern im tropischen Südamerika eine hervorragende Rolle sowohl im zeremoniellen Gemeinschaftsleben wie im individuellen magischen Ritual des Zauberarztes oder Medizinmannes. An alkoholischen Getränken wäre vornehmlich das aus fermentierten Maniok-Fladen, Mais oder gewissen Wildfrüchten hergestellte Bier zu nennen, das allenthalben, von wenigen Ausnahmen abgesehen, einen wichtigen soziologischen Faktor darstellt.

Der im tropischen Amerika einheimische Tabak (Nicotiana tabacum) war in vorkolumbischer Zeit und noch vor 1700 bei den südamerikanischen Indianern keineswegs, wie heute, allgemein im profanen Gebrauch, sondern wurde in erster Linie zu magisch-religiösen und medizinischen Zwecken verwendet, eine Tendenz, die selbst jetzt noch zu beobachten ist. Von den verschiedenen Arten des Tabakgenusses hat das Rauchen den Vorrang. Sowohl die Zigarre (Inhalt und Deckblatt aus Tabak; vgl. Nr. 491) oder Zigarette (Deckblatt aus anderem Material, z.B. Maisblättern, Rindenbast, etc.) wie auch die Pfeife ist den Indianern von Haus aus bekannt.

Andere Formen des Tabakgebrauchs sind das Kauen, seltener das Essen des Tabaks, ferner das Trinken oder Lecken von Tabaksaft, schließlich das Schnupfen von Tabakpulver. Diese letztgenannten Varianten haben in Südamerika eine vorwiegend westliche Verbreitung mit Ausläufern nach Norden (Guayana) und dem Süden des Subkontinents (Gran Chaco), während Mitte und Osten so gut wie frei davon bleiben.

Das Tabakkauen hat seine Analogie in der andinen Sitte des Kauens der stimulierenden Blätter des Coca-Strauches (Erythroxylon C.), die auch in den Westen des tropischen Waldlandes ausgestrahlt ist; wie u.a. einige Objekte unserer Sammlung belegen (näheres siehe Nr. 417/418). Während das Trinken von Tabaksaft im wesentlichen auf das Gebiet der nördlichen Montaña und Guayana beschränkt ist, hat das Trinken von Caapí oder Ayahuasca (Banisteriopsis sp.) eine darüber weiter nach Nordosten wie nach Süden hinausgehende Verbreitung. Die neuere Forschung von Koch-Grünberg bis Reichel-Dolmatoff hat gezeigt, daß das Ritual des Caapí-Trinkens bei den Stämmen Nordwestamazoniens weitgehend vom Schütteln der Rassellanzen (Nr. 645, 646) durch den Medizinmann begleitet wird.

Das Schnupfen von Tabakpulver läßt sich vielfach vom Schnupfen des weitaus wichtigeren halluzinogenen Yopo- oder Paricá-Pulvers (Piptadenia sp.) nicht klar trennen. Beide Sitten zusammen nehmen weite Strecken des westlichen und nordwestlichen Amazoniens ein und sind bis nach Guayana, zum mittleren Amazonas (Mura, Mauhé), dem oberen Guaporé-Gebiet und dem Gran Chaco vorgedrungen, von ihrem Vorkommen im Anden-Gebiet abgesehen. Unsere Sammlung enthält mehrere Geräte, die mit dem Paricá-Schnupfen innig verbunden sind, so vor allem ein Schnupftablett von den Mauhé (Nr. 534), das eine Anzahl Parallelen in anderen alten Sammlungen europäischer Museen, aber auch im National-Museum in Rio de Janeiro besitzt (vgl. Cooper, 1949, S. 525ff.).

Abschließend sei hier noch kurz des Guaraná Erwähnung getan, das ursprünglich nur von den Mauhé zubereitet und z.T. verhandelt wurde (Spix/Martius, III, S. 1098/1099). Die Samen des Guaraná-Strauches (Paullinia sorbilis Mart.) werden nach der Trocknung zu Pulver zerrieben, mit etwas Wasser vermengt zu einem Teig geknetet, der zu bedeutender Härte erstarrt, nachdem er in handliche Formen gebracht wurde (Nr. 564). Zum Gebrauch raspelt man von diesen Guaraná-Pasten die benötigte Menge Pulver ab (vgl. Nr. 457), versetzt es mit kaltem oder warmem Wasser und erhält je nach Dosierung ein anregendes, heilsames oder auch erregendes Getränk.

421 (Or. Nr. 103) Zigarre Passé (?)

Die innere, mit einem Bastband umwundene Blättermasse ist mit einem Deckblatt umkleidet; am dickeren Ende befindet sich eine Umwindung aus weißem Baumwollfaden.

Aus einer Notiz im Originalkatalog geht hervor, daß mit dieser Zigarre Albano, der Anführer der Passé, Martius zum Zeichen der Freundschaft angeräuchert hatte (Spix/Martius, III, S. 1203).

Lit.: Kat. »Indianer vom Amazonas«, 1960, Nr. 172, S. 94. – Spix und Martius, Atlas, Tafel »Indianische Gerätschaften«, Nr. 51, ». . . womit die Anführer der Miranhas beim Exorzisieren Räucherungen vornehmen«.

Länge: 15 cm

Abb. 6

417 (Or. Nr. 129) Coca-Büchse Coëruna oder Coretù

aus Bambusrohr, unten durch den natürlichen Knoten, oben mittels eines Stöpsels abgeschlossen. Die Büchse ist mit dem grünlichen Pulver des Ypadú oder Coca gefüllt. Dieses wird aus den getrockneten Blättern des Strauches Erythroxylon Coca hergestellt und in solchen Büchsen als Reizmittel aufbewahrt und bisweilen während der Feste auf einem Löffel von Bein (Nr. 418) an die Tänzer verteilt. Über die Art des Erwerbs dieser Büchse und ihre Herkunft vgl. Anmerkung zu Nr. 418.

Abb.: Spix und Martius, Atlas, Tafel »Indianische Gerätschaften«, Fig. 45 (Stamm der Coretù und andere); Kat. »Indianer vom Amazonas«, 1960, Nr. 174, S. 94.

Höhe: 18,5 cm _Tafel 83_

418 (Or. Nr. 136) Coca-Löffel Miranha (Coëruna) oder Coretù

aus dem Schenkelknochen eines Jaguars, »womit (nach Notiz im Originalkatalog) der Anführer im Kriege oder auf der Jagd das Ypadú (Coca) austeilt«.

Abb.: Spix und Martius, Atlas, Tafel »Indianische Gerätschaften«, Fig. 46; Kat. »Indianer vom Amazonas«, 1960, Nr. 175, S. 94.

Länge: 15,8 cm *Tafel 83*

Anm.: Martius (Spix/Martius, III, S. 1069) sah am Yapurá, »wie der Anführer einer Horde Miranhas, welche einen langwierigen Streifzug vorhatte, seinen Begleitern dieses Pulver in regelmäßiger Dosis mittels eines aus dem Knochen des Lamantin gemachten Löffels, herumreichte, um sie gegen Ermüdung zu sichern«. Das hier gezeigte Exemplar wie ein mit Ypadú-Pulver gefülltes Rohr (vgl. Kat.-Nr. 417) erhielt Martius (Spix/Martius, III, S. 1270) von Indianern des Rio Mirití-Paraná an der Einmündung dieses Flusses in den Rio Yapurá an dem Katarakt Cupatí. Diese waren mit dem Häuptling Gregorio der Coëruna befreundet, die nach Martius (Spix/Martius, III, S. 1202) damals als »unbeträchtlicher Stamm« am Mirití-Paraná wohnten. An demselben Flußlauf verzeichnet die Karte bei Spix und Martius (III) ferner den Tukano-Stamm der Coretù. Damit steht im Einklang, daß Koch-Grünberg (1909, S. 267/8, Abb. 164) einen sehr ähnlichen Coca-Löffel aus Jaguarknochen von den Tukano des etwas weiter nördlich verlaufenden Rio Tiquié abbildet. So besteht die Möglichkeit, daß dieser Löffel entweder von den zu derselben Sprachfamilie wie die Miranha gehörenden Coëruna herrührt – die Miranha selbst besitzen offenbar auch solche Geräte (vgl. Handbook of South American Indians, Vol. 3, Plate 100e: Bora bone dipper for Coca, Courtesy Museu Paraense Emilio Goeldi, Belém) – oder von den benachbarten Coretù, denen als Tukano-Stamm diese Art Coca-Löffel mit Vorrang zugeschrieben werden kann.

448 (Or.Nr. 195) Stößel Mauhé

aus einem walzenförmigen Stück braunen Holzes, das geglättet wurde.
Es wird bei der Bereitung der Guaraná-Paste aus Früchten der Paullinia sorbilis benutzt, die genaue Verwendung ist unbekannt.
Lit.: Spix/Martius, 1831, S. 1098/1099. Das Guaraná und seine Zubereitung; desgl. Martius, 1867, I, 402, 521.
Länge: 29,5 cm
Dicke: 2,5 cm

457 (Or.Nr. 126) Körbchen Amazonas

aus Rotang-artigem Binsengeflecht, länglich, schmal. Zwei Gruppen von Geflechtstreifen, die in verschiedener Richtung übereinandergelegt sind, werden von einer dritten, wieder in anderer Richtung verlaufenden Streifengruppe durchflochten.
Im Körbchen befinden sich vier Gaumenbeine des Fisches Pirarucú, derer sich die Indianer am Amazonas laut Katalognotiz als Reiber für Guaraná-Paste statt eines Reibeisens bedienen.
Lit.: Spix/Martius, III, S. 1098, Indianer des Staates Pará.
Abb.: Spix und Martius, Atlas, Tafel 20, »Indianische Gerätschaften«, Nr. 42.
Obere Länge: 23 cm

aus rötlichem Holz in Form einer viereckigen Schaufel mit Griff. Das unten leicht gewölb-
te, oben ebene Brett hat oben eine rechtwinkelige Vertiefung zur Aufnahme des Paricá-
Pulvers. Die Oberseite ist mit einem Muster aus geritzten Linien und gepunzten Feldern
bedeckt, die mit Resten gelber Farbe gefüllt sind. Das Ende des Griffes ist in Form eines
Schlangen- oder Krokodilkopfes mit herausgestreckter Zunge geschnitzt und trägt eine
Einlage von zwei Muschelstücken als Augen des Tieres, eines davon ist herausgefallen und
verlorengegangen.

Zu dem Schnupfbrett gehört angeblich ein keulenförmiger Stößel (Nr. 535) aus demselben
Holz. Martius behauptet nun, daß in der Vertiefung des Brettes, das demgemäß von ihm als
»Reibschaale« überliefert ist, die Paricá-Samen pulverisiert wurden (Spix/Martius, III,
S. 1318). Er hat diesen Vorgang aber offenbar nicht selbst beobachtet, denn in der Natterer-Sammlung zu Wien befindet sich von den Mauhé ein halbkugelig-oblonger, primitiver
Mörser aus der harten Fruchtschale der brasilianischen Kastanie (Bertholletia excelsa), in
dem mit einem Holzstößel die Paricá-Samen zerstoßen wurden, um nur ein Beispiel von
vielen zu erwähnen. Dieser Mörser scheint für einen solchen Zweck weitaus geeigneter als
die angebliche Reibeschale der Münchener Sammlung. In die flache, viereckige Vertiefung
paßt weder der kolbenförmige Stößel hinein, noch finden die Paricá-Samen darin während
des Zerkleinerungsprozesses Raum, ohne herausgeschleudert zu werden. Es dürfte sich
daher nicht um eine Reibeschale, sondern um eine Art Tablett handeln, von dem aus das
fertige Schnupfpulver im Rahmen einer Zeremonie – daher die künstlerische Ausgestaltung
des Brettes – mittels eines für beide Nasenlöcher dienenden doppelten Schnupfrohres (vgl.
Nr. 538) inhaliert wurde.
Abb.: Spix und Martius, Atlas, Tafel 20, »Indianische Gerätschaften«, Fig. 61, hier
fälschlicherweise den Mundurucú zugeschrieben; F. Ratzel, 1894, I, S. 509; Hörschel-
mann, 1920, S. 20, Abb. 32/33; H. Stolpe, 1927, Tafel XVI, 8; »Indianer vom Amazo-
nas«, Kat. 1960, Nr. 183, Tafel 13 (irreführende Lage des Stößels).
Lit.: Zerries, 1964, S. 356ff., Abb. I.
Länge des Brettchens: 37 cm
Breite des Brettchens: 10 cm
Länge des Stößels: 22,5 cm   *Tafel 84, 85*
Anm.: Im Ethnographischen Museum der Universität Oslo existiert in der Silva-Castro-
Collection, die in der Mitte des 19. Jahrhunderts im Gebiet zwischen Rio Tapajoz und Rio
Tocantins zusammengebracht und im Jahre 1865 registriert wurde, ein langes, schaufel-
förmiges Paricá-Schnupfbrett (L = 28 cm) aus sehr dunklem und schwerem Holz, offen-
sichtlich ebenfalls von den Mauhé herrührend. Der überlange Griff endet in einem Reptil-
kopf mit kurzer Zunge.
Wassén (1965, S. 40, Fig. 8; 1967, S. 125, Fig. 17) bildet ein diesem typologisch naheste-
hendes Schnupfbrett (L = 38,3 cm) des Museo Preistorico Etnografico Luigi Pigorini in
Rom ab, das keine nähere Herkunftsbezeichnung trägt, aber zweifellos gleichfalls von den

Mauhé stammt. Der Schlangenkopf ist noch stärker geometrisch stilisiert als bei bisher aufgeführten Exemplaren.

Ferner befinden sich in der Natterer-Sammlung des Wiener Völkerkunde-Museums zwei stilistisch verwandte, nur etwas kleinere Schnupfbretter von den Mauhé mit beinahe naturalistisch ausgeprägtem Schlangenkopf als Griff, dessen Zunge weit herausgestreckt ist (vgl. Museum für Völkerkunde Wien, Nr. 1375, 1376). Das künstlerisch höherstehende Exemplar (L = 25,5 cm, B = 8,8 cm) aus dunkelbraunem Holz hat eine weit herausgestreckte Zunge, die von Wassén (1965, S. 45) als penisförmig bezeichnet wird. In dem Teil der Silva-Castro-Collection, der in das Ethnographische Museum zu Stockholm gelangte, befindet sich ein weiteres Schnupftablett des gleichen Stils von den Mauhé, dessen nähere Daten A. Mörner (1959, S. 141) veröffentlichte. Es ist aus dunklem Holz mit eingeschnittenen, geometrischen Ornamenten, die mit weißem Farbstoff ausgefüllt sind. Wie die bisher behandelten Stücke hat es einen gepunzten Oberflächendekor, der ebenfalls an eine Reptilhaut erinnert. Das Blatt hat wie das Münchener Exemplar in der Mitte eine viereckige Vertiefung, der Handgriff hat ein rechteckiges Ende (Wassén, 1965, S. 50, Fig. 15). Es besitzt eine hervortretende Zunge, die seinen ursprünglichen Charakter als Schlangenkopf verrät. Im Gegensatz zu dem geometrisch äußerst vereinfachten Griffende dieses Stockholmer Gerätes ist der Griff eines Schnupfbrettes (L = 35 cm) des Museum of Mankind zu London nicht nur mit einem Schlangenkopf versehen, sondern völlig als gebogener Schlangenleib gestaltet. Dieser entwächst aus einem viereckigen Gesicht (Schildkröte?). Eine Herkunftsangabe ist nicht vorhanden, doch besteht kein Zweifel, daß das Londoner Exemplar in demselben engeren geographischen Raum wie die übrigen beheimatet ist.

Einige Schnupfbretter aus Brasilien befinden sich auch im Lande selbst. Aus dem Museu Nacional in Rio de Janeiro veröffentlichte Serrano (1941, Fig. 1 und 2, S. 251/2) ein halbes Dutzend Schnupftabletts des gleichen, hier besprochenen Typs, die 1873 von der sogenannten Rio-Madeira-Kommission eingebracht wurden und ebenfalls von den »Mahués« (Mauhé) herrühren. Eine genaue Beschreibung der Paricá-Geräte von den Magué (= Mauhé) durch A. Rodrigues Ferreira (1974, S. 97/8) entnehme ich der Erklärung eines Mauhé, daß sein Schnupfbrett ein Yacaré (Krokodil) darstelle. Aus der Biegung der reptilförmigen Handgriffe zweier besonders gut gearbeiteter Brettchen wie aus dem Vergleich mit den übrigen Exemplaren geht jedoch hervor, daß es sich in diesen wie auch in den meisten anderen Fällen um die Darstellung einer Schlange handelt (vgl. Wassén, 1967, S. 126, S. 128, Abb. 19/20, 22, 23). Das eine Brettchen (Mus.-Nr. 3912; L = 35 cm) hat eine eher rundliche Vertiefung im Blatt zur Aufnahme des Schnupfpulvers und an den vier Ecken je eine etwa dreieckige Durchbrechung, in der wie in einem Fenster jeweils ein rudimentäres Tier(?)-Köpfchen erscheint. Das andere hat Schaufelform (Mus.-Nr. 2913; L = 36 cm), in dem durchbrochenen Teil zwischen Griff und Schaufel erscheint ein menschliches Gesicht.

538 (Or.Nr. 131) Schnupfgerät   Tukuna (?)

zum Einblasen oder Aufschnupfen des Paricá-Pulvers in die Nase. Es ist aus vier Röhrenknochen (Flügelknochen eines Raubvogels) zusammengesetzt, von denen je zwei so aneinanderstoßen, daß sie eine Röhre bilden. An der Zusammenfügung sind sie mit einer federkielartigen Hülle umgeben und dann umschnürt. Die beiden so entstandenen langen Röhren sind an der gleichen Stelle aneinandergeschnürt, wobei an jeder Seite ein an den Enden zugespitztes, flaches Palmholz-Stäbchen unter der Verschnürung durchgesteckt ist. An dem einen Ende ist jeder Röhre mit harzartiger Substanz eine eichelförmige, harte Fruchtkapsel aufgekittet, deren Spitzen abgeschnitten sind. Diese Enden werden beim Schnupfen in die beiden Nasenlöcher eingeführt.

Abb.: Spix und Martius, Atlas, Tafel »Indianische Gerätschaften«, Fig. 47 Tecuna; F. Ratzel, 1894, Bd. 1, S. 509; Hörschelmann, 1920, S. 21, Abb. 34.

Länge: 35,5 cm   *Tafel 86*

Anm.: Nach Nimuendaju (1952, S. 79) ist in dem Schnupfpulver der Tukuna des 20. Jahrhunderts kein Paricá (Piptadenia peregrina) enthalten, sein Hauptbestandteil ist vielmehr Pulver aus geröstetem Tabak. Auch das Schnupfgerät wird von ihm dort anders beschrieben als unser hier vorliegendes Exemplar. Martius (1867) gibt keine nähere Beschreibung des Schnupfrohres der Tukuna, erwähnt jedoch (S. 411) ein für beide Nasenlöcher gleichzeitig benutzbares Gerät von den Mauhé, das dem der Tecunas gleich sei (Spix/Martius, III, S. 1318).

In der Wiener Natterer-Sammlung befinden sich zwei dem hier behandelten sehr ähnliche Schnupfgeräte mit der Herkunftsbezeichnung »Mauhe«. Würden wir diese, anstatt »Tukuna«, für das Münchener Gerät ansetzen, so entginge man dem Widerspruch, den die Angaben Nimuendajus auslösen. Das Schnupfpulver wäre dann tatsächlich Paricá, und das Gerät könnte mit dem Schnupfbrett von den Mauhé (Nr. 534) in Verbindung gebracht werden. Dabei ist zu beachten, daß wohl kaum, wie Hörschelmann (1920, S. 21) will, eine zweite Person das Einblasen des Pulvers mit dieser Art Schnupfgerät besorgt hat, sondern der Betreffende selbst damit das Pulver von der Vertiefung in dem Brettchen aufgeschnupft hat (Nimuendaju, 1948, S. 252).

539 (Or.Nr. 132) Schnupfgerät   Mura (?)

aus zwei spitzwinkelig aneinander gepichten, kommunizierenden Vogelknochen zum Schnupfen des Paricá, des halluzinogenen Pulvers aus den getrockneten Samen einer Mimosenart. Das eine Ende wird in ein Nasenloch, das andere in den Mund gesteckt, und durch Blasen wird das Pulver den Schleimhäuten der Nase zugeführt. An der Stelle, wo beide Röhren zusammengepicht sind, fehlt der Verschluß.

Abb.: Spix und Martius, Atlas, Tafel 20, »Indianische Gerätschaften«, Fig. 49; Kat. »Indianer vom Amazonas«, 1960, Nr. 186, S. 96.

Länge: 8 cm   *Tafel 86*

Anm.: Sowohl im Reisewerk von Spix und Martius (III, S. 1074/5) als auch in der späteren Arbeit von Martius (1867, I, S. 410/1) wird das Schnupfgerät der Mura als eine ca. 30 cm lange Röhre aus Tapir- oder Vogelknochen zum gegenseitigen Gebrauch mit einem Partner beschrieben. Das hier gezeigte Gerät zum Selbstgebrauch wird von Martius im Text nicht erwähnt und ist auch sonst in der Literatur nicht belegt.

Sehr verwandt sind dagegen die beiden von Koch-Grünberg (1909, S. 323, Abb. 202) abgebildeten gabelförmigen Schnupfgeräte der Tuyuka und Bara, zweier Tukano-Stämme im Gebiet des Rio Tiquié. Dort findet sich auch ein anschauliches Bild von der Anwendungsweise des Gerätes (S. 324, Abb. 203). So besteht die Möglichkeit, daß unser Exemplar nicht von den Mura herrührt, sondern von Martius auf seiner Yapurá-Reise erworben wurde. Zwar gab es auch am Rio Yapurá noch eine Horde des weitverstreuten Stammes der Mura, doch traf Martius nicht dort, sondern am Südufer des Amazonas mit Mura-Indianern zusammen.

540 (Or.Nr. 133) Dose für Schnupfpulver   Juri
Der Behälter ist aus einer »kostbaren Muschel« (richtiger »Schnecke«), Poulimus gallina Sultana, gefertigt und hat einen angepichten Röhrenknochen als Tülle. Der Bodenverschluß fehlt (vermutlich ein Stück Muschel oder Spiegelglas, vgl. Koch-Grünberg, 1909, S. 323, Nimuendaju, 1952, S. 79), doch sind Reste der Verpichung vorhanden. Bei diesem Gegenstand handelt es sich um ein Geschenk, das Martius von dem Anführer der Juris persönlich überreicht wurde.
Abb.: Spix und Martius, Atlas, Tafel »Indianische Gerätschaften«, Fig. 48; Koch-Grünberg, 1909, S. 323: Gleiches Stück mit Stöpsel von Rio Tiquié; Kat. »Indianer vom Amazonas«, 1960, Nr. 180, S. 95.
Höhe: 11,5 cm   *Tafel 86*

541 (Or.Nr. 134) Kleiner Kehrbesen   Mauhé (?)
aus dünnen, um ein Stäbchen gebundene Grasfasern. Der Besen wird zum Zusammenkehren beim Pulverisieren des Paricá benutzt.
Lit.: Kat. »Indianer vom Amazonas«, 1960, Nr. 184, S. 96.
Länge: 23 cm

542 Kleines Federbüschel   Brasilien
aus zurechtgestutzten, schwarzen Federn. Das Hautstück, aus dem sie herausgewachsen sind, dient als Griff. Das Gerät wird zum Zusammenkehren des Paricá-Pulvers benutzt.
Lit.: Kat. »Indianer vom Amazonas«, 1960, Nr. 185, S. 96.
Länge: 7,5 cm

6. Das Areal Tapajoz-Madeira:
Mundurucú, Mauhé (Tupi) und Arara (Kariben)

Einführung

Die *Mundurucú* waren vom letzten Drittel des 18. Jahrhunderts bis weit ins 19. Jahrhundert hinein als gefürchtete Krieger ein Schrecken ihrer Umwelt. Nach ihrer Befriedung und späteren äußeren Akkulturierung konnten sie noch Teile ihrer sozioreligiösen Kultur bewahren.

Die Mundurucú gliedern sich in exogame Hälften, die wiederum in eine Anzahl von Sippen unterteilt, die Namen von bestimmten Tieren und Pflanzen tragen. Die Sippenvorfahren werden vor allem am Männerfest durch heilige Bambustrompeten repräsentiert, die von den Frauen und Kindern weder gesehen noch berührt werden dürfen.

Das Dorf der Mundurucú besteht nach der alten Anordnung aus maximal dreißig Familienhütten, in denen die Frauen vor allem mit der Zubereitung von Maniok-Mehl beschäftigt sind, und gruppieren sich im Kreis um das einst bis zu 100 m lange, rechteckige Männerhaus, in dem sich alle Männer nach der Pubertät den größten Teil des Tages aufzuhalten und auch zu schlafen pflegen. Hier wurden auch die häufigen Kriegszüge beschlossen, die unter autoritärer Führung eines Häuptlings stattfanden und in erster Linie die Erbeutung feindlicher Köpfe zum Ziel hatten.

Der Vergangenheit gehört auch der reiche Federschmuck an, dessen Formen die Mundurucú und Mauhé gemeinsam hatten: Hauben, Diademe, Gürtel, Oberarm- und Wadenbänder sowie Gehänge und eine Art Zepter von unbekannter Bedeutung. Typisch für die Mundurucú war früher die in langen vertikalen Linien an Rumpf und Gliedern angebrachte blau-schwarze Tätowierung mit Genipa, während im übrigen Amazonien die Bemalung von Körper und Gesicht mit Urucu (Bixa orellana), gelegentlich auch mit Genipa (G. americana) vorherrscht.

Die alte Religion der Mundurucú ist durch Fruchtbarkeitszeremonien gekennzeichnet, die nicht nur das Wachstum der Feldfrüchte betreffen, sondern auch die Vermehrung von Fisch und Wild zum Gegenstand haben, was auf eine alte jägerische Kulturverfassung hinweist, die auch aus der Tradition der Mundurucú selbst hervorgeht. In einer besonderen Hütte hält der Medizinmann Zwiesprache mit den Wächter-Geistern oder »Mütter« der Jagdtiere und versöhnt sie durch Opfer an die dort niedergelegten Schädel der einzelnen Arten.

Die zentrale Persönlichkeit in der Mythologie der Mundurucú ist der Schöpfergott und Kulturheros Karusakaybe, der für die meisten sozialen und religiösen Einrichtungen des Stammes verantwortlich gemacht wird und auch eine gewisse Verehrung genießt.

Die *Mauhé* werden in den alten Quellen als weniger kriegerisch als die Mundurucú beschrieben und kamen den Neobrasilianern von Anfang an freundlich entgegen, weshalb sie stärker unter ihren Einfluß gerieten.

Hervorstechende Kulturzüge der Mauhé waren, wie gerade auch Spix und Martius (III, S. 1320) berichten, die Ameisenmarter, der die heranwachsenden Burschen unterworfen wurden, der Anbau und Genuß des Guaraná (Paullinia sorbilis) und das Aufschnupfen halluzinogenen Paricá-Pulvers von schön geschnitzten Tabletts mit einem als Tierkopf geschnitzten Griff (Nr. 534). Martius (Reisewerk, III, 1319) überliefert ausgedehnte Trauerfeiern beim Tode eines Häuptlings, dessen Leichnam vor dem Begraben am Feuer gedörrt und so mumifiziert wurde.

Im Gegensatz zu den Tupi-Stämmen der Mundurucú und Mauhé waren die heutzutage ausgestorbenen *Arara* der Sprache nach Kariben. Wie jene zeichneten sich auch die Arara (Martius, 1867, S. 385) durch zierlichen Federschmuck aus (siehe Nr. 278, 279, 330), und auch die Ausgestaltung ihrer Waffen geschah mit besonderer Sorgfalt und künstlerischem Geschick (siehe Nr. 671). Sie lagen als kriegerische Nachbarn mit den Mundurucú in dauernder Fehde. Als Trophäen nahmen die Arara außer dem Schädel auch die Gesichtshaut und den Skalp des getöteten Feindes (Nimuendaju, 1948, S. 236/237, Fig. 28), reihten auch die Zähne auf eine Schnur, ähnlich dem pariuate-ran der Mundurucú.

Martius (Reisewerk, III, S. 13/4) traf in Canomá einen als Kind von den Mundurucú gefangenen Arara-Indianer an und porträtierte ihn mit seinem typischen Nasenstab, wohl der einzige direkte Kontakt mit einem Angehörigen dieses Stammes; die Objekte von den Arara dürften durch die Mundurucú oder Mauhé erlangt worden sein.

Taf. 66 – Mundurucú in Federhaube mit Nackengehänge
Reproduktion: Portrait im Atlas von Spix und Martius

Seite 177: Taf. 65 – Federkappe mit Nackengehänge, Mundurucú

Taf. 67 – Mauhé mit Federhaube
Reproduktion: Portrait im Atlas von Spix und Martius

Taf. 70 – Mundurucú, »›Pariuate-ran‹, das Fest des Feindgürtels«.
Reproduktion: Barbosa Rodrigues, 1882, S. 45

Seite 180: Taf. 68 – Federhaube, Mundurucú oder Mauhé

Seite 181: Taf. 69 – Zwei Federkappen, Mauhé und Arara

Taf. 71 – Tanzende Mundurucú in Federtracht
Reproduktion: Spix und Martius, III, S. 1311, Atlas, Tafel »Bilder aus dem Menschenleben«

Taf. 72 –
Drei Federstränge,
Mauhé

Der Federschmuck der Zentral-Tupi, Mundurucú und Mauhé

Zur Zeit der Reise von Spix und Martius und bis gegen Ende des 19. Jahrhunderts waren die Mundurucú die »größten Künstler in Federarbeiten« des tropischen Tieflandes in Südamerika, sowohl was die sorgfältige Technik, die Pracht der Federn als auch den Reichtum der Formen anging. Nach Spix und Martius (1831, S. 1312) »wetteiferten (ihre Erzeugnisse) mit den zierlichsten Arbeiten dieser Art in den Nonnenklöstern von Portugal, Belem und Madeira.«

Die Federkunst der Mundurucú degenerierte etwa gleichzeitig mit dem Aussterben des Kriegswesens und der Kopfjagd zu Beginn unseres Jahrhunderts, mit denen sie eng verbunden war (vgl. »Das Schmücken der Ohren«, »Das Fest des Feindgürtels« usw.). Zuvor jedoch gelangten Sammlungen mundurucuischen Federschmucks in viele Museen Europas und Amerikas, zumal die Mundurucú, wie auch die Mauhé, »welche die gleiche Art Federschmuck herstellten«, nach Martius' (1867, I, 389, 404) Aussage mit ihren Federarbeiten Handel trieben. Ob dies allerdings auch das Auftreten von Mundurucú-Federschmuck bei den Miranha des oberen Rio Yapurá (Nr. 325d, 323d, 369), wie der Museumskatalog behauptet, erklärt, sei dahin gestellt.

Die von Spix und Martius nach München verbrachte Mundurucú-Sammlung dürfte zu den ältesten ihrer Art gehören, da sie nur fünfundzwanzig Jahre nach der Befriedung des Stammes und der Beendigung der kriegerischen Auseinandersetzung mit den Neobrasilianern erworben wurde. Ihr Erhaltungszustand ist bewundernswert gut.

Martius überliefert (a.a.O.), daß die Mundurucú viele Papageien und andere Vögel als Federlieferanten lebendig hielten und ersteren teilweise die Federn ausrupften, die wunden Stellen so lange mit Froschblut betupften, bis die nachwachsenden Federn die Farbe wechselten, namentlich von Grün in oranges Gelb. Dieses Verfahren, das auch anderswo in Amazonien bzw. Guayana geübt wurde, ist als »Tapirage« bekannt geworden. Seine Wirksamkeit wird von einem Teil der Zoologen bestritten, die eine Veränderung der Federfarbe eher auf eine bestimmte Diät zurückführen (Métraux, 1944).

Art und Farbe der Federn standen bei den Mundurucú in bestimmter Beziehung zur sozialen Zugehörigkeit des Trägers, ebenso zu dessen Rang, jedoch sind die Nachrichten hierüber nur mehr spärlich. Barbosa Rodrigues (1882, S. 28) schreibt, daß die drei Stammesabteilungen »Rot«, »Weiß« und »Schwarz« jeweils rote, gelbe und blaue Federn bevorzugten, indessen erscheint diese Aufteilung allzu summarisch, abgesehen davor, daß die Existenz einer dritten »schwarzen« Abteilung durch neuere Forschungen nicht bestätigt wird. Wir haben es vielmehr mit einer Dualorganisation zu tun (Kruse, 1952, S. 1014/1015), deren beide Hälften »Rot« (Sonne) und »Weiß« (Mond) wiederum in vierzehn bzw. neunzehn Klane gegliedert sind, von denen jeder unterschiedliche Federn zur Anfertigung des Schmucks seiner Angehörigen verwendete. Über ein Drittel der Klane sind nach Vogelarten benannt, und bei einer Reihe von ihnen stimmte das Eponym mit der benutzten Federart überein. So gebrauchte der Mutum-Klan die Federn des schwarzen Mutum-Huhnes, der Loro-Klan die grünen Federn dieser Papageienart – sofern er sie nicht durch Tapirage veränderte – und der Karu- d.h. Rotára-Klan die prachtvollen Federn der roten Arara-Papageien. Letzterem, der zur führenden roten Hälfte des Stammes zählt, gehörte auch der Kulturheros Karusakaybe zu Lebzeiten an. Er ist ein Sonnenwesen, und die Arara-Federn haben Beziehung zum Feuerball dieses Gestirns. Mit dem Kulturheroen ist Karuetaruybe, einer von drei Kriegern der Mundurucú identisch, deren Köpfe einst eine Mythe nach von den feindlichen Parintintin erbeutet und mit Arara-Federn geschmückt wurden. Später flogen die Köpfe als Gestirne an den Himmel, dabei wurde das Haupt des Karuetaruybe in die strahlende Sonne der Trockenzeit verwandelt (Kruse, 1952, S. 1002/3). Hier tritt der solare Aspekt des Schädelkultes in Erscheinung: Der mit Federn prächtig geschmückte Kopf gleicht der Sonne in ihrem Strahlenkranz (Zimmermann, 1963, S. 60, 75ff., 24f.).

Auch magische Kräfte besitzen die Federn nach Meinung der Mundurucú; so wird in einer Mythe erzählt, wie Karusakaybe um ein Jagdlager mißliebiger Verwandter in den Boden gesteckte Federn mit Tabakrauch anblies, bis sie in die Höhe wuchsen und oben zusammengebunden werden konnten (Kruse, 1951, S. 923). Der Lagerplatz wurde in einen Berg, seine Bewohner in Wildschweine verwandelt, die darin eingeschlossen wurden, bis sie von dem Kulturheroen nacheinander herausgelassen wurden, um gejagt zu werden.

Katalog

251a (Or. Nr. 1) Vierzehn Federstränge »paro-oara«   Mundurucú
(nach Gabarain »cururape«)
aus gelben und schwarzen Papageienfedern.
Die Federn sind mit den Enden etagenweise um Baumwollschnüre gebunden, so daß die
Bindung jeder Abteilung durch die folgende verdeckt wird.
Die Federn sind auf der ganzen Länge gelb, nur die oberste Abteilung ist schwarz; unten
endet jeder Strang in einem Büschel schwarzer Federquasten, bei denen die Bindung mit
umgebogenen Kielenden angewandt ist. Die Enden der Schnüre ragen oben und unten frei
heraus, die oberen sind mit einer eigenen Schnur zusammengebunden.
Außerdem sind unterhalb dieser Bindung je zwei Stränge oberhalb der schwarzen Federn
mit dem gleichen Faden aneinander gebunden, mit dem die Federkiele umwunden sind.
Anm.: Nach einer Katalognotiz wurde der Schmuck »über die Achsel geschwungen getragen«.
In einer Abbildung auf der Tafel 34 »Bilder aus dem Menschenleben« im Atlas von Spix
und Martius tragen die Mundurucú-Männer beim Tanz Federstränge in Schulterhöhe rund
um den Oberkörper frei herabhängend. (Vgl. auch Spix/Martius, III, S. 1311, 1321; *siehe
Tafel 71*).
Eine andere Trageweise der Federstränge zeigt eine von Hercules Florence in Santarem an-
gefertigte kolorierte Zeichnung eines Mundurucú-Häuptlings in Festtracht aus dem Jahre
1828: die Stränge verlaufen wie eine Schärpe von der rechten Schulter zur linken Hüfte
(siehe Tafel 64).
Vgl. Th. Hartmann, 1975, S. 111, Fig. 32.
Länge (mit Federn bedeckt): 100 cm

251b Ein Paar Federbinden   Mundurucú
für die Oberarme. Die Grundlage bildet ein fester Gurt aus weißer Baumwollschnur, der
wie gestrickt aussieht. Von den gerundeten Enden laufen geflochtene Schnüre zum Zusammenbinden aus.
Durch die Maschen des Gurtes sind kleine Federbüschel, auf zwei Drittel der Fläche
schwarze und auf ein Drittel rote, so dicht eingesteckt, daß die Oberseiten der Binden einen
dichten Federpelz bilden.
Die Büschel sind immer zu zweit an den Enden des Baumwollschnürchens mit umgebogenen Kielenden angebunden, die Rückseite der Binden liegt frei. Am unteren Rand hängen
buntfarbige Federn herab, die in der gleichen Art büschelweise an den Enden kleiner Fäden
befestigt und durch die Maschen gezogen sind.
Lit.: Kat. »Indianer vom Amazonas«, 1960, Nr. 315, S. 140.
Länge: 21 cm   *Tafel 80*

252 Federschmuck »paro-oara«   Mauhé
aus sieben Strängen mit Baumwollschnüren angebundener schwarzer und roter Papageienfedern. Die Federn sind mit den Kielenden etagenweise angebunden, so daß die Bindung
jeder Abteilung durch die folgende verdeckt wird. Zwei der Stränge sind schwarz, fünf rot;
nur am Ende sind bei allen sieben Strängen Büschel aus schwarzen Federquasten angebracht; an den letzteren ist die Bindung mit umgebogenen Kielenden angewandt. Die
Schnurenden ragen oben und unten frei heraus, sind aber oben durch zwei der Enden zusammengefaßt.
Lit.: Kat. »Indianer vom Amazonas«, 1960, Nr. 316, S. 140.
Länge der Federstränge: 100 cm   *Tafel 72*

253 (Or.Nr. 3) Federschmuck »paro-oara«   Mauhé
aus neun durchgehend roten Federsträngen mit schwarzen Endquasten. Bis auf einen sind
die Stränge zu je zweien zusammengefaßt, die Schnurenden oben in einem groben Knoten
zusammengefaßt. Herstellungsweise wie Nr. 252.
Länge der Federstränge: 100–110 cm

254 (Or.Nr. 4) Federschmuck »paro-oara«   Mauhé
aus durchgehend roten Federsträngen mit schwarzen Endquasten. Je zwei Stränge sind mit
dünnem Faden aneinandergebunden, diese Doppelstränge an den oberen Schnurenden mit
groben Knoten zusammengefaßt. Herstellungsweise wie Nr. 252.
Länge der Federstränge: 100 cm   *Tafel 72*

255 (Or.Nr. 5) Federschmuck »paro-oara«   Mauhé
aus elf Strängen gelber und schwarzer Papageienfedern, wie bei Nr. 252 hergestellt. Die
Stränge sind durchgehend gelb, nur das obere Ende und die Federquasten am unteren Ende
sind schwarz.
Lit.: Kat. »Indianer vom Amazonas«, 1960, Nr. 317, S. 140.
Länge: 100 cm   *Tafel 72*

260 (Or.Nr. 10) Federkappe »akeri kaha«   Mundurucú
mit Gehänge. In die Maschen einer aus weißer Baumwollschnur dicht geknüpften Haube
sind kleine Büschel gelber, roter, blauer und grüner (Papageien-)Federn durchgezogen. An
den Schläfenstellen hängen zu beiden Seiten rote Federschnüre mit schwarzen Quasten herab; auf der Rückseite fallen lange rote und blaue Federn mit an den Enden angeknüpften
schwarzen Federbüscheln in den Nacken.
Abb.: Spix und Martius, Atlas, Tafel 35, Abb. eines Mundurucú mit dieser Kappe.
Lit.: Kat. »Indianer vom Amazonas«, 1960, Nr. 311, S. 139.
Durchmesser: ca. 24 cm   *Tafel 65, 66*

261 (Or.Nr. 11) Federkappe »akeri«   Mundurucú
wie Kat.-Nr. 260, doch ohne Federgehänge am Hinterkopf und an den Schläfen.
Lit.: Kat. »Indianer vom Amazonas«, 1960, Nr. 312, S. 139.
Abb.: Spix und Martius, Atlas, Tafel 35: Ein Mauhé mit dieser Kappe.
Durchmesser: 24 cm   *Tafel 67, 68*

262 (Or.Nr. 12) Federkappe   Mauhé
aus roten, gelben und schwarzen Federn, die in eine aus Pflanzenfaserschnur engmaschig
geknüpfte Kappe eingeknüpft sind und nach außen wie bei einer dichten Perücke vorste-
hen. Die verschiedenen Farben bilden ein Muster: auf einen unteren schwarzen Rand folgt
ein breiter roter Streifen, der Hauptteil ist gelb mit je zwei roten und schwarzen, mit den
zwei anderen Farben gefüllten Ringen; die Spitze ist wieder schwarz.
Lit.: Kat. »Indianer vom Amazonas«, 1960, Nr. 355, S. 144.
Höhe: 20 cm   *Tafel 69*

271 (Or.Nr. 21) Federkranz   Mundurucú
aus roten und gelben Papageienfedern.
Kleine Federbüschel sind in ca. 1 cm Abstand in eine Schnur geknotet, wobei die Kielenden
umgebogen sind. Mehrere solcher Federschnüre werden von federlosen Geleitschnüren so
zusammengefaßt, daß dieselben zwischen je zwei parallelen Federschnüren hinlaufen und
dieselben in ca. 1,5 cm Abstand zusammenfassen. An der Außenseite ist dieses Schnurge-
rüst durch die Federn verdeckt, an der inneren liegt es als ca. 2,5 cm breites Band zutage.
Die Enden der Schnüre sind zu dickeren, zopfartigen Schnüren verflochten, mit denen das
Band am Hinterkopf zusammengebunden wird. Die Federn sind so angeordnet, daß sich in
der Mitte nur gelbe, an den beiden Enden nur rote Federn befinden.
Lit.: Kat. »Indianer vom Amazonas«, 1960, Nr. 313, S. 139.
Länge: 40 cm
Breite: 8 cm   *Tafel 80*

272a (Or.Nr. 22) Ein Paar Oberarmbänder »baman«   Mundurucú
aus Baumwollgeflecht mit Federn besetzt.
Die Unterlage bildet eine Art fester Gurte, deren Enden in Bindeschnüren auslaufen. In die
Maschen der Gurte sind kleine Büschel schwarzer Federn des Mutum (Crax sp.) in so gro-
ßer Zahl und so dicht eingesteckt, daß die Oberseite der Binde wie ein Federbalg oder
Flaum aussieht.
Am unteren Rand der Binde sind je drei Büschel gelb-rot-blauer Federn angebunden, aus
denen bunte Federstränge von verschiedener Länge mit Federquasten herabhängen; außer-
dem hängen an einem Ende drei lange Arara-Federn mit schwarzen Federbüscheln an den
Spitzen.
(Bei einem Stück fehlen diese Federn, wie auch der ganze mittlere Busch samt Strängen).
Die Endbüschel an den Federsträngen sind schwarz, während diese selbst auf Baumwoll-

schnur mit in farbigen Abschnitten herumgebundenen Federn blau, rot, gelb und schwarz sind.

Lit.: Kat. »Indianer vom Amazonas«, 1960, Nr. 314, S. 139.

Länge einer Binde: 21 cm   *Tafel 81*

Anm.: Im Museumskatalog ist dieses Federbindenpaar als von den »Juri« herrührend eingetragen; da jedoch in der Natterer-Sammlung zu Wien etwa ein Dutzend ebensolcher Oberarmbänder-Paare mit der gleichen charakteristischen Querstreifung der Federstränge als Schmuckstücke der Mundurucú mit Namen »bombua mauja« bezeichnet sind und auch B. Ribeiro (1957, S. 96, Fig. 53) in ihrer Arbeit über die Federarbeiten brasilianischer Indianer eine gleiche Oberarmbinde (Bracadeira) des Museu Nacional in Rio de Janeiro (Inv.-Nr. 774) von den Mundurucú abbildet und beschreibt, ist klar, daß bei der Inventarisierung unseres einzelnen Münchener Bänderpaares ein Irrtum unterlaufen ist.

287 (Or.Nr. 39) Federzepter »buta«   Mundurucú oder Mauhé

Symbol der Würde, »wie sie die Anführer vom Stamme der Mundurucú und der Mauhé bei ihren festlichen Aufzügen . . . zu tragen pflegen«. (Orig.-Kat.-Notiz).

Die Farben der Federn sind von unten nach oben: Schwarz, Gelb, Schwarz, Gelb, Blau, Gelb.

Konstruktion siehe Nr. 288.

Länge: 64 cm

                                                                                                Tafel 73

288 (Or.Nr. 40) Federzepter »buta«   Mundurucú oder Mauhé

Symbol der Würde, »wie es die Anführer vom Stamme der Mundurucú und der Mauhé bei ihren festlichen Aufzügen . . . zu tragen pflegen.« (Orig.-Kat.-Notiz). Das Zepter besteht aus drei Teilen: zuunterst einem dünnen Stück Rohr als Handgriff, dieses ist in ein stärkeres Rohr eingelassen, um das in vier abwechselnd roten und gelben dichten Lagen kleine Federn so aufgebunden sind, daß die Bindung jeder Lage von den Federn der folgenden verdeckt wird. Der dritte Teil, die Hälfte des ganzen Zepters, besteht aus langen Arara-Schwanzfedern, denen einzelne, vom verdeckten Rohrstück aufragende Stäbe im Innern Halt geben. Am oberen Ende sind den langen blauen Federn kleine rote als Spitzen aufgebunden, ein Kranz kleiner roter Federquasten umgibt die Verbindungsstelle.

Lit.: Kat. »Indianer vom Amazonas«, 1960, Nr. 318, S. 140.

Länge: 61 cm

289 (Or.Nr. 41) Federzepter »buta«   Mundurucú oder Mauhé

wie Nr. 287. Die langen Federn sind blau, die kleinen an den Spitzen und der Quastenkranz gelb.

Die Farben des unteren Teils sind: Rot, Schwarz, Gelb (von unten nach oben).

Länge: 61,5 cm

290 (Or.Nr. 42) Federzepter »buta«　　　　　　　　　　　Mundurucú oder Mauhé
wie Nr. 287. Die ganze obere Hälfte, d.h. die langen Federn mit Spitzen und Quastenkranz, ist rot; während in dem unteren Teil die Farben Schwarz, Rot, Schwarz, Rot, Gelb – von unten aufeinander – folgen.
Länge: 72 cm

291 (Or.Nr. 43) Federzepter »buta«　　　　　　　　　　　Mundurucú oder Mauhé
wie Nr. 287. Die langen Federn sind blau mit aufgebundenen gelben Spitzen und Quasten. In der unteren Hälfte folgen einander die Farben: Rot, Schwarz, Gelb.
Länge: 61 cm

292 (Or.Nr. 44) Federzepter »buta«　　　　　　　　　　　Mundurucú oder Mauhé
wie Nr. 287. Die langen Federn, mit Spitzen und Quasten, sind rot. Die Farben des unteren Teils sind: Schwarz, Rot, Schwarz, Rot, Gelb.
Kat. »Indianer vom Amazonas«, 1960, Nr. 321, S. 141.
Länge: 68 cm　　　　　　　　　　　　　　　　　　　　　　　　　　　*Tafel 73*

293 (Or.Nr. ?) Federzepter »buta«　　　　　　　　　　　Mundurucú oder Mauhé
wie Nr. 287. Die langen Federn der oberen Hälfte sind blau, die Spitzen und Quasten gelb. Die untere Hälfte zeigt die Farben Rot, Schwarz, Gelb – von unten anfangend.
Länge: 62 cm

416 (Or.Nr. 59) Federzepter »buta«　　　　　　　　　　　　　　Mundurucú
wie Nr. 287–293. Die Reihenfolge der Federfarben im unteren Teil ist: Rot, Schwarz und Gelb; die langen Arara-Schwanzfedern sind blau mit angeknüpften gelben Federn und Federbüscheln an der Spitze.
Abb.: Kat. »Indianer vom Amazonas«, 1960, Nr. 320, S. 141, Tafel 12 rechts.
Länge: 63 cm　　　　　　　　　　　　　　　　　　　　　　　　　　　*Tafel 73*

333 (Or.Nr. 107) Oberteil eines Tukan-Schnabels　　　　　　　　　　　Mauhé
In die Basis ist ein Busch roter und gelber Papageienfedern eingesteckt. Seine Durchlochung dient zur Aufnahme einer gedrehten Pflanzenfaserschnur.
Anm.: Notiz im Orig.-Kat.: »Mit solchem Schnabel öffnen die Mauhé sich und ihren Weibern zur Zeit der Schwangerschaft die Ader.« Zumindest im derzeitigen Zustand erscheint der Gegenstand als medizinisches Instrument ungeeignet, es dürfte sich eher um einen Gürtelschmuck handeln.
(Vgl. ganzer Tukan-Kopf Nr. 323c von den Miranha).
Länge: 21 cm

470 (Or.Nr. 287) Kriegstrompete »uruca«   Mundurucú
Konstruktion wie Nr. 471. Die Trompete ist jedoch sehr defekt.
Anm.: Siehe Nr. 471.
Länge: 76 cm

471 (Or.Nr. 288) Kriegstrompete »uruca«   Mundurucú
aus zwei Stücken Rohr von verschiedenem Durchmesser. Das weitere Rohr ist an der einen
Seite offen, an der anderen durch den natürlichen Knoten geschlossen; in ein Loch desselben ist ein zweites engeres Rohr eingeführt und mit Schnur zwischen zwei von der Wandung des ersten auslaufenden klammerartigen Fortsätzen eingeschnürt. Das dünnere Rohr
ist an dem freien Ende ebenfalls durch den natürlichen Knoten geschlossen, enthält aber unterhalb desselben eine rechteckige seitliche Blasöffnung.
Abb.: Spix und Martius, Atlas, Tafel 21, »Indianische Waffen«, Fig. 1; F. Ratzel, 1894, I,
S. 464; Kat. »Indianer vom Amazonas«, 1960, Nr. 324, S. 142.
Länge: 93,5 cm   *Tafel 79*
Anm.: Das Instrument gehört zu dem Typus der Zusammengesetzten Trompete (Izikowitz, 1935, S. 232ff.). Izikowitz (1935, S. 235, Fig. 116) veröffentlicht die Zeichnung einer
mit den unsrigen prinzipiell identischen »Seitengeblasenen Trompete von den Mundurucú«
aus dem Britschen Museum, Sammlung Spix und Martius, Nr. 8731, Länge 95 cm. Nach
einem Vermerk im Münchener Katalog zu Nr. 471 handelt es sich angeblich um eine Doublette zu dieser Nummer, die nach London vertauscht wurde. Da aber Nr. 472 – ebenfalls
eine solche Trompete – nicht vorhanden ist, dürfte dieses Stück weggetauscht worden sein.

516 (Or.Nr. 50) Jagdbeutel   Mauhé (?)
aus Pflanzenfaserschnur der Ananasblattfaser in Filettechnik geknüpft.
Der Hängebügel besteht aus vier dickeren, unverflochtenen Schnüren der gleichen Faser.
Abb.: Spix und Martius, Atlas Nr. 14, nach Band II, S. 1928, jedoch von den Miranha.
Länge: 53 cm
Breite: 35 cm   *Tafel 82*

523 (Or.Nr. ?) Trompete   Mauhé (?)
aus einer länglichen Kalebasse und einem Stück Rohr zusammengesetzt. Der Boden der
Kalebasse ist abgeschnitten, die Verbindungsstelle mit dem Rohr ist fest mit Baumwollschnur umwickelt und das Rohr bis fast ans Ende regelmäßig und dicht mit der gleichen
Schnur umflochten. Das Ende des Rohres ist durch den natürlichen Knoten verschlossen,
seitwärts ist eine Öffnung zum Blasen angebracht. Eine kunstvoll geflochtene Schnur, die
zum Anhängen dient, läuft der Länge des Rohres entlang. Ihre beiden Enden an der Verbindungsstelle von Rohr und Kalebasse tragen Büschel von bunten Papageienfedern an
Schnüren von Muschelperlen.

Abb.: Spix und Martius, Atlas, Tafel 21, »Indianische Waffen«, Fig. 2; F. Ratzel, 1894, I, S. 565; 1886, II, S. 497; Kat. »Indianer vom Amazonas«, 1960, Nr. 334, S. 143.

Länge: 60 cm   *Tafel 77*

Anm.: Auf Seite XVI der Erklärungen zum Atlas des 2. Teiles von Spix und Martius wird die Trompete als von den Aponegi-Crans (= Apanyekra) herrührend bezeichnet. Martius kam mit einer Gruppe Krahó und Apanyekra der östlichen Timbira 1819 in der Stadt Caxias zusammen (Spix/Martius, II, S. 819/820). In der Tat kennen die östlichen Timibra den gleichen Typ von seitengeblasenen Trompeten aus einem Rohrstück mit einem Resonanzkörper aus Flaschenkürbis (Nimuendaju, 1946, S. 116, Tafel 27a; Izikowitz, 1935, S. 252).

Das Kopfjagdzeremoniell der Mundurucú
(nach Murphy, 1958, S. 54ff.).

Der Zyklus der Kopftrophäen-Zeremonien begann kurz nach der Rückkehr der Teilnehmer des Kriegszuges vor Eintritt der Regenzeit mit dem Ritual des »Schmückens der Ohren«, das, wie auch die in den beiden folgenden Regenzeiten veranstalteten Zeremonien, unter der Leitung des oder der erfolgreichen Kopfjäger stand, die danach den Ehrentitel Dajeboishi, d.h. »Mutter des Peccari« (= Nabelschweins), erhielten.

Die Benennung nach dem Herrn einer Tierart weist auf eine enge Beziehung der Kopfjagd zum Jägertum bei den Mundurucú hin. Demgemäß erfüllten der bzw. die Dajeboishi eine bedeutende Funktion auch im Jagdritual. Die erfolgreichen Kopfjäger und ihre Trophäen gefallen der »Mutter des Wildes« – so hieß es. Der Dajeboishi jagte jedoch nicht selbst, noch begleitete er die Jäger unmittelbar auf ihren Streifzügen. Er ging mit der Trophäe zur gleichen Zeit in den Wald, und seine Nähe allein bewirkte Jagdglück. Nachdem zwei Tiere getötet waren, kehrte er jedoch ins Dorf zurück. Man glaubte, daß, wenn er länger verweile, er in das Blut eines erlegten Wildes treten könnte und dadurch die magische Anziehungskraft seiner Trophäe verlöre. Die Frau des Kopfjägers teilte seinen besonderen Status, der zwei Jahre bis zum Ende aller Zeremonien des Zyklus andauerte. So mußte sie am Tage des Jagdzuges möglichst lange in der Hängematte liegen bleiben, damit das Wild nicht wegläuft.

Diese Funktion des Dajeboishi hat eine interessante Parallele bei den Jivaro: Dort wird der erfolgreiche Kopfjäger mit der um den Hals gehängten Tsantsa (Schrumpfkopf) zum Ratgeber der Frauen bei der Feldbestellung. Er begeht jedoch nicht nur damit angetan die Maniok-Felder, sondern auch das Gehege mit den Hausschweinen (!), deren Vermehrung die Tsantsa – wie die der Nutzpflanzen – ebenfalls fördern soll (vgl. Zerries, 1974, S. 239).

Nachdem von dem erbeuteten Feindkopf bei den Mundurucú bereits auf dem Rückmarsch durch das Hinterhauptsloch das Gehirn entfernt, die Zähne ausgebrochen und sorgfältig aufgehoben, die Haut durch leichtes Kochen und Trocknen am Feuer pergamentähnlich präpariert waren, wurde eine geflochtene Schnur durch ein Loch im Gaumen und durch die Nasenlöcher gezogen, so daß die Quasten an beiden Enden herunterhingen. Später wurden die Augenhöhlen mit Wachs ausgefüllt und zwei Paca-(Nagetier-)Zähne quer in jeder angebracht.

Die Krönung der Ausstattung eines Trophäenkopfes bildeten jedoch die Federgehänge, die von den Ohren (?) herabhingen. Ihre Anbringung war der Hauptzweck der danach benannten, bereits erwähnten Zeremonie (Inyenborotaptam). Dazu wurden Federn von fünf Vogelarten verwendet, und jeder Federtyp konnte nur von Angehörigen bestimmter Klane angebunden werden. Der betreffende Vogel war meist ein namengebender Klangeist. – Ohren und Federgehänge fehlen an den Exemplaren der Sammlung Spix und Martius.

Mit Eintritt der zweiten Regenzeit nach der Erbeutung des Kopfes versammelte der Dajeboishi erneut die Leute der benachbarten Dörfer zu einem Fest, das »Yashegon« oder das »Abstreifen der Haut vom Kopf« hieß. Wie der Name anzeigt, wurden dabei der Kopf enthäutet und die Schmuckelemente entfernt. Zuvor jedoch wurde der Kopf am Boden von einer als »Geier« bezeichneten Gruppe glatzköpfiger Männer – alles ehemalige Kopfjäger – mit Stökken hin und her gestoßen, wie es die Aasgeier mit ihren Schnäbeln mit Resten eines Kadavers tun. Zum Schluß wurde der nackte Schädel in einer Ecke des Männerhauses aufgehängt.

Die dritte Regenzeit brachte die letzte Phase der Zeremonien, die am längsten dauerte und am ausführlichsten war. Sie wurde »Taimetoröm« oder das »Aufhängen der Zähne« genannt. Dabei wurden die Zähne des Kopfes auf einen unbenutzten Baumwollgürtel geheftet, dieser aber nicht getragen, sondern in einem Korb im Männerhaus aufbewahrt. Bedeutendstes Ritual dieser Phase aber war das allnächtliche Singen der »Mütter des Bogens«, einer Männergesellschaft, der alle erwachsenen Männer, d.h. Krieger angehörten. Leiter und Organisator war wiederum der Dajeboishi; er lud die benachbarten Dörfer mit der Aufforderung ein: »Kommt und eßt die Haut der Jagdbeute des Dajeboishi, kommt trinken Werú und Möri (? und süßen Maniok-Schleim) . . .«

Möglicherweise ist das angebliche Essen der Haut des Wildes – sie ist realiter nicht berichtet – eine Anspielung auf einen früheren kannibalischen Brauch, wie er wiederum von den Jivaro belegt ist, wo der Sieger, bevor er die Trophäe anlegte, ein kleines Stück der Haut, das der Medizinmann vom Hals der Tsantsa abgeschnitten hatte, verschluckte, um zu zeigen, daß er seinen Feind aß (Karsten, 1923, S. 84).

Im Hause des Dajeboishi fand dann mit den Gästen ein von vielen Tabus umgebenes rituelles Festmahl statt. Danach kehrten der Dajeboishi und seine Frau wieder zum normalen Leben zurück, vor allem konnten sie wieder geschlechtlich verkehren, was ihnen während der ganzen Zeremonialperiode verwehrt war. Die Kopftrophäe aber verlor gleichzeitig ihre (magische) Kraft.

Nach Barbosa Rodrigues (S. 45/46) wurde der Gürtel mit den Feindzähnen »Pariute-ran« vom Häuptling gewebt und von ihm einem siegreichen, aber durch feindliche Pfeile verwundeten Krieger, oder der Witwe eines tapfer Gefallenen an dem gleichnamigen Fest überreicht. Die Witwe trug während der Belehnungszeremonie den Federstrang »cururape« ihres Mannes und in jeder Hand ein Federzepter. Von da an brauchte weder sie noch ein verwundeter Krieger nicht mehr zu arbeiten, sie wurden vom ganzen Stamm unterhalten (siehe Tafel 70).

Katalog

543 (Or. Nr. 395) Kopftrophäe   Mundurucú
aus dem Schädel eines erschlagenen Feindes, angeblich eines Parintintin.
Herstellung siehe Beschreibung bei Nr. 544.
Anm.: vgl. Nr. 544.
Natürliche Größe

544 (Or. Nr. 396) Kopftrophäe »pariua-á«   Mundurucú
aus dem Schädel eines erschlagenen Feindes, hier angeblich eines Yuma-Indianers. Von
Gehirn, Muskeln, Augen und Zunge gereinigt, wurde er auf Pflöcken gedörrt, täglich wiederholt mit Wasser abgewaschen, mit Öl getränkt, worin Urucu (Bixa orellana) gelöst war,
und in die Sonne gestellt (Spix/Martius, 1867, III, S. 1314). Die Augenhöhlen sind mit
Harzballen ausgefüllt, in deren Mitte Tierzähne eingedrückt sind. An der Stelle der Ohren
ist je ein dickes Büschel aus weißer Baumwollschnur angebracht. Das Haar ist in der Weise
geschoren, daß auf dem Scheitel ein ovales Feld stehenblieb, rundherum ist die Kopfhaut
kahl, unterhalb davon fällt ein Kranz von Haar lang herab. Eine dicke, geflochtene Baumwollschnur steckt als Schlinge in der Mundöffnung; die Schnurenden laufen in schwarze
Federbüschel aus (Hörschelmann, S. 11, Abb. 15).
Martius (1867, I, S. 392) schreibt über die Verwendung: »So ausgestattet, begleitet die
scheußliche Trophäe den Sieger, der sie an einem Strick mit sich trägt, und wenn er in der
gemeinschaftlichen Hütte schläft, bei Tag in der Sonne oder im Rauch, bei Nacht wie eine
Wache, neben seiner Hängematte aufstellt.« (Siehe Tafel 74, 75).
Abb.: Spix und Martius, Atlas, Tafel 18; F. Ratzel, 1886, II, S. 643.

Tafel 76

Anm.: Die Haartracht der Yuma ist nicht überliefert. K. von den Steinen (1899, S. 34/5)
weist darauf hin, daß diese sonst den Hauptfeinden der Mundurucú, den Parintintin des
Rio Madeira, zugeschriebene Haartracht sich – nach Bildern von Hercules Florence zu ur-
teilen – auch bei den Mundurucú selbst findet. Nach einigen Quellen (bei Horton, 1948,
S. 279) wurde auch der Kopf des eigenen Gefallenen vom Kampfplatz mitgenommen und
mit dessen Schmuck, Waffen und Trompete daheim zur Schau gestellt. Nach einem Fest zu
Ehren des Toten wurde der Kopf um den Hals seiner Mutter, Witwe oder Schwester gehängt, während seine Mitstreiter Rache schwörten.

668 (Or. Nr. 272) Großer Pfeil (Fischpfeil ?)   Mauhé
aus einem Rohrschaft mit eingesetzter, einseitig gezackter Holzspitze. Die Verbindungsstelle von Schaft und Spitze ist dicht mit dünner Baumwollschnur umwickelt, um die Basis
der Spitze anschließend ein Streifen gespaltenen Federkiels (?) gewunden. Das untere
Schaftende ist gefiedert und gekerbt.
Die »ostbrasilianische Fiederung« (nach H. Meyer) besteht aus zwei am oberen und unteren Ende durch Umwicklung mit dünner Schnur am Schaft befestigten Federn, deren In-

nenfahnen gekappt sind; die Federn haben eine Drehung von 90°. Die Fadenumwicklung am äußersten Schaftende weist eine Musterung durch Kreuzung des Fadens auf.

Ganze Länge: 185 cm
Länge der Spitze: 33 cm

669a–e Fünf Pfeile Mauhé

Sie bestehen aus Rohrschaft, Holzeinsatz und Bambusspitze. Der Holzeinsatz ist ein nach dem Ende zu sich verjüngender Stab von rundem Querschnitt.

Das spitze Ende liegt in einer Rinne der Innenseite des lanzettförmigen Bambusmessers, so daß die Spitze darin verschwindet. Das Messer ist am Stab durch Umwicklung mit Baumwollfaden befestigt, die bei drei Exemplaren durch gekreuzte Lagen eine kunstvolle Musterung aufweist.

Die Fiederung besteht aus zwei ganzen Federn, deren Innenfahnen gekappt und um den Schaft gedreht sind (»ostbrasilianische Fiederung« nach H. Meyer).

Das Ende der Umwicklung zeigt dort bei zwei Exemplaren eine Musterung durch gekreuzte Fäden.

Ganze Länge: 154–181,5 cm
Länge der Spitze: 30–40 cm

671a (Or. Nr. 249) Pfeil Mauhé oder Arara

In den Schaft aus dünnem Bambusrohr ist eine zweiseitig gezahnte Spitze aus rotem Palmholz eingesetzt und an dieser ein Bambusmesser befestigt. Das Stück ist von hervorragend schöner Arbeit und zeigt reichen künstlerischen Schmuck: Die Fadenumwicklung, die Bambusmesser und Holzspitze umschnürt, ist beiderseits mit einem aufgemalten Muster versehen. Die 8 bis 9 cm lange Umwicklung des oberen Schaftendes weist auf der ganzen Länge eine feine Musterung aus gekreuzten Fäden auf. Die Umkleidung der eingesetzten Holzspitze unmittelbar darüber besteht zunächst aus spiralig umwickeltem, gespaltenen weißem Federkiel, darauf folgt ein Gürtel von sorgfältig ornamentiertem Geflecht aus ganz schmalen schwarzen und weißen Federkielstreifen, den Abschluß bildet ein Ring aus kurzgeschorenen rot-gelben Federposen. Die einstige Peru-Pechfiederung fehlt.

Abb.: Spix und Martius, Atlas, Tafel »Indianische Waffen«, Fig. 17, in der Tafelerklärung Spix/Martius, II, S. 16, als von den Arara stammend angegeben. Diese Angabe dürfte richtiger sein als die Katalog-Angabe »Mauhé«, s. H. Meyer, S. 24, Tafel II, Fig. 17/8.

Lit.: Kat. »Indianer vom Amazonas«, 1960, Nr. 338, S. 144.

Ganze Länge: 156,5 cm
Länge des Bambusmessers: 18,5 cm
Länge der Palmholzspitze: 23 cm
Länge der Umwicklungen: 3 und 8,5 cm

671b (Or.Nr. 249) Pfeil   Mauhé (?)

In der Ausführung und künstlerischen Ausgestaltung Nr. 671a entsprechend. Das Bambusmesser ist jedoch viel größer, die gezahnte Holzspitze fehlt; dafür sind an der glatten Holzspitze, auf die das Bambusmesser aufgesetzt ist, in 3 bis 4 cm Abstand vier kleine Tierzähne (?) als Widerhaken angebunden, die von der Innenachse des gewölbten Bambusmessers aufragen. Die Holzspitze ist ganz mit Faden umwickelt. Fiederung und Umwicklung des Schaftendes fehlen, nur Spuren von schwarzem Pech sind vorhanden. (Vgl. Nr. 671a »Peru-Pechfiederung«). Das Schaftende ist gespalten.
Ganze Länge: 152 cm
Länge der Spitze: 37 cm

671c, d (Or.Nr. 249) Zwei Pfeile   Mauhé oder Arara

aus Bambusrohrschaft, Holzeinsatz und Bambusmesserspitze bestehend. In der Ausführung und der künstlerischen Ausgestaltung entsprechen sie Nr. 671a.
Abweichend ist die Form der Spitzen: der Holzstab ist glatt, und seine Spitze verschwindet in der Innenseite des Bambusmessers, ohne Widerhaken zu bilden, doch trägt das Bambusmesser selbst solche.
Lit.: Kat. »Indianer vom Amazonas«, 1960, Nr. 339, S. 144/145.
Ganze Länge: 151 und 156 cm
Länge der Spitzen: 33 und 39 cm

675 (Or.Nr. 261) Reich verzierter Speer   Mundurucú

An einem nach unten sich verjüngenden Holzschaft ist oben ein Bambusmesser angebracht. Dieses besteht aus einem halbierten Stück Rohr und trägt auf der Innenseite ein mit schwarzer Farbe aufgemaltes Ornament. Die Umschnürung von Holzstab und Spitze ist mit feingedrehter Baumwollschnur in sorgfältigster Weise in zwei Lagen, die untere glatt, die obere netzartig, aus gekreuzten Fäden hergestellt. Soweit die Umwicklung den Holzstab umschließt, ist sie mit Pech getränkt. Zwei dickere Schnurpaare kreuzen sich auf der äußeren und inneren Seite der Umwicklung, von den beiden scharfen Seiten des Messers ausgehend, wo kleine Federquastenbüschel eingeschnürt sind. Ein Kranz von gelben und grün-blauen Federbüscheln umgibt den unteren Rand der Umwicklung und verdeckt die Kielenden von vier langen, an einem Schnurring herabhängenden, außen blauen, innen gelben Arara-Federn, deren Spitzen unten durch einen Federbüschelkranz aus kleinen schwarzen und gelben Federn um den Stab festgehalten werden. Bei dem Schaft könnte es sich auch nur um einen Holzeinsatz in einen (nicht vorhandenen) Schaft aus Bambusrohr handeln. Dann wäre der Speer wohl als Lanze gebraucht worden.
Abb. u. Lit.: Hörschelmann, 1920, S. 6, Abb. 5; Kat. »Indianer vom Amazonas«, 1960, Nr. 322, S. 141, mit Zeichnung.
Länge: 140,5 cm
Länge der Spitze: 41 cm   *Tafel 78*

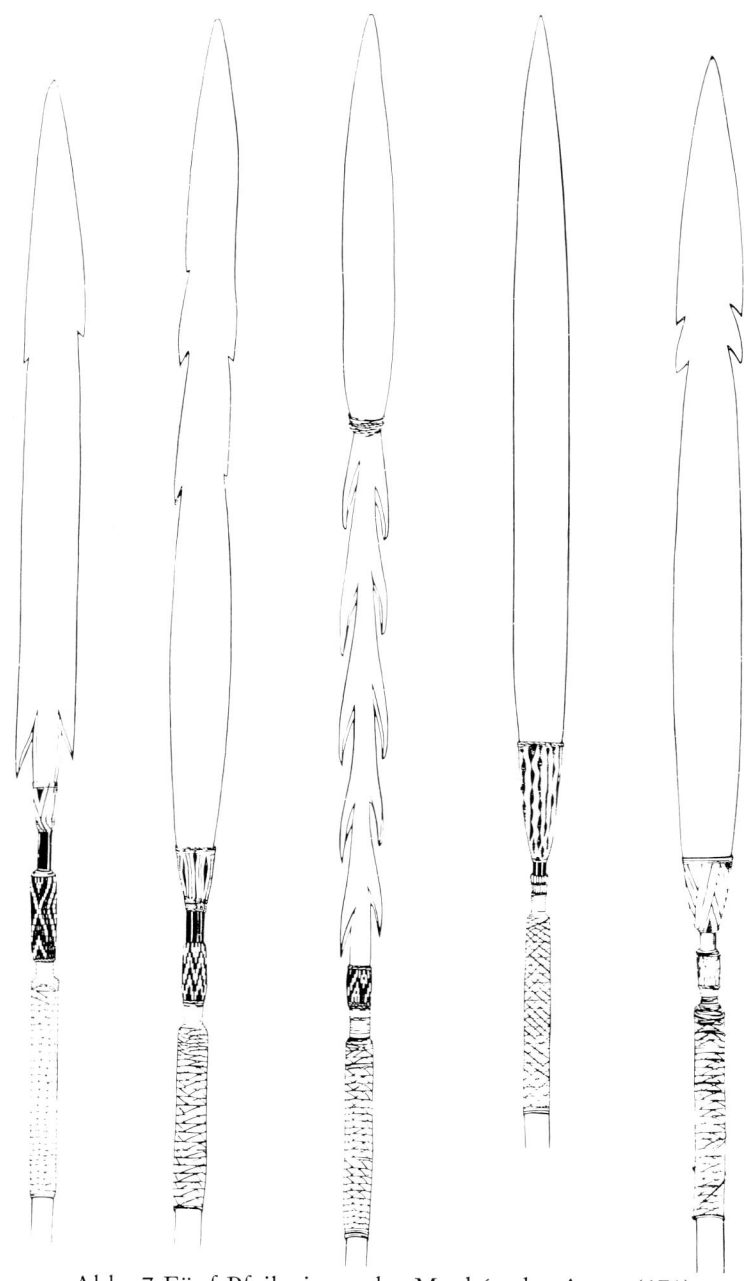

Abb. 7 Fünf Pfeilspitzen der Mauhé oder Arara (671)

Anm.: Nach einer Notiz im Originalkatalog gehörte der Speer einem Anführer der Mundurucú, den die Nachbarn Paiquice nannten. Vermutlich handelt es sich um den von Martius (Spix/Martius, III, S. 1310) als »Scharfrichter« bezeichneten Mann, der viele Yumas und Parentintins geköpft habe, zumal Paiquice nach Martius (l. c. p. 1314) »Kopfabschneider« bedeutet, eine Bezeichnung, die auch den Mundurucú allgemein von ihren Nachbarn zuteil wird.

In der Natterer-Sammlung zu Wien (Inv.-Nr. 1203/8) befinden sich sechs solcher »Speere mit bemalter Spitze« der Mundurucú, die diese 1832 im Kriege von den benachbarten Parintintin erbeutet haben wollen, wie eine Notiz im Originalkatalog besagt. Es besteht die Möglichkeit, daß unser bereits 1820 gesammeltes Exemplar ebenfalls als ein Beutestück von den Parintintin aus einem früheren Krieg der Mundurucú mit diesem feindlichen Tupi-Stamm zu betrachten ist. (Kat. »Brasiliens Indianer«, Wien, 1971, S. 93/94, Nr. 335, 336, Tafel 31).

691 (Or.Nr. 274) Bogen   Mundurucú

aus rotbraunem Holz mit halbrundem Querschnitt, die runde Seite nach außen gekehrt. Die Mitte ist auf 4 cm Länge mit Baumwollschnur fest umwickelt. Die Spitzen des Bogenstabes sind scharf abgesetzt. Die Sehne aus Pflanzenfaserschnur ist auf der einen Seite so an der Spitze befestigt, daß das Ende der Schnur aufgedreht, die dadurch entstandene Schlinge der Spitze aufgesetzt ist und von der Schnur fest angezogen wird. An der andern Spitze ist die Schnur geknotet.

Anm.: Dem halbrunden Querschnitt nach gehört der Bogen zum nordbrasilianischen Typus (H. Meyer, Tafel II, Fig. 10–12).

Länge: 235 cm

Durchmesser des Querschnitts: 3,4 cm

693 (Or.Nr. 248) Bogen   Mauhé

aus rotbraunem Holz mit halbrundem Querschnitt, die Rundung nach außen gekehrt. Die Sehne aus Pflanzenfaserschnur ist an den Spitzen einfach umgeschlagen und verknotet. (Ursprünglich ?)

Anm.: Nordbrasilianischer Typus wie Nr. 691 nach H. Meyer (Tafel II, Fig. 10–12).

Länge: 213,5 cm

Durchmesser in der Mitte: 3,1 cm

 Abb. 8: Enden und Querschnitt eines Bogens

Taf. 73 –
Drei
Federzepter,
Mundurucú
oder Mauhé

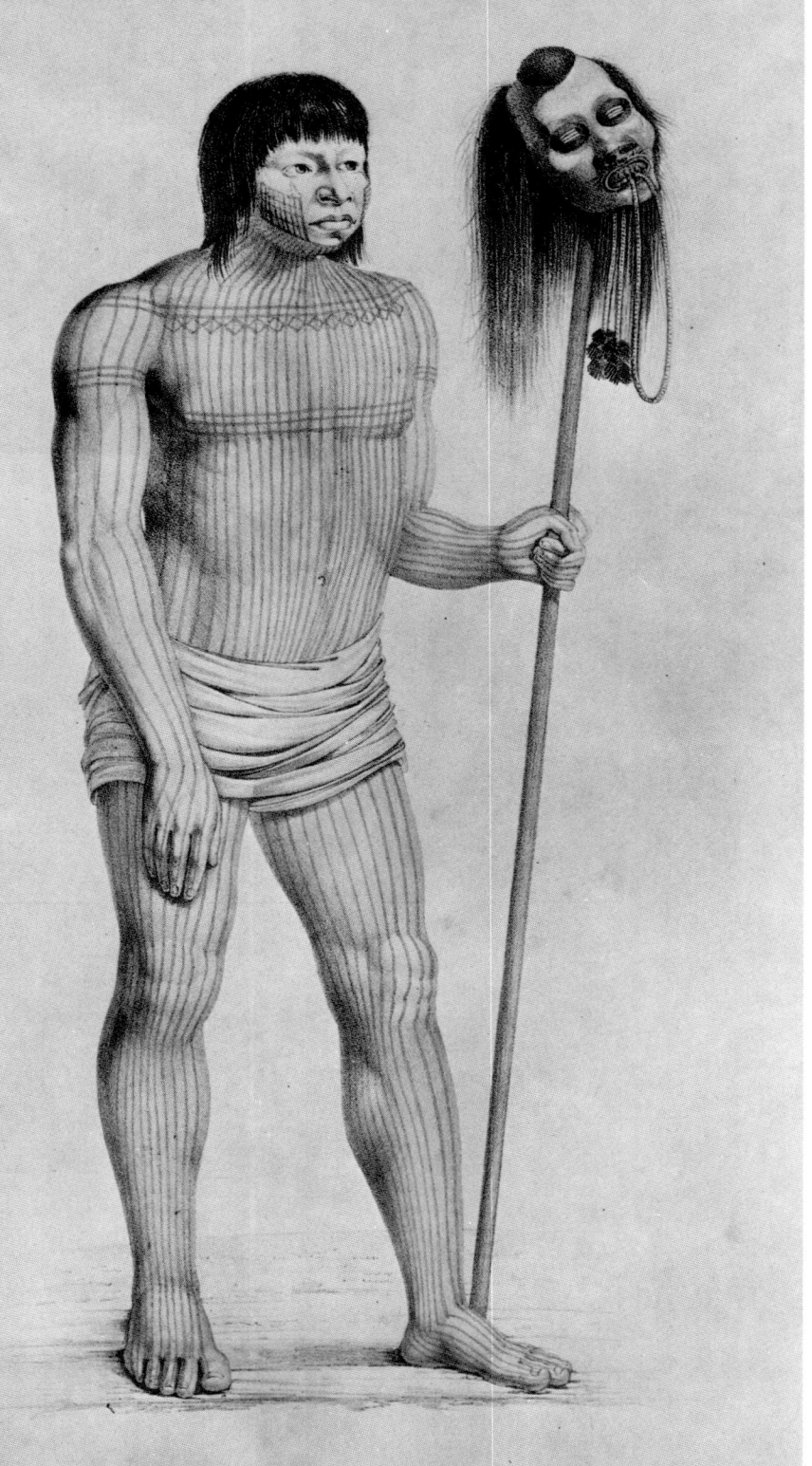

Taf. 74 – Tatauierter Mundurucú mit Kopftrophäe Reproduktion nach Tafel im Atlas von Spix und Martius

Taf. 75 – Mun-
durucú-Krieger
in Federtracht
mit Kopftrophäe
Reproduktion:
Barbosa Rodri-
gues, 1882, S. 28

Indio Mundurucu.

Seite 204: Taf. 76 – Kopftrophäe, Mundurucú

Seite 205: Taf. 77 – Trompete aus Kalebasse, Mauhé

Taf. 78 – Reich verzierter Speer, Mundurucú

Taf. 79 – Kriegstrompete aus Bambusrohr, Mundurucú

Seite 208: Taf. 80 – Federkranz, Mundurucú
Zwei Federbinden für die Oberarme, Mundurucú

Seite 209: Taf. 81 – Ein Paar Oberarmbänder, Mundurucú

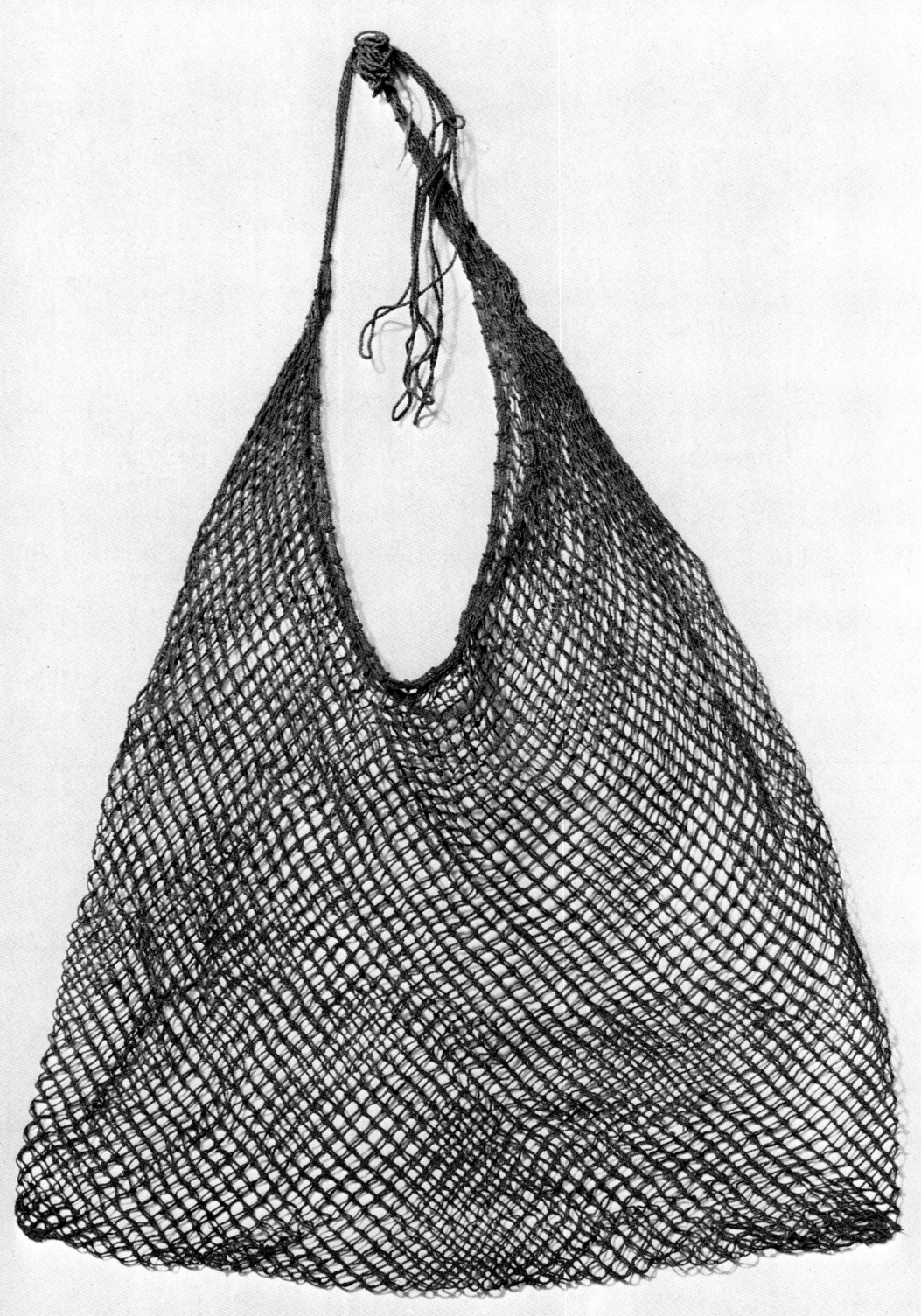

Taf. 83a, b – Coca-Löffel aus Knochen, Miranha (?)
Coca-Büchse aus Bambus, Coëruna (?)

Seite 210: Taf. 82 – Netzbeutel für die Jagd, Mauhé

Taf. 84 –
Schnupfbrett,
Mauhé

Taf. 85 – Paricá-schnupfender Mura (?)
Reproduktion nach A. Rodrigues Ferreira, 1974, Fig. 2

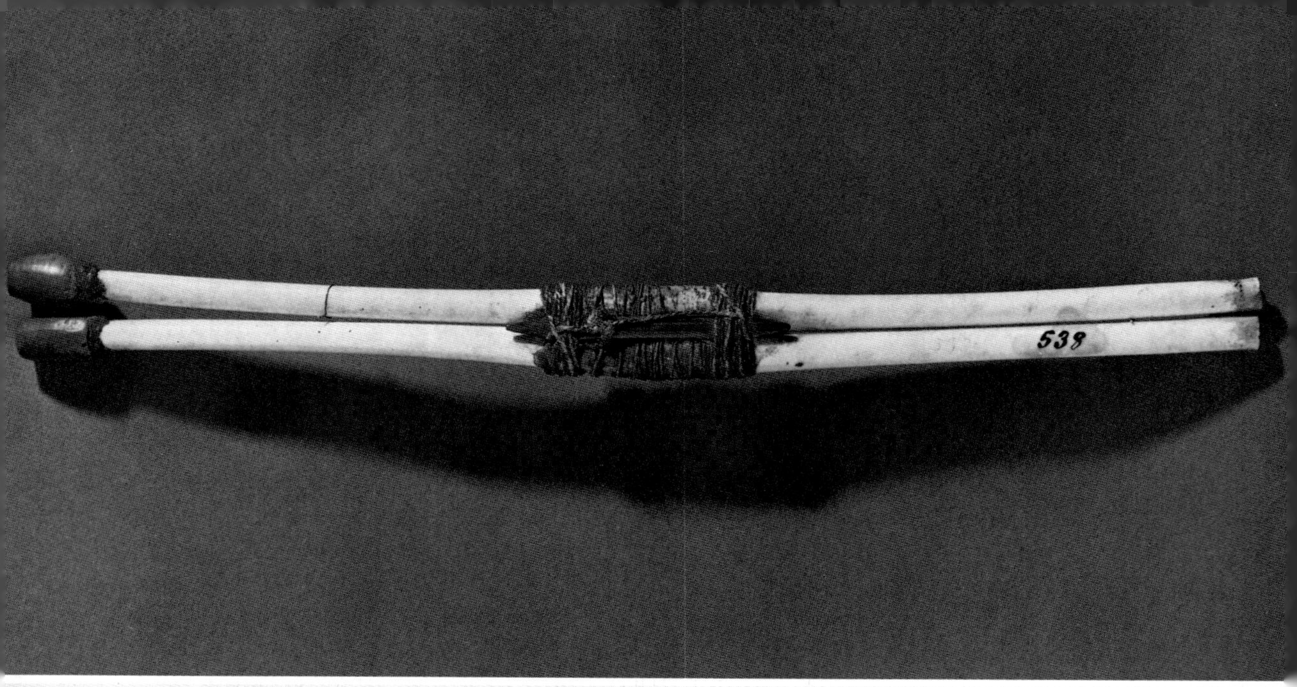
538

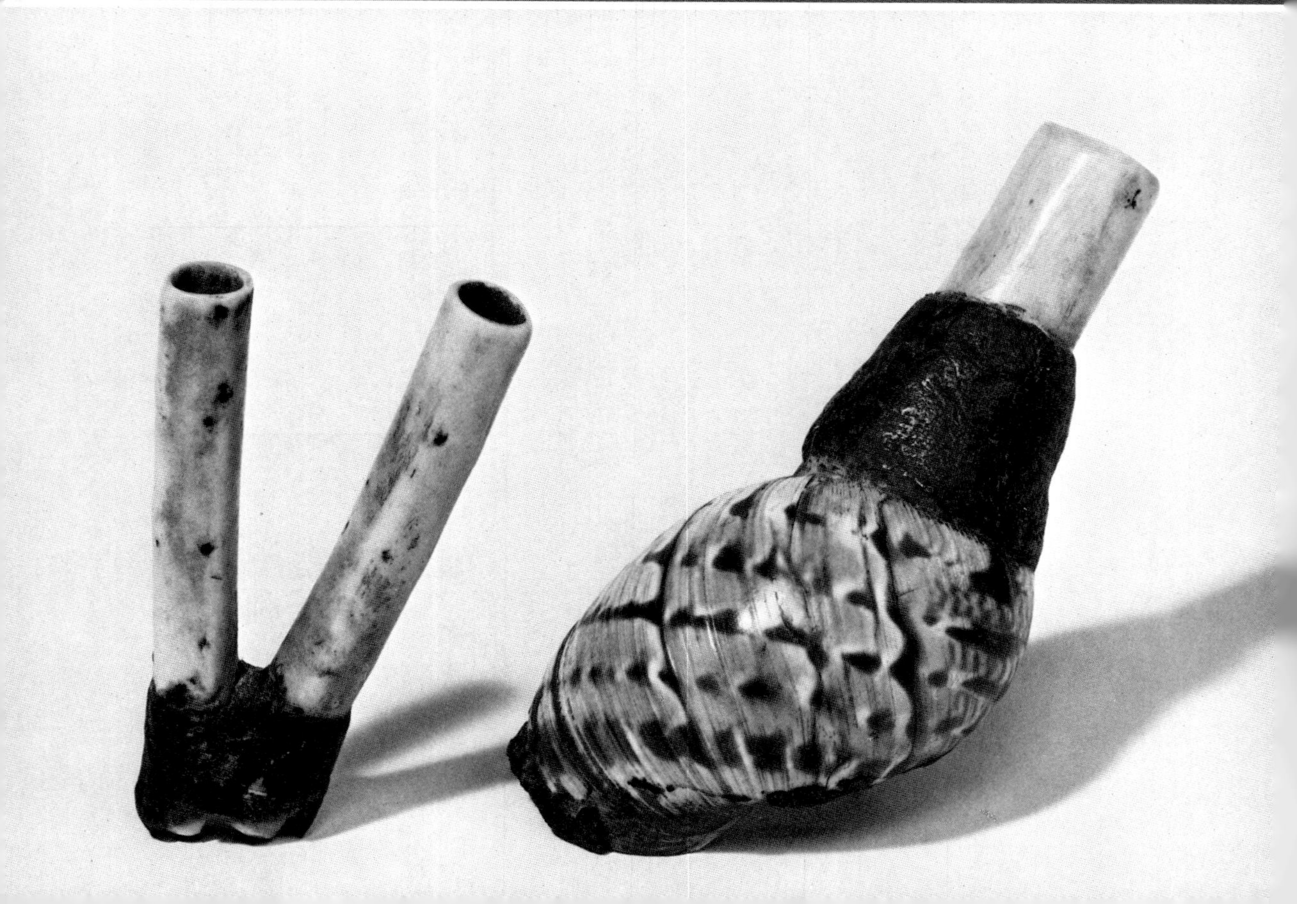

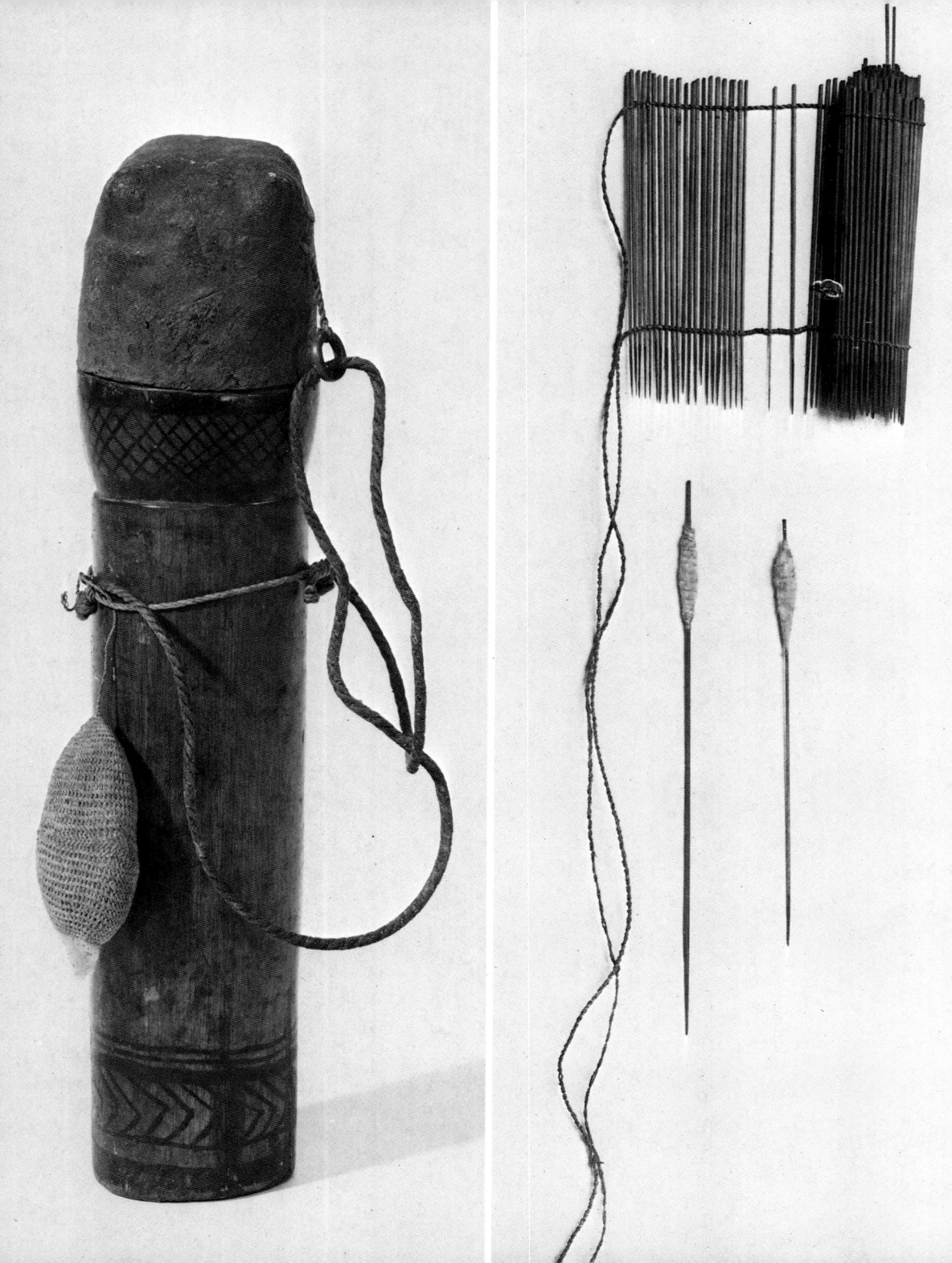

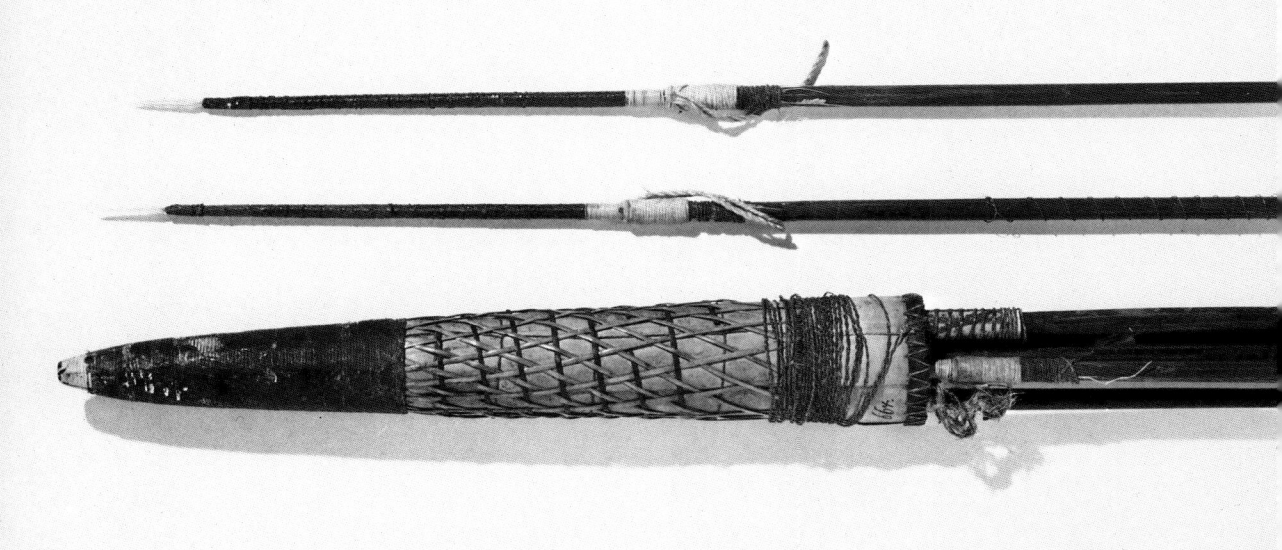

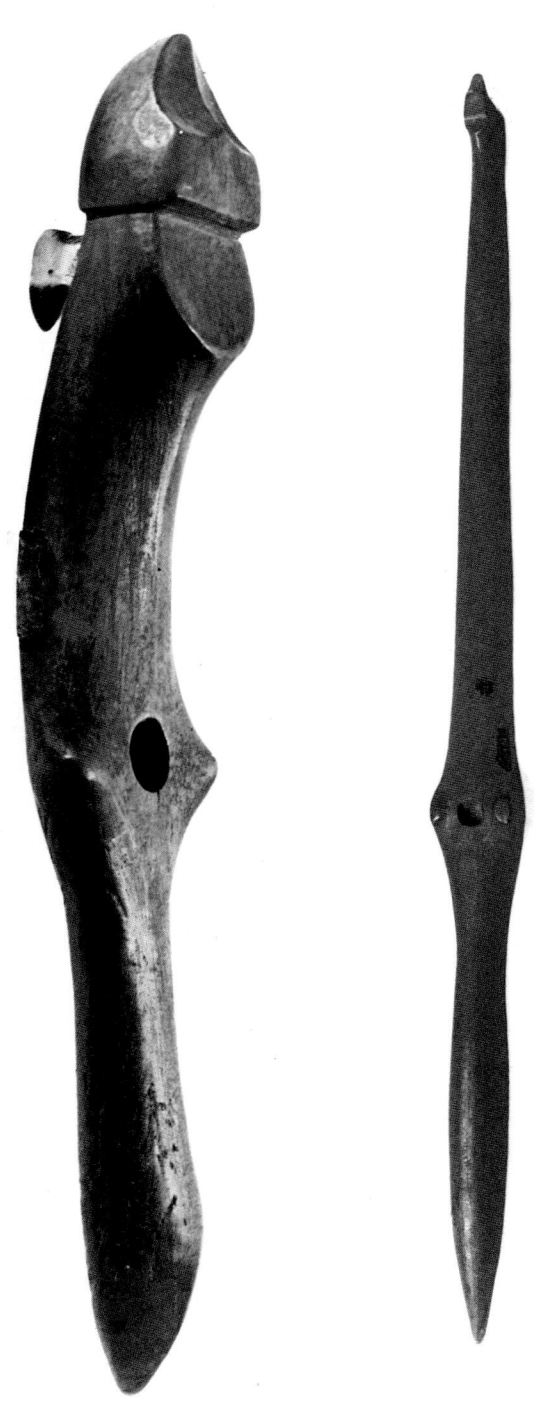

Seite 214 oben:
Taf. 86a – Schnupfgerät
aus zusammengesetzten Röhrenknochen, Tecuna (?)

Seite 214 unten:
Taf. 86b – Schnupfgerät
aus zwei V-förmigen Vogelknochen,
Mura (?)
Schnupfpulver-Dose
aus Schneckengehäuse, Juri

Seite 215:
Taf. 87 – Köcher
für Blasrohrpfeile, Coëruna

Seite 216 links:
Taf. 88a – Köcher für
Blasrohrpfeile, Juri (?)

Seite 216 rechts:
Taf. 88b – Köcher für
Blasrohrpfeile, Detail, Miranha

Seite 217 oben:
Taf. 89a – Acht Bogenpfeile in
Schutzfutteral, Uariquena

Seite 217 unten:
Taf. 89b – Köcher für Blasrohrpfeile, Miranha

Seite 218:
Taf. 90a, b – Speerschleuder,
Ozuana
b) Speerschleuder, Tecuna
(verlorengegangen)

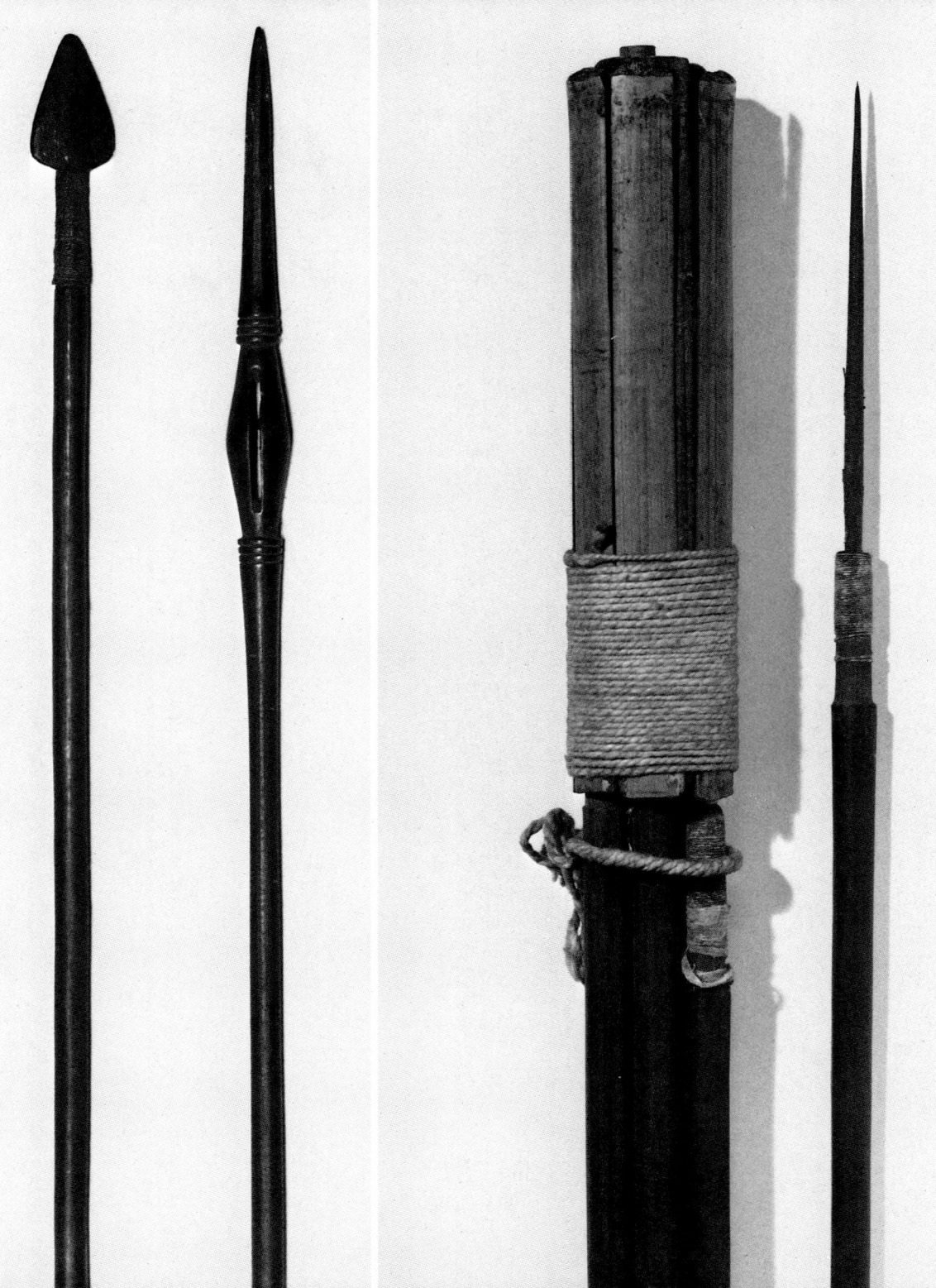

Taf. 92 – Deckelkorb aus Palmblatt, Camacan

Seite 219: Taf. 91 rechts – Speerbündel, Miranha
links – Rassel-Lanze (verlorengegangen), Juri

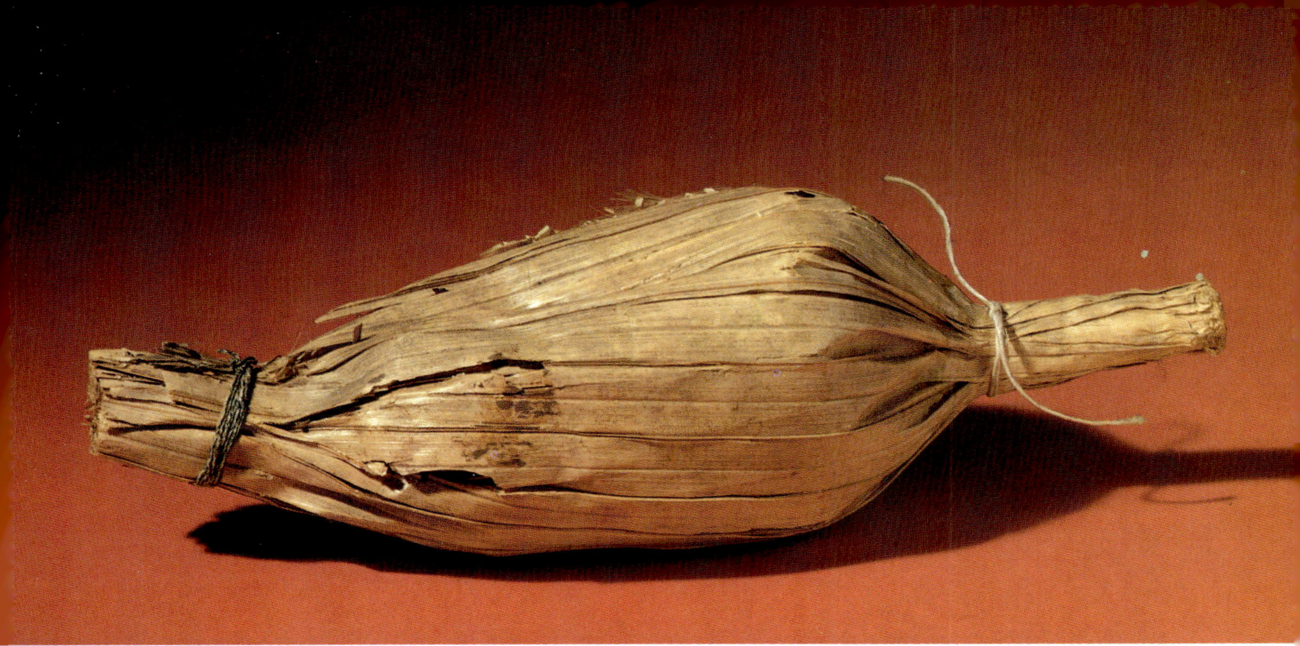

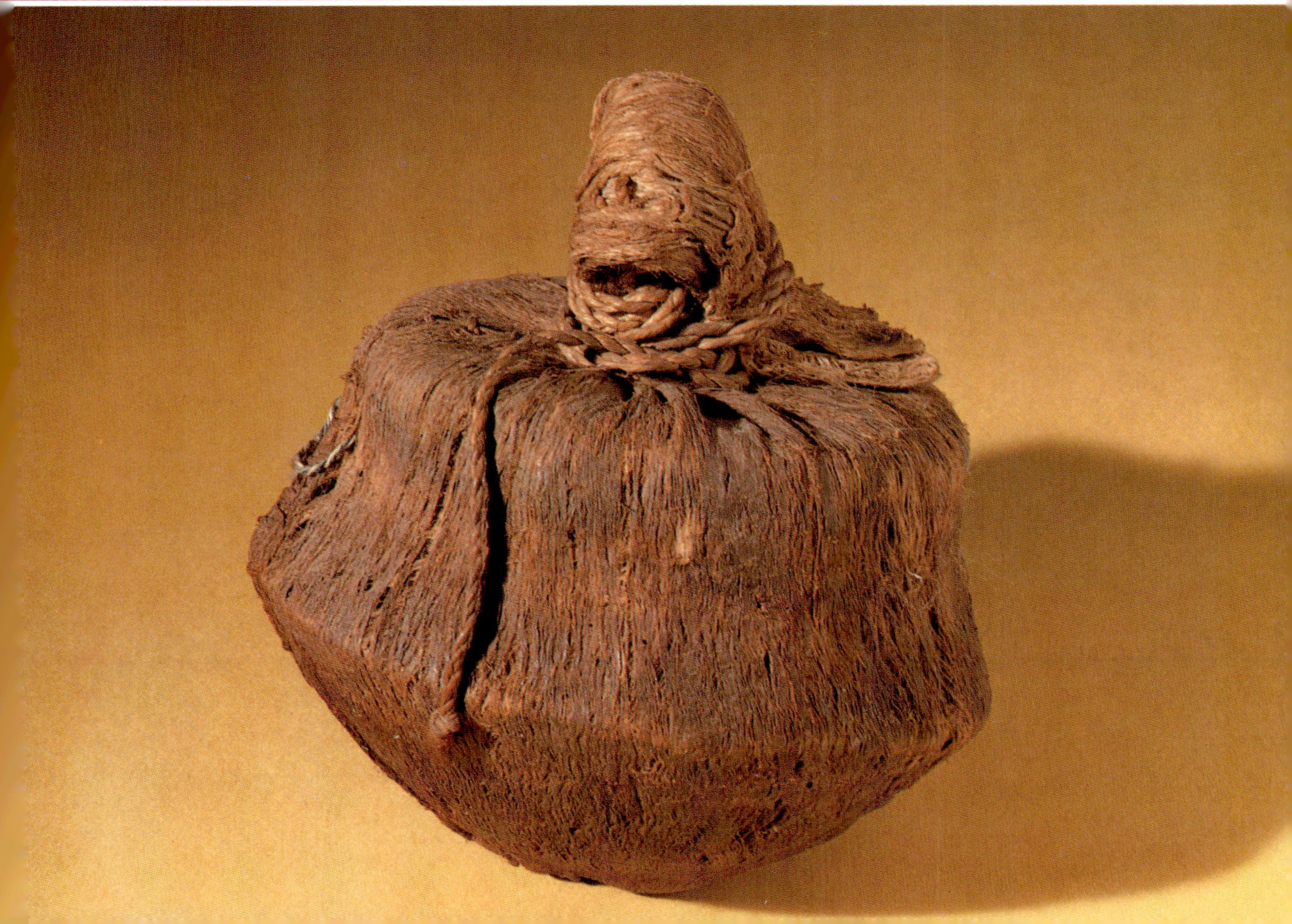

Taf. 94 – Aldea der Coroados
Reproduktion: Tafel im Atlas von Spix und Martius

Seite 221 oben:
Taf. 93a – Curare-Rinde in Blätter-Paket, Juri (?)

Seite 221 unten:
Taf. 93b – Curare in Tontöpfchen, Juri (?)

Taf. 95 – Tanz der Puris
Reproduktion: Tafel im Atlas von Spix und Martius

Taf. 96a, b –
Zwei Kalebassen,
Villa da Barra

698 (Or.Nr. 273) Bogen — Mauhé

aus sorgfältig geglättetem und poliertem rotbraunem Holz mit halbrundem Querschnitt, die Rundung nach außen gekehrt. Die Spitzen des Bogenstabes sind scharf abgesetzt, die Sehne besteht aus Pflanzenfaserschnur.

Lit.: Kat. »Indianer vom Amazonas«, 1960, Nr. 337, S. 144.

Länge: 202 cm

Durchmesser: 2,6 cm

278 (Or.Nr. 28) Federkappe — Arara

Kleine Büschel roter, gelber und schwarzer Federn sind in ein kreisrundes Netz aus Pflanzenfaserschnur eingeknüpft; durch die Randmaschen ist ein Band europäischer Technik gezogen. Bei den Federbüscheln sind die Kiele umgebogen und bilden umschnürt einen langen Stiel. Die schwarzen Federn nehmen den Rand ein und bilden ein Bogenmuster auf gelbem und rotem Grund. An einer Stelle am Rande ist ein Büschel feiner weißer Federchen eingeknüpft.

Lit.: Kat. »Indianer vom Amazonas«, 1960, Nr. 340, S. 145.

Durchmesser: 24 cm — *Tafel 69*

279 (Or.Nr. 29) Ein Paar Federbinden — Arara

aus roten Federn, das unter den Knien und über den Knöcheln getragen wird. Die Federchen liegen so dicht, daß die Binde wie ein Stück Balg aussieht, doch zeigt die Rückseite die Herstellung aus einer großen Anzahl einzelner Federbüschel. Diese sind von beiden Seiten durch ein Band aus Schnurgeflecht gesteckt, die lang herausragenden Enden sind auf jeder Seite umflochten.

Lit.: Kat. »Indianer vom Amazonas«, 1960, Nr. 343, S. 145.

Länge: 15 cm

311a (Or.Nr. 67a) Stirnbinde — Arara

Gelbe Papageienfedern sind mit umgebogenen Kielenden an weiße Baumwollschnüre geknüpft. Die Schnüre sind zu einem großmaschigen Netz verknotet, an dessen kleinerem Teil die Federn befestigt sind; der übrige Teil bildet, wenn straff gezogen, ein Band. Zu beiden Seiten des federbesetzten Teiles sind die Schnüre des Netzes übereinanderliegend verknüpft; die Enden ragen frei nach den Seiten und dienten wohl zum Zusammenbinden. Im Orig.-Kat. wird unter 67b »eine zweite kleinere Binde, die auf das Oberhaupt zu liegen kommt«, genannt. Diese zweite Binde ist nicht mehr vorhanden.

Länge: 36 cm

Breite: 14 cm

311b (Or.Nr. 68) Federfächer — Arara (?)

Fünfzehn große schwarze Federn sind mit den Kielen dicht nebeneinander gelegt, so daß sie einander seitlich überdecken und nur der mittlere Teil voll sichtbar wird. Die Kiele sind unten mit Bast zusammengehalten und außerdem mittels einer durch eine Durchlochung sämtlicher Kiele durchgezogene biegsame Gerte, deren Enden herabgebogen und in die Bastumflechtung mit einbezogen sind.

Vgl. ähnliche Federwedel:
285c: Coretù
283: Uainumà
298: Passé.

Die Befestigung der Enden der Gerte ist von verschiedener Art.

Länge: 34,5 cm

311c (Or.Nr. 67c) Federstäbchen   Arara

Elf lange rote Arara-Federn, je an ein zugespitztes Knochen- oder Palmholzstäbchen gebunden und zum Teil mit anderen kleinen Federn verziert.

An der Spitze sind bei einzelnen Federn kleine Federbüschel befestigt, ebenso an der Basis von Kiel und Stäbchen, oder es hängen leichte, weiße Federteile an Fäden vom Kiel nahe der Spitze herab.

Die Katalogangabe, daß diese Federn »an allen schicklichen Orten zwischen die Maschen des Geflechts befestigt« wurden, ist unverständlich.

Länge: bis 50 cm

330a (Or.Nr. 97a) Stirnbinde   Arara

Gelbe Papageienfedern sind mit umgebogenen Kielenden an weiße Baumwollschnüre geknüpft. Die Schnüre sind zu einem großmaschigen Netz verknotet, an dessen kleinerem Teil die Federn befestigt sind; der übrige Teil bildet, wenn straff gezogen, ein Band. Zu beiden Seiten des federbesetzten Teiles sind die Schnüre des Netzes übereinanderliegend verknüpft; die Enden ragen frei nach den Seiten und dienten wohl zum Zusammenbinden.

Lit.: Kat. »Indianer vom Amazonas«, 1960, Nr. 341, S. 145.

Länge: 100 cm
Breite: 15 cm

330b (Or.Nr. 97b) Federbüschel   Arara

Drei große rote Arara-Schwanzfedern sind mit fünf kleineren weißen Federn unterbunden. Die Kiele sind mit Bastfaden zusammengeschnürt; der so gebildete lange Büschel diente als zopfartiger Anhänger an der Kopfbinde.

Lit.: Kat. »Indianer vom Amazonas«, 1960, Nr. 342, S. 145.

Länge: 50 cm

330c (Or.Nr. 97c) Wadenbinde   Arara

Kleine rote Federn sind in einzelnen Büscheln von beiden Seiten durch ein Schnurband gesteckt, so dicht, daß sie wie ein Stück Federbalg wirken (siehe Nr. 279).

An der Rückseite ragen die Kielenden beiderseits vor, jedoch fehlt die bei Nr. 279 herge-

stellte ovale, plattenartige Grundlage. Das Schnurband endet auf der einen Seite in einer Doppelöse, auf der anderen in vier schmalen Geflechtssträngen, die in die freihängenden Geflechtsfäden übergehen; an einem der vier Stränge sind an deren Enden kleine, gelbe Federn angebunden.
Länge: 14 cm

302 (Or.Nr. 48) Federkopfschmuck   Parentintin (?)
Die Unterlage des Schmuckes bildet ein aus Pflanzenfaserschnur gewebeartig geflochtener Gurt; er ist bedeckt mit einer Reihe größerer gelber und einer anderen Reihe kleiner roter Federn und einer dritten aus weißem Flaum.
Die gelben und roten Federn sind mit umgebogenen Kielenden an zwei Schnüre geknüpft, während der weiße Flaum auf einen gespaltenen Pflanzenstengel gebunden ist.
Anm.: Es muß sich genau wie bei Nr. 334 (Mura) um einen Irrläufer handeln, da die meisten übrigen Federkopfbinden dieses Types vom Rio Yapurá stammen (281 Coretù, 304–308 Coëruna), und Spix und Martius mit den Parentintin nicht in Kontakt gekommen sind, sondern nur einige von den Mundurucú erbeuteten Gegenstände erwarben.
Länge des Gurtes: 40 cm

7. Ostbrasilien

Einführung

Die Mehrzahl der indianischen Ureinwohner des ostbrasilianischen Berglandes gehörten der Ge-Sprachgruppe an. Sie wurden früher meist als »höhere Jäger« betrachtet, sind jedoch in neuerer Zeit auch als altertümliche Bodenbauer erkannt worden, weshalb der Ausdruck »Jägerpflanzer« nicht abwegig erscheint.

Tatsächlich noch Jägervölker waren zur Zeit des ersten Zivilisationskontaktes die meisten der sprachlich zersplitterten Indianergruppen im Hinterland der brasilianischen Atlantikküste wie Botokuden, Puri, Coroados usw., während die Camacan schon als Bodenbauer angetroffen wurden. Das gleiche gilt für die unter der Bezeichnung »Tapuya« zusammengefaßten, aber heterogene einstige Eingeborenenbevölkerung Nordostbrasiliens, insbesondere des Staates Bahia. »Tapuya« bedeutet in der Sprache der später nach Ostbrasilien eingedrungenen Tupi-Indianer soviel wie »Feind«. Sie sind mit Ausnahme einiger weniger Gruppen heutzutage ausgestorben.

Die Puri und Coroados

Beide Stämme bildeten einst eine ethnische Einheit, entzweiten sich jedoch vor Jahrhunderten, entwickelten sich kulturell verschieden und blieben miteinander verfeindet. Ihrer beider Wirtschaftsgrundlage war ursprünglich sehr ähnlich der der benachbarten Botokuden, indessen blieben die Puri bis zu ihrem Untergang reine Wildbeuter, während die Coroados, die den Namen »die Gekrönten« von ihrer Haartracht – einer Tonsur nach Art der Franziskaner – erhielten, in beschränktem Umfang den Bodenbau annahmen. Die Puri errichteten nur einfache Unterkünfte aus schräggestellten Palmwedeln, die Coroados hingegen wohnten in Hütten aus zwei aneinandergelehnten Pultdächern. Sie schliefen in Hängematten aus Baumwolle, die Puri bisweilen in solchen aus Faserschnüren einer Cecropia sp., sofern sie es nicht vorzogen, auf dem Boden zu übernachten. Die Puri brieten ihre Nahrung im Erdofen oder kochten sie in Gefäßen aus grünen Bambusabschnitten, die Coroados benutzten hierfür wohlgeformte Tongefäße verschiedener Art und Größe. Unter Tupi-Einfluß veranstalteten letztere auch große Trinkfeste mit Maisbier, dessen Fermentierung durch den Zusatz von Speichel beschleunigt wurde. Die Tänze der Puri fanden unter anderem zur Feier der Tötung eines Jaguars statt. Die Medizinmänner beschworen des Nachts, Wolken von Tabakrauch aus ihren Pfeifen ausstoßend, die Totengeister, um sie über künftige Ereignisse, Jagd und Krieg betreffend, zu befragen. *(Hierzu siehe die Tafeln 94, 98, 95).*

228

Die Camacan

Entgegen den übrigen Stämmen des atlantischen Areals waren die heute als ethnische Einheit verschwundenen Camacan von vorneherein Bodenbauer, die auch Maniok in größerem Umfang anpflanzten und die Ausbeute von Jagd, Fischfang und Sammeltätigkeit nur als Ergänzung des Lebensunterhaltes betrachteten. Sie lebten in großen Gemeinschaftshäusern, schliefen auf Plattformbetten und kannten sogar den vertikalen Webstuhl. Alljährlich zu Beginn der Regenzeit wurden die Toten, deren Seelen sich dabei des Nachts, nur den Alten sichtbar, angeblich unter die Tänzer mischten, in einem besonderen Fest geehrt. Auch die Überführung der Knochen eines Verstorbenen, die man in einer Urne beisetzte, nachdem man den ursprünglich in einem Hockergrab mit allerlei Beigaben bestatteten Toten exhumiert hatte, wurde mit einer großen Feier begangen. Aus zum Teil vorgekautem Mais oder Süßkartoffeln wurde ein Festgetränk bereitet, das in einem großen Holztrog erwärmt wurde. Trinkfeste waren bisweilen mit Gemeinschaftsjagden und Klotzrennen zwischen zwei Mannschaften verbunden.

Katalog

545 Tanzrassel Coroados

aus einer an beiden Polen durchlochten Kalebasse; ein Stab mit verdicktem oberen Ende ist als Handgriff durchgesteckt und am unteren Teil dicht mit Baumwollschnur umwunden. Abb.: Spix und Martius, Atlas, Tafel 6, »Trinkfest der Coroados«, dort nicht diese Rassel, sondern solche auf Tafel »Indianische Gerätschaften«, Nr. 31, wiedergegeben. Lit.: Kat. »Indianer vom Amazonas«, 1960, Nr. 376, S. 152.

Länge: 26,3 cm *Tafel 22*

569 (Or.Nr. 388) Deckelkorb Camacan

mit ovaler Grundfläche aus Palmblatt über einem Gerüst von Stäben errichtet. Korb und Deckel haben die gleiche Form; der Deckel wird über den Korb gestülpt. Lit.: Kat. »Indianer vom Amazonas«, 1960, Nr. 374, S. 151.

Maße: 56x32x30 cm *Tafel 92*

Anm.: Die Grundform ist ein Oval; zwei Reifen dieser Form sind durch vertikale Blechstreifen verbunden, und dieses Gerüst ist mit Palmblattfiedern so verkleidet, daß die einzelnen Fiedern über dem oberen Reif umgebogen und einander bis über die Hälfte zudeckend, beiderseits bis zur Mitte des Bodens geführt sind.
Die Festigkeit der Wandungen ist durch mehrfache parallele Schnurverknüpfungen verstärkt. Zur Festigkeit der Bodenflächen sind auf ihnen im Innern der Länge nach Blechstreifen, je zwei (die eine im Deckel fehlt) eingezogen. An beiden Enden der Deckeloberfläche befinden sich je zwei Schnurösen; durch zwei entsprechende Ösen ist ein flacher, gebogener Stab geführt, der aber nicht seine ursprüngliche Stellung einzunehmen scheint.

518 (Or.Nr. 52) Jagdtasche Camacan

Sie ist sehr fein aus gedrehter Pflanzenfaserschnur gehäkelt. Als Henkel sind zunächst ca. dreißig Strähnen der gleichen Schnur lose nebeneinander eingeknüpft, die dann nach einigem Abstand zu einem festen Band verwoben sind.

Länge: 20 cm
Breite: 24 cm

520 (Or.Nr. 176) Kleine Hängetasche Camacan

Sie ist sehr fein aus Pflanzenfaserschnur geflochten. In der Mitte befindet sich ein horizontaler Streifen aus dunkelbraun gefärbter Schnur. Der Bügel ist bandförmig; über der Ansatzstelle jedoch laufen die Fäden undurchflochten fort.

Größe: 12x10 cm

462 (Or.Nr. 175) Halskette Camacan

aus 117 durchbohrten und aufgereihten, kugelförmigen Samen der Canna brasiliensis.

Länge: 2x34 cm

674a Pfeil mit Beinspitze   Tapuya, Provinz Bahia
    Länge: 150 cm

674b Pfeil   Tapuya, Provinz Bahia
    mit Beinspitze wie Nr. 674a, jedoch mit anderer Fiederungsart. Das gekerbte Schaftende
    ist auf die Länge von 32 cm dicht mit Baumwollfaden umwickelt, wobei das äußerste einge-
    zogene Ende mit Fadenkreuzung und Federkranz wie bei Nr. 674a schließt. Auf der Um-
    wicklung sind mit schwarzer Farbe Ringe angegeben. Zwei im Kiel halbierte Federn sind
    der ganzen Länge nach, bis zum Federkranz am Ende, so von der Umwicklung gehalten,
    daß der Faden immer nach fünf Umwindungen des Schaftes allein auch um die Federkiele
    läuft.
    Die Federn sind gelblich-grau mit dunkelbraunen Rändern, die Fahnen beschnitten.
    Lit.: Kat. »Indianer vom Amazonas«, 1960, Nr. 380, S. 152.
    Länge: 147,5 cm

674c, d Zwei Pfeile   Tapuya, Provinz Bahia
    mit Bambusspitze, die an einem stabförmigen Holzeinsatz auf einem Rohrschaft ange-
    bracht ist. Auf der inneren Seite der Umwicklung von Stab und Spitze bilden gekreuzte Fä-
    den eine Musterung. Die Fiederung ist die ostbrasilianische (nach H. Meyer) mit zwei hal-
    ben Federn. Das Schaftende ist gekerbt. Bei den Umwicklungen ist Baumwollschnur ver-
    wendet.
    Vgl. Nr. 669a–c, Mauhé.
    Lit.: Kat. »Indianer vom Amazonas«, 1960, Nr. 379, S. 152.
    Länge: 146 cm
    Länge der Spitze: 25 cm

674e Pfeil   Tapuya, Provinz Bahia
    mit Rohrschaft, Holzeinsatz und eiserner Spitze mit dornenförmigem Widerhaken. Das
    Schaftende ist abgebrochen; ob eine Fiederung vorhanden gewesen ist, kann man deshalb
    nicht mehr feststellen.
    Anm.: Genau wie Nr. 667a–c, Mura.
    Länge: 150,5 cm
    Länge der Spitze: 2,5 cm

703 (Or. Nr. 246a) Bogen   Tapuya, Provinz Bahia
    aus braunem Holz mit kreisrundem Querschnitt. Nach den Seiten zu verjüngt sich das
    sorgfältig geglättete Bogenholz und ist an den Enden zugespitzt.
    Die Sehne besteht aus gedrehter Pflanzenfaserschnur.
    Länge: 159 cm
    Durchmesser: 2 cm

695 (Or.Nr. 280) Großer Bogen   Botokuden
aus dunkelbraunem Holz mit rundem Querschnitt und einer Längsrinne auf der Außenseite, sorgfältig geglättet und poliert. Die Sehne ist aus Pflanzenfaserschnur gedreht.
Lit.: Kat. »Indianer vom Amazonas«, 1960, Nr. 378, S. 152.
Länge: 208 cm

344 (Or.Nr. 150) Brustschmuck   Apányecra (= Canella)
aus zwei Krallen des großen Ameisenfressers (Myrme-
cophaga jubata), die halbmondförmig zusammengefügt
und mit weißer Baumwollschnur umwickelt sind.
Abb.: Spix und Martius, Atlas, Tafel »Indianische Gerätschaften«, Nr. 62.
Lit.: Kat. »Indianer vom Amazonas«, 1960, Nr. 393,
S. 155.
Sehne: 6,5 cm

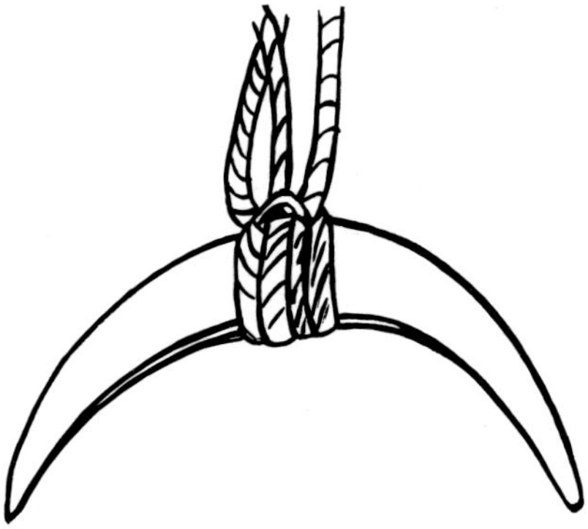

Abb. 9

232

8. Kunsthandwerk akkulturierter und zivilisierter Indianer Brasiliens: Bemalte Keramik und Kalebassen

Einführung

Eigenartiger Weise enthält die Sammlung Spix und Martius keinerlei autochthone Keramik von den besuchten Indianerstämmen, obwohl solche vorhanden gewesen sein muß. Die Forscher sprechen nur einmal von der Geschicklichkeit der »aldeierten« Indianerinnen in dem Ort »Nogueira« (= Parauari), dem Martius von Ega aus einen Besuch abstattete (Spix/Martius, III, S. 1170ff.), irdene Geschirre zu verfertigen. Die für den eigenen Hausbedarf hergestellte Keramik wird als »oft sehr massiv und plump gearbeitet« bezeichnet – und deshalb wohl m.E. nicht als mitnehmenswert betrachtet. Dann aber fährt Martius (a.a.O.) fort:

»Für den Handel machen sie mit größerer Sorgfalt vorzugsweise eine Art flacher Schüsseln von verschiedener Größe, die, auf der einen Seite ausgeschnitten, unsern Barbierbecken ähnlich sind. Wahrscheinlich hat ein solches ursprünglich zum Muster gedient, und diese fremde Form ist jetzt am ganzen Strome herrschend. Solches Geschirre ist auf der inneren Seite glasirt, oder vielmehr gefirnißt. Das Material dazu, ein grünlich- oder grauweißer Ton, wird lange Zeit mit Anstrengung zwischen den Händen geknetet, bis er die gehörige Feinheit und Bildbarkeit erhalten hat. Das Formen geschieht aus freier Hand, und zwar, wie überhaupt von allen wilden Stämmen America's, durch Aneinanderfügung dünner Thoncylinder, um ein gemeinschaftliches Centrum, die dann zusammengestrichen und innig miteinander verbunden werden. Das weiche Geschirre wird in die Sonne gestellt, und dann in Löchern in der Erde gebrannt, wozu man sich weicher, wenig erhitzender Holzarten, des Cacaobaumes, einiger Celtis-Arten oder der Rinde vom Mattá-Mattá (Lecythis Idatimon, A.) bedient. Dasjenige Geschäft, wobei die Indianer die meiste Industrie bethätigen, ist das Bemalen. Eine Brühe aus feingepülvertem Ocher, Tabatinga oder wohl auch des Carajurú-Rothes, mit Wasser und bisweilen mit der bindenden Harzmilch des Sorveirabaumes aufgetragen, bildet den Untergrund. Auf ihn werden nun mancherlei Muster von krumm- und geradlinigen, dazwischen mit Blumen und Thieren oder mit Arabesken verzierten, Figuren in allerlei Farben aufgetragen. Die Farben sind meistens vegetabilisch, und halten daher keinen neuen Brand aus. Man begnügt sich deshalb, ein sehr feines Pulver von Copal (Jitaisica) über die Gesamtoberfläche auszubreiten, und es in der Mittagssonne oder auf dem Heerde in Fluß zu bringen, wodurch ein glänzender, durchsichtiger Firniß gebildet wird, der nur durch allzu große Wärme oder durch weingeistige Flüssigkeiten Glanz und Haltbarkeit verliert. Indianer, die durch den Umgang mit Weißen kunstfertiger werden, namentlich in der Villa de Cametá, wissen nun auch ihren Geschirren bessere Formen, mancherlei mineralische Farben und sogar Vergoldung zu geben.« (Näheres siehe Martius, 1867, I, S. 712ff.).

Aus dem erwähnten Nogueira und Cametá, aber auch von zivilisierten und »aldeierten« – d.h. in portugiesische Siedlungen überführten – Tecuna, Passé und Coëruna haben nun Spix und Martius eine Anzahl solcher für den Handel – in erster Linie wohl mit den Neo-Brasilianern – bestimmten Tongefäße mitgebracht.

Eine sehr alte Kunstausübung südamerikanischer Indianer ist die Verzierung, Bemalung oder Gravierung – auch durch Brand – der Trinkgefäße »Cuyas« aus den halbierten Schalen der Früchte des Kalebassenbaumes Crescentia Cuyete bzw. des Flaschenkürbis Lagenaria siceraria, beides angebaute Nutzpflanzen ergologischer Verwendung.

Frühe Quellen des 17. und 18. Jahrhunderts berichten von den wegen ihrer Schönheit berühmten und daher mit Vorliebe exportierten, bemalten Kalebassen der Yurimagua und Aizuare am mittleren Amazonas (Métraux, 1948, S. 704/5).

Im beginnenden 19. Jahrhundert haben offenbar die zivilisierten Indianerinnen von Villa de Ega (Teffé), Villa da Rainha, Villa de Barra (do Rio Negro = Manaos), Barcellos dieses Kunstgewerbe weitergeführt, wie die Beispiele unserer Sammlung zeigen. Aber auch aus fast allen anderen Teilen Südamerikas sind Kunsterzeugnisse dieser Art in großer Zahl bekannt geworden: So enthält unsere Sammlung auch Exemplare von Camamú und der Ilha das Flores im Staate Bahia. In allen Fällen jedoch ist das Dekor vollständig von europäischen bzw. portugiesischen Motiven beherrscht; altindianische Muster, die auf alten Kalebassen auch vorkommen, sind hier nicht vertreten.

Anm.: Copal (aztekisch »copalli«), ein Räucherharz (Hymenaea Courbaril L.u.a.), Friederici, S. 206; Carajuru: Bignonia Chica Hum. et Bonpl., eine Farbpflanze ähnlich Bixa Orellana, Friederici, S. 136.

Katalog

525 Kalebasse   Indianer Brasiliens
»Die rohe, getrocknete Frucht des Cuité-Baumes Crescentia Cuyete, woraus die Indianer
in Brasilien ihre Trinkschalen anfertigen.«
Siehe Spix und Martius, Atlas, Tafel »Indianische Gerätschaften«, Nr. 60, »Tabaksbehälter
der Mundurucús, aus einer unreifen Frucht des Castanienbaumes (Bertholletra excelsa)«;
eine sehr ähnliche Abbildung wie unser Gegenstand.
Höhe: 20 cm

573 (Or.Nr. 341) Kalebasse (Cuya)   Ilha das Flores, Bahia
aus der Hälfte einer der Länge nach geteilten Frucht des Cuité-Baumes (Crescentia Cuyete L.). Die getrocknete Schale ist außen und innen geschwärzt, wozu eine Abkochung von
der Rinde mehrerer Myrthen und ein sehr feiner schwarzer Ton gebraucht werden soll, dabei gehen wahrscheinlich Gerbstoff und Eisenoxyd eine Verbindung ein. (Spix/Martius, II,
S. 706/7).
Auf der Außenseite ist durch Entfernen des Grundes ein schwarz auf gelb sich abhebendes,
reiches Muster stilisierter Blumen entstanden.
Abb.: Spix und Martius, Atlas, Tafel 20, »Indianische Gerätschaften«, Fig. 9.
Durchmesser: 14/22,5 cm
Höhe: 7,5 cm   *Tafel 104*

574 (Or.Nr. 342) Kalebasse (Cuya)   Ilha das Flores, Bahia
aus der Frucht der Crescentia Cuyete L. mit reichem Blumenmuster auf der Außenseite,
schwarz auf gelbem Grund, in demselben Stil wie Nr. 573 gehalten.
Durchmesser: 13,7/19 cm
Höhe: 6,7 cm

575 (Or.Nr. 343) Kalebasse (Cuya)   Ilha das Flores, Bahia
aus der Frucht der Crescentia Cuyete L. Stil der Muster und Maße wie Nr. 574.

577 (Or.Nr. 333) Kalebasse (Cuya)   Villa da Barra (= Manaos)
aus der Frucht der Crescentia Cuyete L.
Sie besitzt außen und innen einen schwarzen, lackartigen Überzug, darauf ein reiches Muster in mattroter, gelber, weißer und blaugrauer Farbe. Das Hauptmotiv zeigt eine runde
Scheibe, von kleineren Scheiben umgeben; es steht auf kreisrunden schwarzen Flächen in
einem Netzwerk von kurzen roten Strichen. Kleinere Motive erscheinen in den Zwischenräumen. Einfache Borten bilden außen wie innen den Abschluß am oberen Rand.
Die Grundfarbe, das glänzende Schwarz, wird hier im Gebiet nördlich des Amazonas aus
dem Ruß verbrannter Palmfrüchte, von Curuá, von Oanassú u.a. sowie aus der Macucú-

Frucht bereitet, durch kautschukreiche Milchsäfte fixiert und mit einem glatten Gegenstand poliert. (Martius, 1867, I, S. 715).

Die Farben des Musters sind teils vegetabilischer, teils mineralischer Natur.

Durchmesser: 15/15,8 cm

Höhe: 7 cm   *Tafel 96b*

578 (Or.Nr. 334) Kalebasse (Cuya)   Villa da Barra (= Manaos)
aus der Frucht einer Crescentia Cuyete L. Eine breite Borte mit Motiven pflanzlicher Herkunft umschließt auf der Außenseite ein sternförmiges Gebilde, innen aber eine doppeladlerlerartige Vogelfigur mit einem Gegenstand, der wie ein geschnürter Ballen aussieht. Die Farben sind Gelb, Grünlich, Graublau, Weiß, Dunkelgrau, Blaßrötlich, Rotbraun und Gold auf schwarzem Grund.

Durchmesser: 19,5/20,5 cm

Höhe: 9 cm   *Tafel 97a, 100a*

579 (Or.Nr. 335) Kalebasse (Cuya)   Camamú, Bahia
aus der Frucht der Crescentia Cuyete L. Die Bemalung befindet sich nur auf der Innenseite. Sie zeigt ein reiches Muster aus einer stilisierten Blütenpflanze, die sich von einer Stelle des Randes aus symmetrisch entfaltet. Der freibleibende Raum wird durch ein Füllmuster eingenommen, dessen Grund gelb punktiert ist und Kreise und blattförmige Motive enthält. Die Umrisse in gelben Linien passen sich jeweils dem Raum zwischen den Teilen des Hauptmusters an. Die verwendeten Farben sind Gelb, Blau, Grünlich, Weiß und Braun auf schwarzem Grund.

Durchmesser: 16,5/18 cm

Höhe: 9 cm

580 (Or.Nr. 336) Kalebasse (Cuya)   Camamú, Bahia
wie Nr. 579, nur innen bemalt.

Den Mittelpunkt des Musters bildet ein geflügeltes Herz, das von einem Pfeil durchbohrt wird, aus der Wunde strömt das Blut. Über dem Herzen hängt eine Kette, an deren einem Ende ein Schlüssel, am anderen ein Kasten befestigt ist. Blumenzweige und Füllmuster nehmen den übrigen Raum ein. Die verwendeten Farben sind Gelb, Blau, Grün, Weiß, Bräunlich auf schwarzem Grund.

Durchmesser: 16,5/19 cm

Höhe: 9 cm   *Tafel 97b*

581 (Or.Nr. 339) Kalebasse (Cuya)   Villa de Ega
kleine, eiförmige Trinkschale aus einem Flaschenkürbis oder einer Frucht der Crescentia Cuyete L. Sie trägt innen und außen das gleiche Muster in Graublau, Gelb, Weiß und Braun auf schwarzem Lackgrund.

Durchmesser: 8,5/11 cm

Höhe: 4 cm

582 (Or.Nr. 338) Kalebasse (Cuya)   Villa de Ega
aus der Frucht der Crescentia Cuyete L. Bemalung mit dem gleichen Muster und den gleichen Farben wie Nr. 581.
Durchmesser: 8,7/11,8 cm
Höhe: 4 cm

584 (Or.Nr. 340) Kalebasse (Cuya)   Ilha das Flores, Bahia
aus der Frucht der Crescentia Cuyete L.
Sie zeigt eine reiche Bemalung auf der Innenseite: Das Muster besteht aus zwei stilisierten
Blütenranken, die mit umgekehrter Symmetrie aus der Mitte erwachsen. Der freibleibende
Raum wird durch ein Füllmuster, dessen Umrisse sich dem Raum jeweils anpassen, eingenommen. Am Rand verläuft eine Borte aus drei Zonen. Die Farben sind Gelb, Blau, Grün,
Weiß und Braun auf schwarzem lackartigen Grund.
Die Außenseite trägt einen gelblichen Farbüberzug.
Durchmesser: 17,5 cm
Höhe: 8,5 cm

585 (Or.Nr. 334) Kalebasse (Cuya)   Barcellos
aus der Frucht der Crescentia Cuyete L.
Sie ist kreisrund. Innen verläuft eine Borte mit dem geläufigen Blumenmotiv in Alternierung mit einem zweiten ähnlicher Art.
Im Zentrum steht eine Vogelfigur, umgeben von den gleichen zwei Motiven. Außen erscheint das zweite Motiv fünfmal in einem Rahmenwerk aus Bogenlinien und geraden Strichen, dazu viermal ein Motiv, das zwei gekreuzte Linien mit vier eingeschriebenen kleinen
Kreisen zeigt. Die Farben sind Gelb, Blau, Weiß, Grau auf schwarzem Grund.
Durchmesser: 18/18,7 cm
Höhe: 7 cm

586 (Or.Nr. 344) Kalebasse (Cuya)   Barcellos
aus der Frucht der Crescentia Cuyete L.
Die Außenseite zeigt ein Schachbrett-Muster, die Innenseite eine breite Borte aus einem
häufig vorkommenden, in den Farben alternierenden Motiv runder Scheiben, das in ein
Rahmenwerk aus Kurven und geraden Strichen gesetzt ist.
Im Zentrum befindet sich eine Vogelfigur. Die Farben sind Grau, Blau, Gelb, Weiß auf
schwarzem Grund.
Durchmesser: 17/18,5 cm
Höhe: 8 cm   *Tafel 96a*

587 (Or.Nr. 333) Kalebasse (Cuya)   Barcellos
aus der Frucht der Crescentia Cuyete L.

Die Außenseite zeigt eine breite Borte aus vier Zonen mit runden Scheibchen in zweierlei Anordnung.
Die Mittelfläche wird von Scheiben in einem kontinuierlichen Rahmenwerk eingenommen.
Über die ganze Fläche der Innenseite erstreckt sich eine Komposition aus stilisierten Blüten und Blättern, die von einem quadratischen Feld in der Mitte ausgeht. Die Farben sind Gelb, Blau, Grau, Grün, Weiß auf schwarzem Grund.
Durchmesser: 18,5 cm
Höhe: 9 cm

588 (Or.Nr. 347) Kalebasse (Cuya)   Topinambarana, Villa da Rainha
aus der Frucht der Crescentia Cuyete L.
Der Rand ist in Bogen ausgeschnitzt. Die Außenseite trägt ein Muster ähnlich wie Nr. 585, die Innenseite weist einen Rand wie Nr. 585 auf; in der Mitte befindet sich eine stilisierte Vogelfigur über Rankenwerk. Die Farben sind Grün, Blau und Bräunlich auf schwarzem Grund.
Durchmesser: ca. 18,5 cm
Höhe: 9,5 cm

589 (Or.Nr. 349) Kalebasse (Cuya)   Villa da Rainha
Henkelschale aus der Frucht der Crescentia Cuyete L.
Die Außenseite ist ähnlich bemalt wie Nr. 585. Die Innenseite besitzt eine Borte ähnlich wie Nr. 585, die Mitte zeigt ein Rosettenmotiv. Die Außenseite des Henkels weist eine Borte auf.
Durchmesser: 17,5 cm

590 (Or.Nr. 348) Kalebasse (Cuya)   Villa da Rainha
Henkelschale aus der Frucht der Crescentia Cuyete L.
Die Außenseite zeigt dasselbe Muster wie Nr. 589, auch auf der Innenseite ist die Anordnung der Motive wie bei Nr. 589, jedoch sind diese selbst, sowohl in der Borte als auch in der Mitte etwas anderer Art. Die Farben entsprechen denen von Nr. 589.
Der in der Mitte durchbrochene Henkel ist bemalt wie bei Nr. 589, jedoch hat er nicht dieselbe einfache, gerade Form, sondern ist in Bogen ausgeschnitten.
Durchmesser: 16 cm

591 (Or.Nr. 350) Becher   Provinz Maynas
aus hellbraun lackiertem Holz mit Verzierung aus aufgelegten Goldplättchen.
Abb.: Spix und Martius, Atlas, Tafel 20, »Indianische Gerätschaften«, Fig. 7.
Anm.: »Von Maynas (Peru) kommen nach den brasilianischen Grenzländern auch aus Holz geschnittene oder gedrechselte Becher, gleich den Cuyas bemalt und mit Goldplättchen belegt. Diese Industrie soll ein deutscher Jesuit P. Hundertpfund bei den spanischen

Omagas eingeführt haben, und sie fand in Tabatinga und S. Paolo d'Olivenza Nachahmung« (Martius, 1867, I, S. 716).
Höhe: 8,5 cm

592 (Or. Nr. 351) Becher   Provinz Maynas
aus schwarzlackiertem Holz mit Goldmuster. (Stark abgerieben). Näheres siehe Nr. 591.
Höhe: 8 cm

596 Tiefe Tonschüssel   Nogueira
in Form eines Barbierbeckens mit halbrundem Ausschnitt am oberen Rand. Sie ist außen
weißlich verstrichen und zeigt innen Blumenmuster in Rot, Grün, Gelb und Schwarz auf
weißlichem Grund.
Die Innenseite ist gefirnißt, wodurch der Grund gelb erscheint. Form und Verzierung gehen auf europäische Vorbilder zurück. Der Typus war zu Martius' Zeit im ganzen Stromgebiet des Amazonas verbreitet und wurde als Handelsware von den zivilisierten Indianern
der Ansiedlungen – hier in Nogueira von Abkömmlingen der Juma – hergestellt.
Abb.: Spix und Martius, Atlas, Tafel 20, »Indianische Gerätschaften«, Fig. 2.
Durchmesser: 25 cm
Höhe: 13,5 cm

598 (Or. Nr. ?) Tonschale   Tecuna von Olivença
in Form eines Barbierbeckens. Dieser Typus war zur Zeit von Martius im ganzen Strombiet des Amazonas in den Ansiedlungen der zivilisierten Indianer heimisch geworden und
wurde für den Handel hergestellt. Form und Bemalung gehen auf europäische Vorbilder
zurück. Die Innenseite zeigt eine stilisierte Blume in der Mitte und einen ornamentalen
Rand in den Farben Rot, Gelb und Schwarz. Die Innenseite ist gefirnißt, die Außenseite
unbemalt.
Durchmesser: 32 cm
Höhe: 9,5 cm

599 (Or. Nr. ?) Tonschale   Passé von Maribi
in Form eines Barbierbeckens, bemalt.
Sie geht in Form und Verzierung auf europäische Vorbilder zurück. Die Innenseite ist,
Rand und Mitte getrennt, mit stilisierten Blütenmustern rot, schwarz und gelb bemalt und
gefirnißt. Die Außenseite ist unverziert.
Durchmesser: 30 cm
Höhe: 10 cm

600 Tonschale   Passé von Maribi
in Form eines Barbierbeckens wie Nr. 599. Die innere Bemalung, Mitte und Rand getrennt, ist rot, gelb und schwarz gehalten.

Das Hauptmotiv der Mitte zeigt ein geflügeltes Herz und stilisierte Blumen.
Durchmesser: 31,5 cm
Höhe: 9,5 cm

601 (Or. Nr. 320) Tonschüssel   Coëruna
  mit weitem Rand.
  Im Rande ist ein halbkreisförmiger Ausschnitt angebracht, welcher annehmen läßt, daß für
  diesen Gefäßtypus, der damals im ganzen Stromgebiet des Amazonas Aufnahme gefunden
  hat, ursprünglich ein Barbierbecken als Muster gedient hat. Wie die Form geht auch die
  Bemalung der Innenseite auf europäische Vorbilder zurück: Der Rand gibt eine stilisierte
  Pflanzenranke, die Schalenfläche eine geflügelte, menschliche Figur wieder, die in ein Blütenmuster übergeht. Die Farben sind Rot, Gelb und Schwarz; der außen unbemalte, weiß-
  liche Tongrund erscheint durch einen Firnisüberzug gelb.
  Durchmesser: 32 cm
  Höhe: 10 cm

602 Tonschale   Coëruna
  in Form eines Barbierbeckens, wie Nr. 601. Rand und Mitte sind getrennt und zeigen innen
  stilisierte Blütenmuster in den Farben Rot, Schwarz und Gelb. Die Außenseite ist unverziert.
  Durchmesser: 32 cm
  Höhe: 9 cm

603 (Or. Nr. 322) Flache Schüssel   Cametá
  aus weißlich grauem Ton in Form eines Barbierbeckens mit halbrundem Ausschnitt am
  Rande. Die Außenseite ist unbemalt, die Innenfläche, Mitte und Rand getrennt, ist mit zum
  Teil aus Pflanzenformen abgeleiteten Ornamenten bedeckt. Eine Glasur überzieht die be-
  malte Fläche.
  Farben: Gelb, Grün, Rot.
  Durchmesser: 25,5 cm
  Höhe: 6 cm

604 (Or. Nr. 323) Flache Schüssel   Cametá
  aus Ton, wie Nr. 603 in Form eines Barbierbeckens. Die Innenbemalung besteht auf dem
  Rand aus einer stilisierten Blütenranke, auf dem Boden aus einer von stilisierter Ranke um-
  gebenen Sternfigur.
  Durchmesser: 26,5 cm
  Höhe: 8 cm

605 Tonschüssel   Cametá
  in Form eines Barbierbeckens. Die Bemalung innen zeigt ein Blumenmuster, am Rand ist es

Taf. 97a, b –
Zwei Kalebassen,
a – Villa da Barra
b – Camamú

TRINKFEST DER COROADOS

Taf. 98 – Trinkfest der Coroados
Reproduktion: Tafel im Atlas von Spix und Martius

242

Taf. 99 – Korb, Villa de Ega

Seite 244 oben:
Taf. 100a – Tongefäße in Hühnerform, Cametá
Kalebasse (Innenseite), Camamú

Seite 244 unten:
Taf. 100b – Tongefäße, Cametá
Teller und Kanne

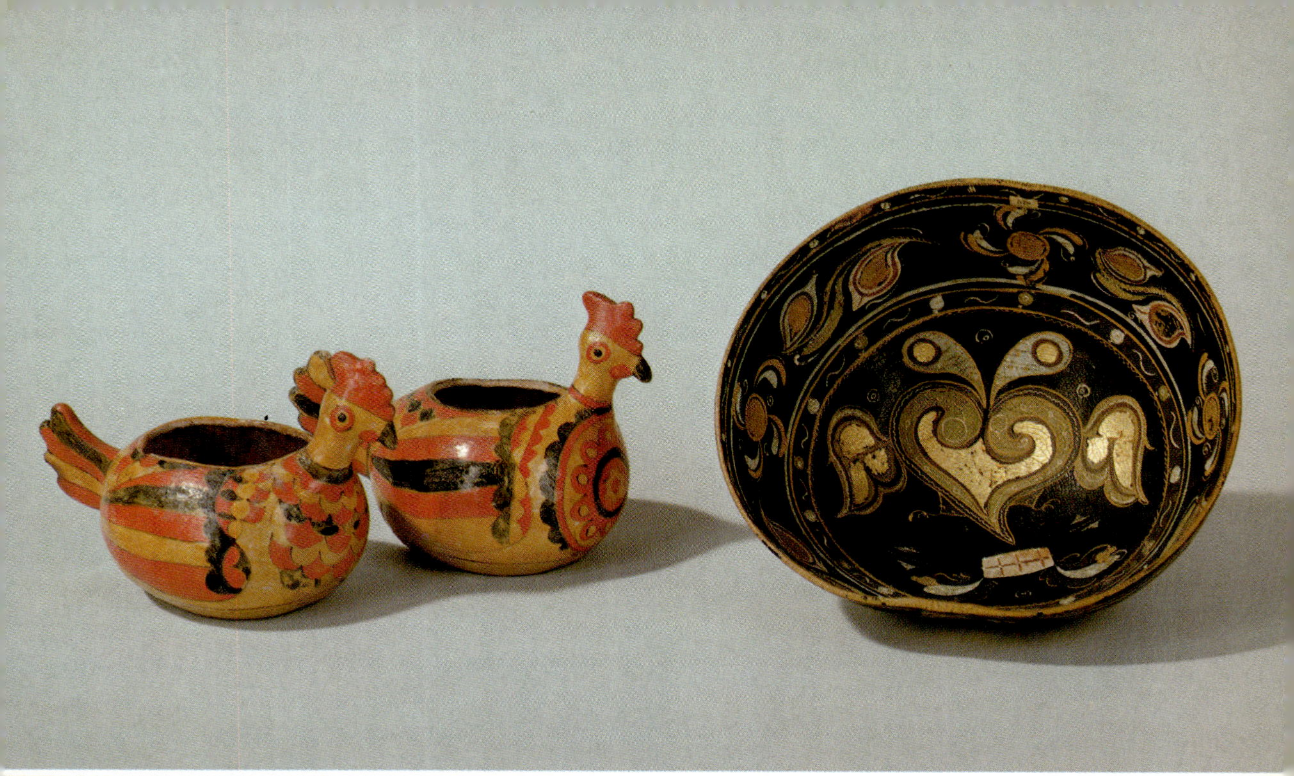

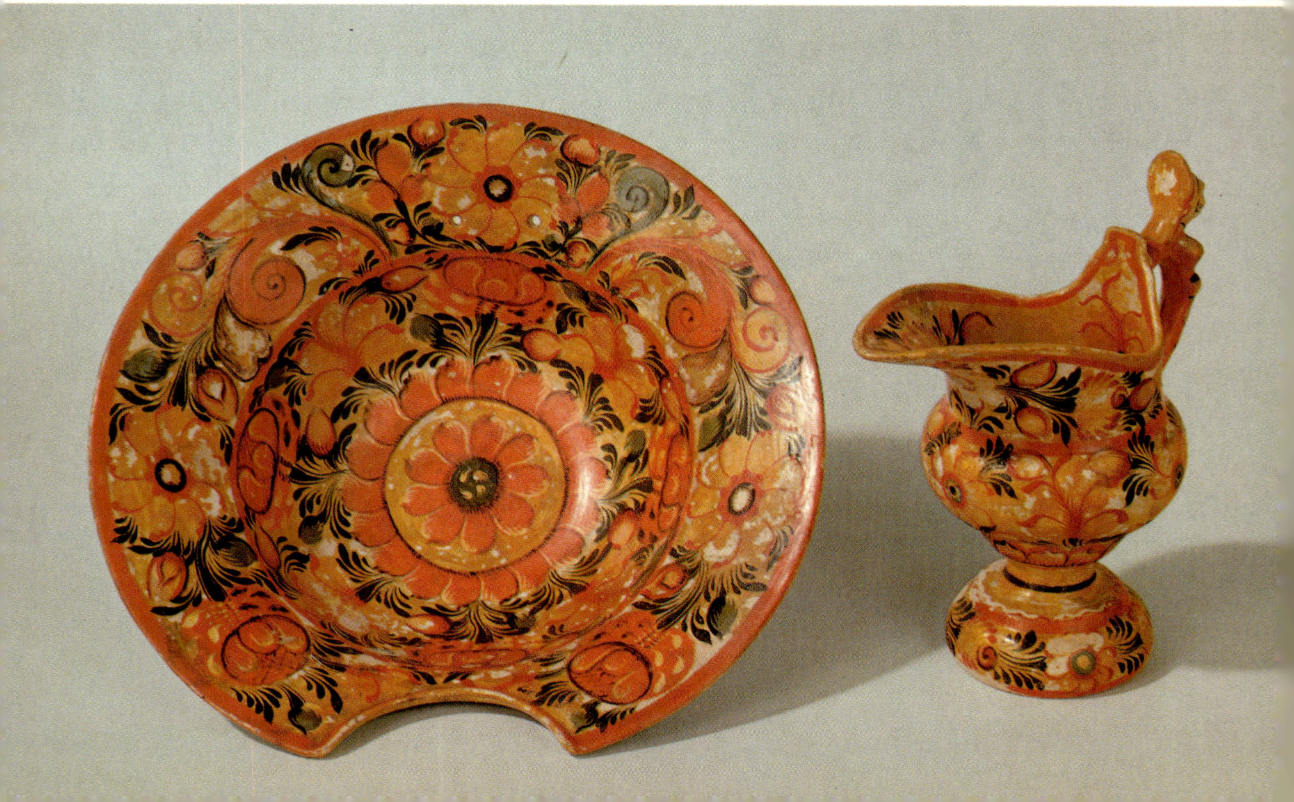

Taf. 102 – Im Porto dos Miranhas am Rio Yapurá
Reproduktion: Tafel im Atlas von Spix und Martius

Seite 245:
Taf. 101 – Krug mit zwei Henkeln, Cametá

Taf. 103 – Der Fall von Arara-Coara am oberen Rio Yapurá
Reproduktion: Tafel im Atlas von Spix und Martius

Seite 248:
Taf. 104 – Kalebasse, Ilha das Flores

rankenartig komponiert. In der Mitte gehen von einer Sternfigur radial Blüten aus. Die Farben sind Rot, Grün und Weiß und mit Firnis überzogen.
Durchmesser: 32 cm
Höhe: 9,5 cm *Tafel 100 unten*

606 (Or.Nr. 325) Schüssel Cametá
aus weißlichem Ton, in Form eines Barbierbeckens mit weitem Rand und halbrundem Ausschnitt. Die ganze Innenfläche, Mitte und Rand sind mit Malerei überzogen. Die Bemalung zeigt Blumenmuster in zwei Zonen, die in Abschnitte eingeteilt sind; in der Mitte steht eine Frauenfigur. Die Farben sind Rot, Grün und Braun. Der Grund ist gelb, jedoch rührt dies von dem nachträglichen Firnisüberzug her, der glasurartig die ganze Innenfläche bedeckt.
Durchmesser: 33,5 cm
Höhe: 9 cm

607 (Or.Nr. 326) Schüssel Cametá
aus weißlichem Ton, in Form eines großen, ovalen Barbierbeckens. Die Innenseite ist getrennt nach Bodenfläche, Wandung und Rand mit Blumenmuster bemalt. Die Farben sind Rot, Grün und Gold. Die bemalte Fläche ist mit gelbem Firnis überzogen.
Durchmesser: 38 cm
Höhe: 10 cm

608 (Or.Nr. 327) Wasserkrug Cametá
aus weißlichem Ton. Er gehört zu Schüssel Nr. 607. Das Vorbild war offensichtlich eine Renaissance-Kanne. Die Bemalung zeigt außen und auf dem Oberteil auch innen Blumenmuster in mehreren Zonen. Auf dem Henkel ist Kopf und Büste einer Frau dargestellt. Die Farben sind Rot, Grün und Gold. Ein gelber Firnisüberzug bedeckt die bemalte Fläche.
Abb.: Spix und Martius, Atlas, Tafel »Indianische Gerätschaften«, Fig. 3 oben.
Höhe: 22 cm *Tafel 100 unten*

609 (Or.Nr. 325) Tonschüssel Cametá
wie Nr. 603. Die Bemalung in den Farben Rot, Gelb und Grün mit zwei fortlaufenden, stilisierten Blütenranken an der Wandung und am Rand und einem geflügeltem Herzen in der Mitte des Bodens befindet sich nur auf der Innenseite. Ein gelblicher Firnisüberzug bedeckt die bemalte Fläche.
Durchmesser: 29,5 cm
Höhe: 7,5 cm

610 (Or.Nr. 329) Tongefäß Cametá
in Form eines Huhns. Es gehört zur Schüssel Nr. 609. In dem Gefäß wurden Süßigkeiten aufgetragen. Die Bemalung in Rot und Grün hat einen gelblichen Firnisüberzug.
Abb.: Spix und Martius, Atlas, Tafel »Indianische Gerätschaften«, Fig. 4.
Länge: 17 cm
Höhe: 12 cm *Tafel 100 oben*

611 (Or.Nr. 330) Schüssel   Cametá

aus weißlichem Ton mit flachem Boden und steiler Wandung, die in Bogen ausgewölbt ist.
Außen unbemalt sind innen Boden und Wandung getrennt bemalt. In der Mitte des Bodens
befindet sich ein geflügeltes Herz mit der Inschrift: »Amor Fin me So . . . . . . m«, umge-
ben von Blumen.
Auf der Wandung sind Blumen und Vögel dargestellt. Die blau, rot, grün und golden be-
malte Fläche hat einen gelblichen Firnisüberzug.
Abb.: Spix und Martius, Atlas, Tafel »Indianische Gerätschaften«, Fig. 4 oben.
Durchmesser: 31 cm
Höhe: 10,5 cm

612 (Or.Nr. 331) Krug   Cametá

aus weißlichem Ton. Er gehört zur Schüssel Nr. 611. Die rote, grüne, gelbe und goldene
Bemalung zeigt auf Fuß und Hals geometrisches Ornament. Die Außenseite ist mit gelbli-
chem Firnis überzogen.
Abb.: Spix und Martius, Atlas, Tafel »Indianische Gerätschaften«, Fig. 4 oben.
Höhe: 20,3 cm
                                                                      Tafel 101

613 Flache Schüssel   Cametá

aus weißlichem Ton wie Nr. 603. Die rot-grüne und firnisüberzogene Bemalung auf der
Innenseite zeigt am Boden eine Sternfigur; auf Wandung und Rand ein rankenartiges Ornament, das vom pflanzlichen Vorbild weitgehend abstrahiert ist. Am flachen Rande gegenüber dem halbrunden Ausschnitt befinden sich zwei Durchbohrungen in 3,5 cm Abstand.
Durchmesser: 29 cm
Höhe: 8 cm

614 (Or.Nr. 354) Tongefäß   Cametá

in Form eines Huhns wie Nr. 610. Näheres siehe dort.
Länge: 17 cm
Höhe: 12 cm
                                                                 Tafel 100 oben

93.768 Tonschüssel   Brasilien

in Form eines Barbierbeckens mit Ausschnitt am Rande. Die Bemalung innen ist mit Blu-
men- und Linienmustern in Schwarz, Braun und Gelb gehalten. Am Rand sind Palmetten-
muster angebracht.
Durchmesser: 32 cm

III. Die in Verlust geratenen, aber noch belegbaren Gegenstände der Sammlung Spix und Martius (seit 1919)

(Die Reihenfolge entspricht den Abschnitten des Teils II)

722 Ruder   Umaua

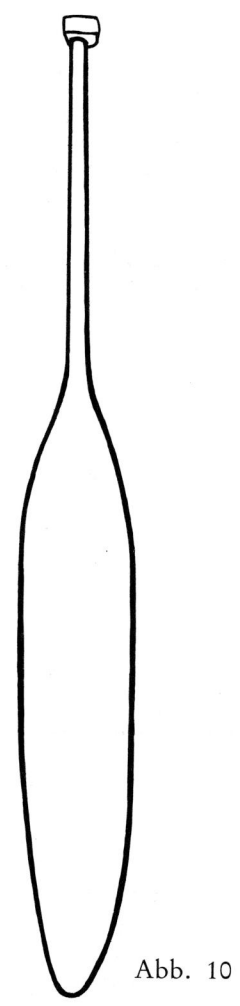

aus braunem Holz. Das Blatt ist lanzettförmig, der Stiel hat eine Handhabe, von der ein Stück abgebrochen ist.

Das nach dem Außenrande sich verjüngende, 1 cm dicke Blatt geht allmählich in den 2 cm dicken Stiel von rund-elliptischem Querschnitt über.

Länge: 130 cm

Anm.: Im Atlas von Spix und Martius ist ein Paumari- (= Puru-Puru) Indianer mit diesem Ruder abgebildet.

Abb. 10

474 (Or.Nr. 194) Rohrstäbchen   Miranha
    wie sie die Miranha in den Ohren tragen.
    Länge: 13,7 cm

511 (Or.Nr. 187) Sack   Miranha
    aus einem länglichen, braunen Stück Rindenstoff, das an beiden Seiten mit Pflanzenfaser-
schnur vernäht ist.
    Größe: 61x38 cm

558 (Or.Nr. 155) Zwei Nasenpflöcke   Miranha

Abb. 11

aus Rohr und buntschillernder Muschelschale:
Das rund ausgeschnittene Stück Muschel ist
mittels einer dunkelbraunen Klebesubstanz auf
ein am Ende in fünf Teile gespaltenes Rohr-
pflöckchen befestigt.
Lit.: Martius, Reise III, S. 1242; Martius, Bei-
träge I, S. 536. Nach Martius wurde dieser
Schmuck in den Nasenflügeln getragen.
Länge der Pflöcke: 3,4 und 4,3 cm
Durchmesser: 4–4,5 cm

571 (Or.Nr. 386) Korb   Miranha
    Er besteht aus zwei Gruppen von Geflechtsstreifen, die in verschiedener Richtung überein-
andergelegt sind und einer dritten, die wieder in anderer Richtung durch die ersten durch-
geflochten ist. Boden und Wandung sind in eins geflochten. Der obere Rand wird durch einen Wulst aus Rohrstreifen gebildet.
    Höhe: 32 cm

739/61 Dreiundzwanzig Hängematten   Miranha
    aus Palmfaserschnur. Sie werden von den Miranha-Frauen als Handelsartikel hergestellt.
Die Technik ist folgende: Parallel gespannte Schnüre (d.h. die Windungen *einer* langen
Schnur) sind in ca. 30 cm Abstand mit zopfartig geknüpfter Schnur durchflochten. Die En-
den dieser Einschläge sind einfach verknotet.
    Länge: 225 cm – 4 Hängematten   *Tafel 56*

762 Hängematte   Tecuna
    Die sorgfältig gedrillte, dünne Palmfaserschnur ist auf und ab laufend parallel ausgespannt
und in Abständen von 7 bis 11 cm mit einer zopfartigen Baumwollknüpfung durchsetzt.
An den Schmalseiten sind die Endschlingen zu je ca. zwanzig zusammengenommen und
von einer wiederum auf und ab laufenden, dickeren Schnur durchschlungen, deren von der
Matte entfernten Endschlingen durch den Strick zum Anbinden der Matte zusammengefaßt sind.
    Abb.: Spix und Martius, Atlas, Tafel »Indianische Gerätschaften«, Fig. 10.
    Anm.: Spix/Martius, III, S. 1246: Der Einschlag von Baumwolle ist den Hängematten der
Tecuna eigentümlich.
    Länge: ca. 280 cm

763 Hängematte   Miranha

aus brauner Pflanzenfaserschnur. Sie ist in dreifacher Schlingtechnik ohne Knüpfung aus einer fortlaufenden Schnur hergestellt. Die an beiden Enden sich ergebenden Schnurbügel sind durch Umwicklung zusammengefaßt. Dickere Faserstricke zum Anbringen der Matte sind mit Schifferknoten in diese verstärkten Bügel eingehängt.
Länge: 200 cm

491a, b (Or.Nr. 142/3) Affenhaar-Schweif   Coëruna

Er wird im Festkopfschmuck am Hinterhaupt getragen. Dazu gehört ein unvollständiges Stück der gleichen Art, welches zeigt, wie das Affenhaar in den gedrehten Palmbastschnüren befestigt wurde: Jede Schnur besteht aus zweien, welche wiederum jede aus zwei dünnen, aber auch noch gedrehten Schnüren besteht; die Haare sind zwischen den dünneren *und* in der aus diesen gedrehten dickeren Schnur eingeklemmt.

647 (Or.Nr. ?) Rassellanze   Coretù

aus rotem Holz, geglättet und poliert.
Eine Spitze fehlt, das verjüngte vordere Ende des Schaftes schließt stumpf ab. Der Schaft ist nach der Mitte zu verdickt und verjüngt sich wieder unterhalb der spindelförmigen Anschwellung. Vor derselben laufen fünf Kerbringe um, denen vier hinter der Anschwellung entsprechen.
In der geschlitzten Anschwellung befinden sich fünf klappernde Stückchen Eisenkies. Das hintere Schaftende läuft mit einer leichten Einziehung spitz aus.
Länge: 242 cm
Länge der Rasselkapsel: 13 cm

644 (Or.Nr. 250) Rassellanze   Juri

aus rotbraunem Holz mit eingesetzter, herzförmiger Holzspitze und ausgehöhlter, spindelförmiger Anschwellung am Schaft. In ihr sind Steinchen zum Erzeugen eines klappernden Geräusches eingeschlossen.
Die Anschwellung hat zwei Längsspalten, ober- und unterhalb sind am Schaft rundumlaufende Kerben angebracht. Der Schaft ist geglättet und poliert.
Die Holzspitze ist in einen Einschnitt im vorderen Schaftende eingelassen, der fest mit gedrehter Pflanzenfaserschnur umwickelt ist. Das hintere Schaftende läuft spitz aus.
Die Lanze gehörte einem Anführer der Juri-Taboca (Katalognotiz).
Länge: 247,5 cm
Länge der Spitze: 9 cm
Länge der Rasselspindel: 12 cm   *Tafel 91 links*

507 (Or.Nr. 189) Flache Deckelschachtel   Juri

aus Rindenbast über einem Gerüst aus Palmholzleisten im Innern mit Bastfaden und Faserschnur genäht.

Anm.: Die Notiz im Originalkatalog besagt, daß die Juri »darin ihre Munition an Pfeilgift, Urari, aufzubewahren« pflegen. Schachteln dieser Form dienen jedoch meist zum Aufbewahren von Federschmuck.
Größe: 27x25x11,5 cm

510 (Or.Nr. 382) Sack   Juri
aus einem Stück, aus Rindenstoff, an einer Seite und unten mit Pflanzenfaserschnur genäht. Die Farbe ist Braun.
Größe: 52x25 cm

560 (Or.Nr. 158) Vier Rohrstäbchen   Juri
Von den Juri als Nasen-, Ohren- und Unterlippenschmuck getragen.
Länge: 7–10 cm

572(?) (Or.Nr. 387) Korb   Juri
aus Rohrgeflecht.
Zwei Gruppen von Geflechtsstreifen, die in verschiedener Richtung übereinandergelegt sind, werden von einer dritten wieder in einer anderen Richtung verlaufenden Streifengruppe durchflochten. Boden und Wandung sind in eins geflochten. Der obere Rand ist durch einen Wulst aus Rohrstreifen gebildet.
Höhe: 35 cm

339a (Or.Nr. 145a) »Zauberstein«   Passé
der als Amulett um den Hals getragen wird: Ein weißlicher Kiesel mit mehreren glattgeschliffenen Flächen, ist der Länge nach durchbohrt.
Einheimische Bezeichnung: maraquetàn.
Länge: 3,5 cm

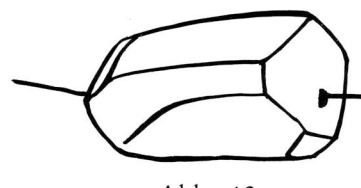

Abb. 12

428–431 Vier Bambusrohre   Brasilien
Katalognotiz: »zum Aufbewahren der weißen Federbüsche«.
Diese Rohre gehören wahrscheinlich zu den Federbüschen Nr. 335 oder Nr. 337, bei denen angemerkt ist, daß sie in Bambusrohren aufbewahrt seien.
Länge: 34–43 cm

515 (Or.Nr. 192) Ein Streifen Rindenbast-Stoffes   Passé in Maribi
wellig gepreßt und mit rötlich braunem Ornament verziert.
Die wellige Pressung nimmt einen breiten Mittel- und zwei schmälere Seitenstreifen ein, die durch schmale braune Linien der Länge nach getrennt sind. Der Rand der einen Schmalseite

ist nicht mehr wellig gepreßt, sondern trägt zwei rautenförmige Eindrücke und in ihnen, am Ende der braunen Längslinien je ein braunes Dreieck, zwei der Schmalseite parallelen Reihen kleiner runder Punkte.

Es handelt sich wahrscheinlich um einen Lendenschurz für Männer.

Länge: 63 cm
Breite: ca. 20 cm

570 (Or.Nr. 385) Korb   Passé

Das Geflecht gehört zu dem Typus, bei dem zwei Gruppen von Geflechtsstreifen, die in verschiedener Richtung übereinandergelegt sind, von einer dritten, wieder in anderer Richtung verlaufenden Streifengruppe durchflochten werden. Boden und Wandung sind aus einem Stück geflochten. Der obere Rand wird durch einen Wulst aus Rohrstreifen gebildet. Der Korb ist angefüllt mit trockenem Blattwerk, wohl Palmblättern.

Anm.: Notiz im Originalkatalog: »Ein Korb der Passé, worin sie ihr Mehl aufzubewahren pflegen.«

Höhe: 35 cm

389 Tanzmaske   Tecuna

in Form einer Zipfelmütze, aus zwei Stücken zusammengenähtem, oben verschnürtem Rindenbast. Bemalung mit zwei gelben, schwarz eingefaßten Streifen.

Höhe: 46 cm

390 Tanzmaskenanzug   Tecuna

Ärmelloses, oben geschlossenes Gewand aus Rindenbast; in der Spitze steckt ein Stück leichten Holzes, unterhalb dessen die Spitze leicht abgeschnürt ist.

Die Bemalung in Schwarz und Gelb zeigt auf der Spitze eine geometrische Figur, die jedoch nur die oberste einer vertikalen Reihe von gleichen Figuren auf der Rückseite des Gewandes bildet; daneben befindet sich noch eine weitere Figur.

Höhe: 100 cm

391 (Or.Nr. 374) Tanzmaskenanzug   Tecuna

aus Rindenbast, mit Ärmeln und Hosenansatz. Er ist am Halsausschnitt zusammengezogen. Die Bemalung mit reichem geometrischen Ornament ist schwarz und gelb gehalten.

Höhe: 107 cm   *Tafel 57*

392 (Or.Nr. 378) Rindenstoff   Tecuna

Ein rechteckiges Stück als Stoff zubereiteten Baumbasts zur Herstellung von Kleidung(?) bei den Tecuna.

Größe: ca. 46x29 cm

393 (Or. Nr. 379) Rindenstoff   Tecuna
  Ein rechteckiges Stück Baumbaststoff wie Nr. 392.
  Größe: ca. 53x24 cm

395 (Or. Nr. 188) Ein Stück gelblicher Rindenbast   Amazonas-Gebiet
  wie er am Amazonas zur Herstellung von Kleidung verarbeitet wurde.
  Größe: 50x120 cm

397 Ein Stück hellgelblicher Rindenbast   Amazonas-Gebiet
  Größe: 40x153 cm

399 (Or. Nr. 371) Tanzmaskenaufsatz   Tecuna (?)

in Form eines hölzernen Zylinders (25,5 cm hoch), aus einem sehr leichten und weichen Baumstamm hergestellt. Er ist mit weißer Farbe überzogen, die ornamentale Bemalung schwarz und gelb gehalten. Auf der vermutlich vorderen Hälfte des Zylinders befindet sich, von einer unteren bis zu einer oberen Zackenreihe reichend, eine leicht eingetiefte schildartige Figur, die oben gleichmäßig schwarz gepicht, unten gelb bemalt ist und ein vorragendes unbemaltes Holzstück (Nase?) aufweist.
Hörschelmann (S. 20) erblickt darin die Andeutung eines Gesichtes. Die Rückseite zeigt unten eine quadratische Durchbrechung in der Wandung; auf beiden Seiten befindet sich jeweils in gleicher Höhe eine vertikale Vertiefung, in die ursprünglich wohl ein vorspringender Teil eingesetzt war.

Abb. 13

Eine Notiz im Originalkatalog (zu Nr. 371) besagt: »Maske der Tecunas, den Baum Paracauba darstellend, aus welchem die Indianer ihre Pfeile und Bögen machen.« Spix bzw. Martius (1831, S. 1188) spricht von einer Maske im Festzug der Tecuna, die einen alten Baumstrunk vorstelle, und auch Nimuendaju (1952, S. 84) berichtet von einem Maskentänzer des »Verfaulten Baumstammes« der Tukuna - leider ohne Abbildung. Beide Versionen passen nicht zu unserem Gegenstand, und die Darstellung im Atlas zum Reisewerk, Tafel 13, die den Holzaufsatz als Kopfschmuck eines Maskentänzers zeigt, der sonst den Maskenanzug Nr. 383 der Sammlung – der selbst unlösbare Probleme aufweist (vgl. dort) – trägt, ist völlig unzutreffend: Schon Hörschelmann (a.a.O.) hat den bemalten Holzzylinder als Teil eines Maskenkostüms des Tukano-Stammes der Opaina am Rio Apaporis, des größten linken Nebenflusses des Rio Yapurá an Hand der von Koch-Grünberg (1910, Abb. 212, S. 309, Tafel X) dort erworbenen Exemplare erkannt, welche die Waldgeister Buläru und Uadyauläru darstellen (l. c. p. 310). Es fehlen nur die typischen »Ohren« aus runden oder viereckigen

Holzplatten – die seitlichen Vertiefungen hierfür sowie das rückwärtige Loch für das Durchziehen des an der Opaina-Maske angebrachten »Zopfes« sind jedoch vorhanden. Unser Objekt dürfte demnach von Martius auf seiner Yapurá-Fahrt erworben worden sein, zumal er (1831, S. 1227) von einem Vortänzer der Juri berichtet, der einen hohlen Zylinder aus Ambauva-Holz (Cecropia peltata L.) mit Federbüschen geziert auf dem Haupte hatte, ohne daß man mit Sicherheit behaupten kann, es handle sich um den Gegenstand 399 aus der Sammlung.

717 Speerschleuder   Tecuna (Tukuna)
aus unbekanntem Holz, auf der Oberseite abgeflacht, auf der Unterseite gewölbt.
Das vordere Griffende läuft spitzoval zu mit geschweiften Seiten, das Mittelteil ist verbreitert, mit einem Loch für den Zeigefinger und zwei seitlichen Höckern. Das hintere Ende hat auf der flachen Oberseite einen Haken aus Knochen als Widerlager für das stumpfe Speerende (sogenannter männlicher Typus), ein gestufter Fortsatz ist von da nach unten gerichtet.
Abb.: Spix und Martius, Atlas, Tafel 37, Nr. 25: »Ein Holz mittels welches die Tecunas Thonkugeln (?) und kleine stumpfe (?) Pfeile schleudern 2¹/₂ Fuß lang«, Hörschelmann, S. 8, Abb. 7.
Lit.: Spix und Martius, III, S. 1024/1025; Spranz, B., 1956, S. 157 (Zeichnung), 159: »Brasilianischer Typus 1«; Vorkommen, Oberer Amazonas, Ucayali, Stämme der Conibo, Cocama, Tecuna, Campeva (= Omagua); Solimões (?)
Das Museo Etnografico Pigorini in Rom besitzt ein genau gleich gebautes, jedoch kürzeres und dickeres Wurfholz (Nr. 25669), das 1972 jedoch nicht funktionsgerecht, sondern gleichsam als Holzplastik ausgestellt war (siehe Tafel 90). Als Herkunft ist »Ozuana« angegeben, ein Stamm, den Acuña (1891, p. 99) zusammen mit sechs anderen – einer davon ist der der »Tipuna«, nach Métraux (1948, S. 706) evtl. gleich Tikuna – am Rio Jutahy, einem Nebenfluß des mittleren Amazonas wohnend aufzählt.
Länge: 80,1 cm   *Tafel 90*

737 (Or. Nr. 170) Hängematte   Tecuna
aus kräftiger Palmfaserschnur geflochten.
Die Schnüre sind verschieden gefärbt: blaugrau, gelb, rötlich oder naturfarben; mit diesen Farben ist eine Längsstreifung der ganzen Matte hergestellt. Die Zopfschnüre an den Schmalseiten sind in Gruppen zu sieben zusammengefaßt, die sie zusammenhaltende, quer verlaufende dicke Schnur ist ebenfalls zopfartig geflochten, sie trägt an den Enden Quasten aus der ungedrehten Faser.
An den Längsrändern ist eine bürstenartige aus langen Faserbüscheln hergestellte Franse angebracht, die in der Mitte umgebogen und am Biegungsrande auf 1,5 cm Breite durch horizontale Schnüre verflochten sind.
Länge (ohne Zopfschnüre): 207 cm

738 (Or.Nr. 171) Hängematte   Tecuna
    prunkvolles mit Federn verziertes Exemplar.
    Mit farbigen Schnüren sind Längsstreifen, und zwar abwechselnd breite gelbe und violette,
    zwischen schmalen grünen und violetten bzw. grünen und gelben hergestellt. Die Schnur-
    enden sind zu je sechs zopfartig verflochten, und je sechzehn dieser Zopfschnüre sind zu-
    sammengefaßt so in eine querlaufende dickere Schnur eingeknüpft, daß kleine Schlingen
    herausstehen. Durch jede dieser Schlinggruppen ist eine dickere Schnur gezogen, und an
    der Zusammenfassung dieser Schnüre sind die Stricke zum Anbinden der Matte befestigt.
    An den Längsrändern läuft unter einer bunten Federborte ein aus Schnur geknüpfter,
    festonierter Streifen entlang, dessen Kante mit Federn eingefaßt ist, während Blumen aus
    Federn auf den Festons eingeknüpft sind. An den Strickenden befinden sich Federquasten.
    Länge der eigentlichen Matte: 207 cm

678a–e (Or.Nr. 241b) Fünf Fischpfeile   Uariquena
    In den Rohrschaft ist ein Zwischenstück aus braunem Holz eingesetzt, an dessen vorderem
    Ende sich ein rundes Loch befindet, in das eine in Holz gefaßte Eisenspitze eingesetzt wird.
    Die Eisenspitze hat einen flach-rechteckigen Querschnitt und ist in einen Einschnitt des
    Holzstabes eingefügt. Die kombinierte Spitze, die nur lose im Zwischenstück sitzt, ist mit
    einer Schnur an den Schaft gebunden; dieser ist am oberen Ende in ca. 18 cm Länge dicht
    mit Schnur umwunden, die bei *einem* Pfeil auch das hölzerne Zwischenstück bis fast ans
    Ende bedeckt. Es handelt sich also um Harpunen-Pfeile. Nur zwei der Spitzen sind vor-
    handen. Das Schaftende ist gekerbt und gefiedert. Die Fiederung entspricht bei den vier
    Pfeilen mit gleichem, unumwickeltem Holzeinsatz wohl am ehesten der »Arara-Fiede-
    rung« (nach H. Meyer): Zwei halbierte Federn sind mit Drehung von ca. 90° an beiden En-
    den und an zwei bis drei Stellen dazwischen durch Umwicklung befestigt. Der Pfeil mit
    dem durch Umwicklung verdickten Einsatzende hat »Peru-Pechfiederung« (nach H.
    Meyer), die Federn sind zwar nicht mehr vorhanden, die Spuren auf dem Schaft jedoch
    deutlich.
    Länge ohne Spitze: 126–136 cm
    Länge der Spitze: 10–12 cm

559 (Or.Nr. 156) Ohr- und Nasenpflöcke   Maxuruna (= Mayorúna)
                                aus weißer Muschelschale und Rohr.
                                Die runden und schalenförmigen Muschelteile sind mittels
                                einer braunen (harzigen?) Klebesubstanz kleinen Rohr-
                                pflöcken aufgesetzt. Bei einem Stück ist der ganze Pflock
                                dicht mit dieser Substanz bedeckt.
                                Durchmesser: ca. 4,5 cm

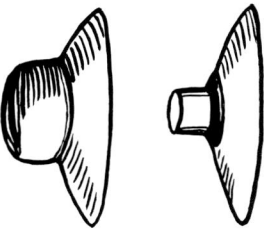

    Abb. 14

490 (Or.Nr. 110) Schnabel des Tujuju   Mura
mit Schädelrest. Als Tanzschmuck am Gürtel in der Nabelgegend getragen.
Anm.: Tujuju ist der Riesenstorch (Mycteria americana).
Länge: 37 cm

492/3 Zwei mumifizierte Körper   Brasilien
in brauner Stoffumwicklung bzw. Umflechtung. Wahrscheinlich sind es Schädel des Ameisenfressers (Myrmecophaga jubata). Wie Nr. 494.
Länge: 30 und 34 cm

494 Eingetrockneter Schädel   Brasilien
eines großen Ameisenfressers (Myrmecophaga jubata), mit Bast umwunden.
Anm.: Über Anlaß und Zweck dieser Mumifizierung ist nichts bekannt.
Länge: 36 cm

432 (Or.Nr. 206) Zylindrischer Köcher   Passé
für Blasrohrpfeile, aus rotem, außen poliertem Holz.
Als Boden dient eine Holzscheibe, deren Rand mit Pech verstrichen ist. Am oberen Teil befindet sich eine Hohlkehle, über der der Köcher bis zum Rande scharf abgesetzt ist, um den
Deckel aufzunehmen. Der Deckel ist aus Flechtwerk und außen mit Pech überzogen. An
einer Baumwollschnur um die Hohlkehle ist eine dickere Schnur zum Anhängen des Köchers befestigt. An diese ist mittels einer dünneren Schnur der Deckel angebunden. Im Innern befindet sich eine kleine zusammengerollte Matte aus Palmblattfiedern zur Aufnahme
der Pfeilchen (vgl. Nr. 435).
Höhe: 39,5 cm

433 (Or.Nr. 208) Zylindrischer Köcher   Jupuà
für Blasrohrpfeile, aus rotem, außen poliertem Holz.
Als Boden dient eine Holzscheibe, deren Rand mit Pech verstrichen ist. Am oberen Ende
befindet sich eine Hohlkehle, über der der Zylinder scharf abgesetzt ist, um den Deckel
aufzunehmen. Der Deckel ist aus Flechtwerk und außen mit Pech überzogen (teilweise abgesprungen), unter dem eine Umschnürung mit Pflanzenfaserschnur sichtbar wird. Um die
Hohlkehle ist eine Pflanzenfaserschnur gewickelt, an deren Ende ein kleines, an einem
Rande mehrfach eingekerbtes Knochenstück hängt.
Höhe: 31 cm

631 (Or.Nr. 215) Blasrohr   Juri-Taboca
Das sehr schwere Rohr besteht aus den genau aufeinandergepaßten Hälften eines der Länge
nach gespaltenen Baumstämmchens, in dem durch Brennen und Schaben je eine Längsrinne
hergestellt ist (Typus III). Die Oberfläche des Rohres ist mit schmalen Rindenstreifen in
Spiralwindungen dicht umwickelt und mit schwarzem Bienenwachs gleichmäßig überzo-

gen. Am weiten Ende ist ein Mundstück aus braunem Holz in der Form einer nach der Mitte zu sich verengenden Röhre, von größerem Durchmesser als das Rohr selbst, angebracht. Ein Visier war 6 cm vom Mundstück entfernt mit schwarzem Wachs aufgekittet; von ihm ist jedoch nur noch die Ansatzstelle vorhanden.

Lit.: Martius, 1867, I, S. 661.
Abb.: Spix und Martius, Atlas, Tafel »Indianische Waffen«, Nr. 15.
Ganze Länge: 319 cm
Öffnung des Mundstücks: 4,2 cm
Durchmesser oberhalb des Mundstücks: 4 cm
Länge des Mundstücks: 18,7 cm
Durchmesser am oberen Ende: 1,6 cm
Kaliber: 1 cm

632 (Or.Nr. ?) Blasrohr   Miranha(?), Coretù(?)
Typus III wie Nr. 631. Kürzeres Mundstück, Visier fehlt, Ansatzstelle kenntlich.
Anm.: Hinsichtlich der Provenienz siehe Bemerkung zur Nr. 633.
Länge: 311 cm
Durchmesser des Mundstücks: 10,7 cm
Länge des Mundstücks: 2,5 cm
Durchmesser des Rohres: 4 und 1,2 cm
Kaliber: 0,9 cm

636 (Or.Nr. 284) Blasrohr   Uariquena
Es besteht aus zwei Teilen (Typ II):
Das eigentliche Rohr (am Ende defekt, zerspalten) steckt in einem zweiten Rohr, einem ausgehöhlten Bäumchen. Es läßt sich darin hin und her schieben, entbehrt also der Umwicklung und der Dichtung. (Unfertiges Exemplar?). Das äußere Rohr verjüngt sich leicht zum oberen Ende. Das Mundstück fehlt, die Aufsatzstelle ist im Umfang reduziert. Im Rohr steckt eine Vorrichtung zum Reinigen desselben: ein langer dünner Rohrstab, an dessen einem Ende eine Eisenklammer angebunden ist, in der Reste eines braunen Basts stecken.
Länge: 263 cm
Kaliber: 1,1 cm
Durchmesser: 2,5–2 cm
Länge des Rohrstabes: 208 cm

654 (Or.Nr. 271) Sieben vergiftete Speere   Tecuna
mit Schutzkapsel. Wie Nr. 651/2.
Die Schutzkapsel ist unten mit feingedrillter Faserschnur umwickelt.
Ganze Länge: 200 cm

658 Sieben vergiftete Speere   Uariquena
mit Schutzkapsel.
Die Holzspitze von rundem Querschnitt ist bei sechs der Lanzen, und zwar mit dem abgeflachten unteren Ende, in einen Einschnitt des abgesetzten oberen Schaftendes eingesetzt,
bei einem Speer sind Schaft und Spitze aus einem Stück. Die Einsatzstelle ist fest mit Bastfaden umwickelt. Der darunterliegende Teil des abgesetzten Schaftendes wie die darüberlie-
gende Basis der Spitze zeigen Reste eines mit dünnem Faden gehaltenen Belags mit kleinen
türkisblauen Federn. Das Schutzfutteral ist defekt.
Länge: 210 cm
Länge des Speers aus einem Stück: 175,5 cm

680 Sieben vergiftete Bogenpfeile mit Schutzfutteral   Juri
Die Pfeile bestehen aus dem ungefiederten Rohrschaft, einem in denselben eingesetzten
Holzstab von rundem Querschnitt und der in einen Einschnitt im Ende des Einsatzes ein-
gelassenen Spitze, ebenfalls aus Holz von rechteckigem oder quadratischem Querschnitt.
Das gekerbte Schaftende ist in verschiedener Weise mit Baumwollschnur umwickelt. Spuren auf dem Schaft lassen annehmen, daß Fiederung früher vorhanden gewesen ist.
Das Schutzfutteral besteht aus sieben Rohrabschnitten, einem für jeden Pfeil, von denen
sechs im Kreise um den siebenten angeordnet sind; die einzelnen Rohre sind mit Schnur spiralig umwunden und alle zusammen am oberen und unteren Rand umschnürt. Die Zwischenräume sind mit Pech gefüllt; wahrscheinlich war ursprünglich noch eine äußere Hülle
vorhanden.
Länge: 118–126 cm

681 Sieben vergiftete Speere   Miranha
aus rötlich gelbem Holz, mit Schutzfutteral.
Die Lanzen sind von rundem Querschnitt und verjüngen sich nach dem hinteren Ende, das
vordere, dicke Ende ist auf die Länge einiger Zentimeter leicht abgesetzt und hat einen Einschnitt, in welchen die vergiftete Holzspitze mit dem abgeflachten Ende eingefügt ist; dieser abgesetzte Teil ist an seiner Basis mit Baumwollfaden, um die Einfügungsstelle aber mit
feingedrillter Faserschnur umwunden. Die Schutzkapsel besteht aus sieben Rohrhülsen,
deren sechs um eine mittlere geordnet sind; außen sind sie mit sechs Bambusplatten umkleidet, die mit Pech angeklebt und im unteren Teil mit weißer Baumwollschnur umwunden sind.

Gleichartige Speere aus schwarzem Palmholz: Nr. 651/2 (Uariquena) und Nr. 653/4
(Jupuà, Tecuna).
Koch-Grünberg: »2 Jahre unter den Indianern«, Bd. II, S. 270/1: Beschreibung und Ab-
bildung der gleichen Lanzen vom Rio Apaporis.
Länge der Speere: 210 cm

445 (Or.Nr. 298) Aststück des Urari-Baumes   Nordwest-Brasilien
aus dem das Pfeilgift bereitet wird (siehe Curare).
Länge: 41 cm

556 (Or.Nr. 139) »Giftsauger«   Amazonas
Ein Stück Hirschhorn, in Trapezform abgeschliffen, mit an der einen Seite abgeschrägten
Kanten. Das Stück ist defekt. Ein beiliegender Zettel besagt: »Giftsauger aus gebranntem
Hirschhorn und Krokodil-Moschus, von den Indianern am Amazonenstrom bereitet«.
Länge: 2,8 cm

563 (Or.Nr. 355) Samaúma-Baumwolle   Brasilien
von den Indianern am Amazonas »vorzugsweise zur Verfertigung von Polstern und zur
Abdichtung ihrer Blasrohrpfeile benutzt«. (Katalognotiz).
Anm.: Eriodendron Samaúma Mart. ist der Baumwollbaum.

423 Ausgehöhlter Tierzahn   Passé
(Krokodil?), der entweder als Maß für das Pulver des Ypadù (Coca) oder als Behälter(?) für
das Paricá-Pulver diente.
Länge: 6 cm

536 (Or.Nr. 140) Holzplatte   Mauhé
mit daraufgeleimter Milchglasscheibe (defekt) von rechteckiger Form. Die Platte diente
zum Trocknen des Paricá (Schnupfpulver) an der Sonne; sie stammt von einem Missionsin-
dianer.
Größe: 13,2x8 cm

537 (Or.Nr. 130) Schnupfgerät   Mundurucú(?)
aus zwei aneinandergepichten Röhrenknochen.
Die Herkunftsangabe zu Fig. 63 im Atlas zu Spix und Martius, Tafel »Indianische Gerät-
schaften«, »Rohr, womit die Muras sich einander das Paricá in die Nase blasen«, dürfte eher
zutreffen, da die Mundurucú kein Paricá schnupften.
Lit.: Spix/Martius, III, S. 1075 (Mura).
Abb.: Hörschelmann, Abb. 35, S. 21.
Länge: 25,5 cm

Abb. 15

564 (Or.Nr. 196) Guaraná   Brasilien (Mauhé)
Gurkenförmiges, hartes Stück einer braunen Masse (Paullinia sorbilis).
Anm.: Spix/Martius, III, S. 1061/2, S. 1098: »Die Bereitung dieser Droge ist vorzüglich
unter den Mauhé verbreitet, sie wurde von Topinambarana aus durch das ganze Reich ver-
sendet.«
Länge: 22 cm

557 (Or.Nr. 141) Trinkgerät für Maté   Brasilien
Ein Glas mit Paraguaytee (Ilex Paraguariensis) und ein Saugrohr. Das Saugrohr ist mit ei-
nem Bastgeflecht aus dunklen und hellen Streifen umkleidet; die Musterung windet sich
spiralig hell auf dunklem Grund aufwärts. Am unteren Ende befindet sich eine beutelartige
Erweiterung aus Rohrgeflecht.
Länge des Rohres: 18 cm

562 (Or.Nr. 304) Mandioca (Maniok)   Brasilien
Mehl, in einem Glase aufbewahrt.

405 (Or.Nr. 161) Ein Konvolut Palmfiedern   Brasilien, Amazonas
Aus der abgeschleißten Oberhaut wird der Bast zur Herstellung von Fäden und Seilen ver-
fertigt.
Länge: 46 cm

521 (Or.Nr. 100) Körbchen   Brasilien
aus Rohrgeflecht, benutzt zum Aufbewahren von Schmuckfedern.
Höhe: 13 cm

553 (Or.Nr. 99) Elf flache Blätterpäckchen   Brasilien
mit Schmuckfedern. Sie sind von verschiedener Größe. Das größte hat die Ausmaße:
11x14 cm

424/7 Vier Federzepter-Behälter   Brasilien, Mundurucú(?), Mauhé(?)
aus einfachen Bambusröhren.
Länge: ca. 79 cm

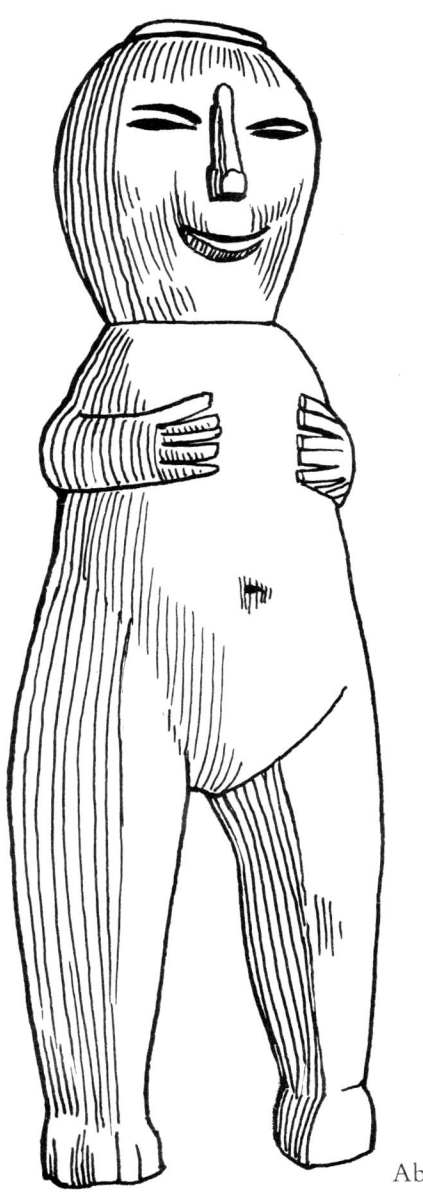

aus Holz geschnitzt.
Kopf und Schulterpartie mit Armen sind sehr roh modelliert. Die Hände sind auf die Brust gelegt. Auf dem Scheitel ist ein Kopfputz oder eine Haartracht angedeutet.
Abb.: Spix und Martius, Atlas, Tafel »Indianische Gerätschaften«, Nr. 56; Vatter, 1926, S. 170, Abb. 100; Zerries, 1973/1974, S. 293, Fig. 11 (S. 431).

Abb. 16

469 (Or. Nr. 389) Unterschnabel eines Tukan Mauhé
zum Aderlassen verwendet.
Länge: 17 cm

473 (Or. Nr. 290) Kriegstrompete Mundurucú
aus Rohr, wie Nr. 470; weitgehend defekt.
Länge: 60 cm

476 (Or. Nr. 137) Kleiner Bogen Coroados
aus einem Holzstäbchen mit abgesetzten Spitzen.
Das Stäbchen ist in zwei Teile gebrochen, die dann zusammengefügt, an der Bruchstelle mit
einer Hülle aus Federkiel umschlossen und mit Pflanzenfaserschnur fest umwickelt sind.
Das eine Ende der Schnur ist so durch die Umwicklung gezogen, daß es abwechselnd frei-
liegt oder verdeckt wird. Sehne und Pfeilchen fehlen.
Orig.-Kat.: »Ein Bogen mit Pfeilchen, womit sich die Coroados in Südbrasilien die Ader
öffnen.«
Abb. des ganzen Bogens mit Pfeil: Spix und Martius, Atlas, Tafel »Gerätschaften«, Fig. 57.
Länge: 31 cm

436/9 Vier Flechtfiguren Brasilien
aus Palmblättern.

519 (Or. Nr. 174) Spitzenartige Flechtarbeit Villa de Santarem
aus Aloe-Fasern.
Es handelt sich um ein rechteckiges Stück aus abwechselnd klareren und dichteren Streifen
von ca. 4 cm Breite aus hellgelber Faser. Die dichteren Streifen sind mit Papier unterlegt
und dann mit Blütenstengeln in gefärbten Fasern bestickt.
Größe: 34x40 cm

555 (Or. Nr. 138) Fragment eines Geräts oder Schmuckstücks Brasilien, Obydos
aus poliertem, grünen, jadeit-artigem Stein (Saussurit).
Es handelt sich um einen sogenannten »Amazonenstein«, wie sie im Ge-
biet des Amazonas gelegentlich gefunden und von den Indianern als wert-
volles Amulett von geheimnisvoller Herkunft getragen werden. Das
Stück wurde in Obydos erworben.
Länge: 6 cm
Dicke: bis 0,5 cm

Abb. 17

481 (Or.Nr. 180) Ein Paar Schuhe   Zivilisierte Indianer von Pará
aus elastischem Gummi (Milchsaft des sogenannten Seringeira-Baumes Hevea brasiliensis
Muell. Argent.).
Die dickflüssige Masse wurde über Tonformen der verschiedensten Art gestrichen und das
Ganze dann in den Rauch beim Verbrennen bestimmter Früchte gehängt.
Die ursprünglich schmutzig weiße Farbe verwandelte sich dabei in das dunkle Braun, das
alle Stücke dieser Sammlung zeigen. Die Sohlen sind an der Unterseite gepunzt, und eine
eingetiefte Linie wie eine Reihe Punzlöcher läuft um den unteren Rand der Schuhe.
Anm.: Martius, III, S. 916 und S. 1193: ». . . von den Campevas erlernten die meisten Indianer, und auch die von Pará, die Zubereitung des elastischen Gummi, woraus sie Sprit-
zen, Schuhe, Stiefel und Hüte zu machen verstehen.«
Länge: 26 cm

482 (Or.Nr. 181) Weibliche Figur   Pará
aus Kautschuk, wie sie in Pará von den halbzivilisierten Indianern hergestellt wurden, neben Tieren, Früchten usw., indem die weiche Masse über Formen von Ton gestrichen wurde. An der Rückseite ist das nach der Entfernung der Form bleibende Schlauchende um einen Pfropfen festgebunden.
Höhe: 19,5 cm

483 (Or.Nr. 181) Weibliche Figur   Pará
aus Kautschuk.
Höhe: 18 cm

484 (Or.Nr. 183) Ananas   Pará
aus Kautschuk.
Länge: 9,5 cm

485 (Or.Nr. 184) Fisch-Figur   Pará
aus Kautschuk.
Von halbzivilisierten Indianern hergestellt, indem die weiche Masse (Saft des Seringeira-
Baumes) über eine Tonform gestrichen wurde; das nach Entfernung der Form offene
Schlauchende vorne ist um einen kleinen Pfropfen herum festgeschnürt.
Länge: 12,8 cm

486 (Or.Nr. 185) Vogel-Figur   Pará
aus Kautschuk.
Höhe: ca. 9,5 cm

487 (Or.Nr. ?) Fruchtartiges Gebilde   Pará
aus Kautschuk, wie es von den halbzivilisierten Indianern neben menschlichen und tieri-

schen Figuren hergestellt wird, indem sie die weiche Masse, den Saft des Seringeira-Baumes, über Tonformen streichen.
Höhe: 8,5 cm

567 (Or.Nr. 332) Trinkschale (Cuya)   Bahia, Ilha des Flores
aus der Frucht der Crescentia Cuyete L.
Die Bemalung auf der Innenseite besteht aus vier langstengeligen stilisierten Blüten und einem Füllornament, das sich, Ecken bildend, dem Raum anpaßt. Die Farben sind Blau, Gelb, Grün, Bräunlich und stehen auf schwarzem Grund.
Durchmesser: ca. 17,5 cm
Höhe: 8 cm

583 (Or.Nr. 337) Runde Trinkschale (Cuya)   Villa de Ega
aus der Frucht der Crescentia Cuyete L.
Die Bemalung zeigt innen in der Mitte eine kunstvoll komponierte Rosette; außen ein häufig vorkommendes Blumenmotiv. Am oberen Rand befindet sich je eine Borte. Die Farben sind Grau, Gelb, Graublau auf schwarzem Lackgrund.
Durchmesser: ca. 13 cm
Höhe: 5 cm

Anhang

Literaturverzeichnis

Acuña, Christobal de (1891): Nuevo descubrimiento del Gran Rio de las Amazonas
–   Colección de libros que tratan de America . . ., Teil II. Madrid.
Amazonas, Indianer vom (1960): Ausstellungskatalog Staatliches Museum für Völkerkunde, München.
Barbosa Rodrigues, João (1882): Tribu dos Mundurucus, Revista da Exposição Antropologica Brasileira. Rio de Janeiro.
Bates, Henry Walter: Der Naturforscher am Amazonasstrom, Leipzig 1866.
–   Elf Jahre am Amazonas (Bearb. B. Brandt). Stuttgart 1924.
Bauer, Wilhelm P. (1965): Der Curare-Giftkreis im Lichte neuer chemischer Untersuchungen. Baessler-Archiv, N.F. Bd. XIII. Berlin.
Brasiliens Indianer: Ausstellungskatalog Museum für Völkerkunde Wien.
Cooper, John M. (1949): Stimulants and Narcotics. Handbook of South American Indians Vol. 5 (Bull. 143, Bur. Amer. Ethnol. Smiths. Inst.). Washington.
Coudreau, Henri A. (1887): La France équinoxiale. Voyage à travers les Guayanes et l'Amazonie, Vol. II. Paris.
Dietschy, Hans (1939): Die amerikanischen Keulen und Holzschwerter in ihrer Beziehung zur Kulturgeschichte der Neuen Welt. Int. Archiv f. Ethnogr., Vol. XXXVII. Leiden.
Ehrenreich, Paul (1891): Beiträge zur Völkerkunde Brasiliens. Veröffentlichung aus dem Königl. Museum für Völkerkunde, 2. Bd. Heft 1/2. Berlin.
Feick, Karl (1917): Die Caraguatá-Knüpfereien der Chamacoco und Tumanahá. Veröffentlichung Oberhess. Museum, 2. Heft. Gießen.
Friederici, Georg (1947): Amerikanistisches Wörterbuch. Abhandlungen aus dem Gebiet der Auslandskunde der Universität Hamburg, Bd. 53, Reihe B, Bd. 29. Hamburg.
Gabarain, Maria T. (1962): Los Mundurucus. Revista de Indias Nr. 89/90 – Madrid
Handbook of South American Indians, Vol. 3 (Bull. 143, Bur. Amer. Ethnol. Smiths. Inst.). Washington 1948.
Hartmann, Günther (1968): Mais- und Baum-Masken der Tukuna (Westbrasilien). Tribus Nr. 17. Stuttgart.
–   (1975): Sitzbank und Zigarrenhalter. Tribus Nr. 24. Stuttgart.
Hartmann, Thekla (1970): A Contribuição da Iconografia para o Conhecimento de Indios Brasilieiros do Seculo XIX. Coleção Museu Paulista, Serie de Etnologia, Vol. 1. São Paulo.
Heger, Franz (1908): Die archäologischen und ethnologischen Sammlungen im K.K. Naturhistorischen Hofmuseum in Wien. Festschrift zur Tagung des XVI. Internationalen Amerikanisten-Kongresses in Wien.
Hörschelmann, Werner von (1920): Die Brasilien-Sammlung Spix und Martius. Münchener Jahrbuch der bildenden Kunst 1918–1920, III/IV, S. 75–93. München.
Horton, D. (1948): The Mundurucu in: Handbook of South American Indians, Vol. 3. Washington.
Izikowitz, Karl Gustav (1934): Musical and other Sound Instruments of the South American Indians. Göteborg Kungl. Vetenskap och Vitterhets. Samhäller Handlingar, Femte Följden Ser. A, Bd. 5, Nr. 1. Göteborg.

Koch-Grünberg, Theodor (1909/10): Zwei Jahre unter den Indianern. Reisen in Nordwestbrasilien. Bd. I, II. Berlin.

Kruse, Albert (1951/52): Karusakaybe, der Vater der Munduruku. Anthropos Bd. 46/7.

Langsdorff, G.H. (1979): Berthels-Kommisarov-Lysenko. Materialien der Brasilien-Expedition 1821–1829 des Akademiemitglieds G.H. Freiherr von Langsdorff. Völkerkundliche Abhandlung Bd. VII (Herausg. H. Becher). Niedersächsisches Landesmuseum. Hannover.

Martius, C. F. Phil. von (1867): Beiträge zur Ethnographie und Sprachenkunde Amerikas. Bd. I. Leipzig.

Métraux, Alfred (1928): La civilisation materielle des tribus Tupi-Guarani. Paris.
  - (1944): »Tapirage«, a biological discovery of South American Indians. Journ. Washington Academy of Siences, Vol. 134.
  - (1948): Tribes of the Jurua-Purus Basins. Tribes of the Middle and Upper Amazon River. Handbook of South American Indians, Vol. 3 (Bull. 143, Bur. Amer. Ethnol. Smiths. Inst.). Washington.
  - (1949): Weapons. Handbook of South American Indians, Vol. 5. Washington.

Meyer, A. B. und Uhle, M. (1885): Seltene Waffen aus Afrika, Asien und Amerika. Königl. Ethnogr. Museum Dresden, V. Leipzig.

Meyer, Hermann o.J. (1894): Bogen und Pfeil in Zentral-Brasilien. Leipzig.

Mörner, Aare (1959): Catalogue of the Silva Castro Collection Revista do Museu Paulista, Vol. XI. São Paulo.

Murphy, Robert F. (1958): Mundurucu Religion. Univ. Calif. Publ. Amer. Archaeol. Ethnol. Vol. 49, No. 1. Berkeley – Los Angeles.

Nimuendaju, Curt (1946): The Eastern Timbira, Univers. of California Publications in American Archaeology and Ethnol. Vol. 41 Berkeley – Los Angeles.
  - (1948 a): Tribes of the lower and middle Xingu River. Handbook of South American Indians, Vol. 3 (Bull. 143, Bur. Amer. Ethnol., Smiths. Inst.). Washington.
  - (1948 b): The Maué and Arapium. Handbook of South American Indians, Vol. 3 (Bull. 143, Bur. Amer. Ethnol., Smiths. Inst.). Washington.
  - (1948 c): The Mura and Pirahá. Handbook of South American Indians, Vol. 3 (Bull. 143, Bur. Amer. Ethnol. Smiths. Inst.). Washington.
  - (1952): The Tukuna. Univ. Calif. Publ. Amer. Archaeol. Ethnol., Vol. XLV. Berkeley – Los Angeles.

Nordenskiöld, Erland (1918): Eine geographische und ethnographische Analyse der materiellen Kultur zweier Indianerstämme in El Gran Chaco. Göteborg.

Nowotny, K. A. (1949): Aufzeichnungen Johann Natterers über die Aufenthaltsorte brasilianischer Stämme in den Jahren 1817 bis 1835. Archiv für Völkerkunde, Bd. IV. Wien.

Petri, Hans-Hermann (1938): Der Schild der Indianer. Dissertation. Hamburg.

Pracht der Federn (1969): Ausstellungskatalog Recklinghausen.

Ratzel, Friedrich (1886): Die Völkerkunde, Bd. 2, 1. Aufl. Leipzig.
  - (1894): Die Völkerkunde, Bd. 1, 2. Aufl. Leipzig.

Reichel-Dolmatoff, Gerardo (1968): Desana. Bogotá.

Ribeiro, Berta G. (1957): Bases para uma Classifição dos Adornos Plumarios dos Indios do Brasil. Arquivos do Museu Nacional Vol. XLIII. Rio de Janeiro.

Rodrigues Ferreira, Alexandre (1974): Viagem Filosofica pela capitanias do Grão Pará, Rio Negro, Mato Grosso e Cuiaba no periodo de 1783–1792. Memorias, Antropologia. São Paulo.

Schmidt, Max (1903): Das Feuerbohren nach indianischer Weise. Zeitschr. f. Ethnol., Bd. 35. Berlin.

Schmidt, Wilhelm (1913): Kulturkreise und Kulturschichten in Südamerika. Zeitschr. f. Ethnol., Bd. 45. Berlin.

Schmidt, W. (1914): Rechteckschild der Umaua. Anthropos Bd. IX. Wien.

Seminario, Jiminez (1924): Bemerkungen über den Stamm der Bora . . . Zeitschr. f. Ethnol., Bd. 56.

Serrano, A. (1941): Los recipientes para paricá y su dispersión en America del Sud. Rev. Amer. Vol. 15. Buenos Aires.

Spix, Johann Baptist von und Martius, Carl Friedrich, Phil. von (1823–1831): Reise in Brasilien, Bd. I–III. München.

Spranz, Bodo (1956): Die Speerschleuder in Amerika. Veröffentlichungen aus dem Übersee-Museum, Bremen, Bd. I. Bremen.

Steinen, Karl v. d. (1899): Indianerskizzen von Hercules Florence. Globus, Bd. 75.

Steward, Julian H. (1948): Cultural Areas of the Tropical Forests. Handbook of South American Indians, Vol. 3. Washington.

Steward, Julian H. and Métraux, Alfred (1948): Tribes of the Peruvian and Ecuadorian Montaña. Handbook of South American Indians, Vol. 3 (Bull. 143, Bur. Amer. Ethnol. Smiths. Inst.). Washington.

Stolpe, Hjalmar (1927): Collected Essays in Ornamental Art. Atlas: South America. Stockholm.

Tessmann, Günter (1930): Die Indianer Nordost-Perus. Hamburg.

Trupp, Fritz (1974): Una Tribu Desconocida en la Amazonia Colombiana. Int. Comm. Urg. Anthr. Ethnol. Research Bull. 16. Wien.

Vatter, Ernst (1926): Religiöse Plastik der Naturvölker. Frankfurt.

Vellard, Jean (1965): Histoire du Curare. Paris.

Wassén, Henry (1967): Anthropological Survey of the Use of South American Snuffs. Workshop Ser. of Pharmacology No. 2, Public Health Service Publ. No. 1645. Washington.

Yde, Jens (1948): The regional distribution of South American Blowgun types. Journal Soc. Amer. N. S. Vol. XXXVII. Paris.

Zerries, Otto (1961): Die Tanzmasken der Tukuna- und Juri-Taboca-Indianer der Sammlung Spix und Martius im Staatlichen Museum für Völkerkunde zu München aus dem Jahre 1820 und ihre Bedeutung im Lichte neuer ethnologischer Forschung. Paideuma Bd. VII, Heft 7. Wiesbaden.

– (1964): Ausgewählte Holzschnitzarbeiten der Brasilien-Sammlung Spix und Martius von 1817/1820 im Völkerkunde-Museum zu München. Völkerkundl. Abhandlungen des Niedersächsischen Landesmuseum Hannover. Herausgeg. v. H. Becher, Bd. I: Beiträge zur Völkerkunde Südamerikas. Hannover.

– (1974): Holzgeschnitzte Menschen leben. Paideuma, Bd. XIX/XX.

Zimmermann, Josef (1963): Die Indianer am Curucuru (Südwest-Pará). Bonner Geographische Abhandlungen, Heft 33. Bonn.

Fotonachweis

Frau Swantje Autrum-Mulzer: 1, 2, 3, 4, 7a, 13, 14, 15, 16, 17, 18, 19, 23, 29, 32, 33, 36, 37, 39a, 40, 44, 54, 58, 61, 62, 63, 65, 66, 67, 68, 69, 70, 72, 75, 76, 77, 78, 79, 80, 81, 84, 89a, 91, 93, 96, 97, 99, 100, 102, 104;
Herr Robert Braunmüller: 6, 9a, 9b, 10, 11, 12, 20, 21, 22, 24, 25, 26a, 26b, 27, 28, 30a, 30b, 30c, 34, 39b, 41, 42, 43, 45, 46, 47, 48, 49, 50, 51, 52, 53, 55, 59, 60, 71, 73, 74, 82, 83, 86a, 86b, 87, 88a, 92, 94, 95, 98, 101, 103;
Völkerkundemuseum: 5, 7b, 31, 35, 56, 57, 88b, 90a, 90b

Verzeichnis der Textabbildungen

1   Schnabel eines Tukan als Schmuckanhänger (324c)   Seite 29
2   Halsschmuck aus zwei Jaguarzähnen (531)   Seite 35
3   Rassellanze (646), Coretù   Seite 95
4   Maskentanz und Hochzeitsfest der Tecuna-Indianer   Seite 130
5   Drei verschiedene Mundstücke zu Blasrohren:
    Jupuá (637), Tajassu (635) und Passé (640)   Seite 160
6   Zigarre der Passé (421)   Seite 169
7   Fünf Pfeilspitzen der Mauhé bzw. Arara (671) (ganzseitig)   Seite 199
8   Enden und Querschnitt eines Bogens (691), Mundurucú   Seite 200
9   Brustschmuck aus zwei Krallen (344), Apányecra   Seite 232
10 Ruder (722), Umaua   Seite 252
11 Zwei Nasenpflöcke (558), Miranha   Seite 253
12 »Zauberstein«, Amulett-Anhänger (339a), Passé   Seite 255
13 Tanzmaskenaufsatz in Form eines hölzernen Zylinders, Tecuna (?)   Seite 257
14 Zwei Ohr- und Nasenpflöcke (559), Maxuruna   Seite 259
15 Schnupfgerät aus zwei Röhrenknochen, (537) Mundurucú (?)   Seite 263
16 Weibliche Figur aus Holz (446), Mauhé   Seite 265
17 Fragment eines Schmuckstücks aus grünem Stein (555), Obydos   Seite 266

Verzeichnis der Stämme und Orte

a) Stämme (Schreibweisen, Synonyma)
Apanyecra = Apogenieran
Apogenieran = Apanyecra
Arara
Botokuden
Camacan
Campeva = Omagua
Canamare
Catuquina
Catauixi
Cauixana
Coëruna
Coretú
Coroados
Culino
Jumana = Yumana
Jupuá = Yupuá
Juri = Yuri
Juri-Taboca = Yuri-Taboca
Mauhé = Maué
Maxuruna = Mayoruna
Mayoruna
Miranha
Mundurucú
Mura
Omagua (= Campeva)
Parentintin, Parintintin
Passé, Pasé
Paumari = Puru-Puru

Puri
Puru-Puru = Paumari
Tajassu (Tapuyo)
Tapu(i)ya
Tecuna = Tucuna, Tukuna
Tucuna = Tecuna
Uainuma
Uarequena, Uariquena = Arikena
Umaua (Carihona)
Yumana = Jumana
Yupuá = Jupuá
Yuri = Juri

b) Orte (soweit für die Sammlung von
   Bedeutung)
Bahia, San Salvador de . . .
Barcelos
Barra, Villa de . . . (Manaos)
Camamú
Cametá
Ega, Villa de . . . (Teffe)
Ilha das Flores (Bahia)
Maynas, Mainas, Prov. (Peru)
Nogueira
Pará, Belem do . . .
Rainha, Villa da
Santarem
São Luis de Maranhão
Serpa

Verzeichnis der ab 1979 ausgestellten Gegenstände

Außer den auf den Tafeln abgebildeten Objekten sind folgende Gegenstände in der laufenden Ausstellung vertreten:

a) Federarbeiten und Schmuck

Oberarmschmuck aus Tukanschnabelspitzen, Miranha (546)
Federfächer, Miranha (323f)
Rindenbastbüschel als Gürtelschmuck, Miranha (496)
Tukankopf als Gürtelschmuck, Miranha (365)
Oberarmgehänge mit Käferflügeldecken, Coëruna (303)
Halsreif aus Tierzähnen, Coëruna (313)
Greifvogelfeder als Stirnschmuck, Passé (312f)
Zwei Federbinden, Passé (339b)
Halsschmuck aus Jaguarzähnen, Passé (531)
Federstirnbinde, Yumana (320)
Nackenschmuck aus Federn, Coëruna (326b)
Zwei Federstränge, Juri (272b)
Federplatte: Vogeldarstellung, Tecuna (352)
Federquasten als Frauenschmuck, Tecuna (294b)
Halsband aus Affenzähnen, Tecuna (342)
Lippenschmuck aus Arara-Federn, Maxuruna (345)
Tukan-Schnabel als Gürtelschmuck, Mauhé (333)
Federstirnbinde, Arara (330a)
Federbüschel als Anhänger an Kopfbinde, Arara (330b)
Zwei Kniebänder aus Federn, Arara (279)

b) Geräte und Behälter, Materialien

Knäuel Palmfaserzwirn, Miranha (410)
Strang Baststreifen, Passé (406)
Strang Palmfasern, Passé (401)
Strang Baumwollschnur, Tecuna (412)
Netztasche mit zwei Knäueln Palmfaserschnur, Tecuna (458)
Jagdtasche, Tecuna (517)
Jagdtasche, Camacan (518)
Täschchen, Camacan (520)
Strang Palmfasern, Santarem (402)
Korbschüssel, Villa de Ega (508)
Maniok-Preß-Schlauch, Manaos (460)
Feuerbohrgerät, Brasilien (449)
Zunderbüchse, Miranha ? (524)

c) Waffen
Flachkeule, Miranha (621)
Flachkeule, Miranha (716)
Blasrohr, Passé (640)
Bündel Palmholzstäbchen für Blasrohrpfeile, Juri (503)
Sechs vergiftete Blasrohrpfeile
Bogen, Juri (697)
Rassellanze, Passé (645)
Kriegsspeer, Maxuruna (643)
Kriegsspeer, Maxuruna (648)
Kopftrophäe, Mundurucú (543)

d) Musikinstrumente
Panflöte, Cauixana (451)
Zwei Fußklappern, Cauixana (454, 455)

e) Geräte zum Drogengebrauch
Zigarre, Passé (421)
Zwei kleine Kehrbesen für Schnupfpulver, Mauhé (541, 542)
Stößel zum Zerstampfen des Schnupfpulvers, Mauhé (535)
Stößel zum Bereiten der Guaraná-Paste, Mauhé (448)
Körbchen mit Gaumenplatten des Pirarucú zum Reiben der Guaraná-Paste,
Mauhé (457)

f) Kalebassen und Keramik
Kalebasse, Barcellos (585)
Kalebasse, Ilha das Flores (574)
Kalebasse, Ilha das Flores (584)
Kalebasse, Villa da Reinha (589)
Zwei Holzbecher, Maynas (591, 592)
Tiefe Tonschüssel, Nogueira (596)
Tonschale, Tecuna (598)
Tonschale, Coëruna (601)
Tonschale, Coëruna (602)
Tonschüssel, Cametá (603)
Tonschüssel, Cametá (611)
Tonschüssel, Cametá (613)

Verzeichnis der Tafeln

Taf. 1 – Isabella, »ein Mädchen vom Stamme der menschenfressenden Miranhas . . .«
Reproduktion: Portrait im Atlas Spix und Martius

Taf. 2 – Reproduktion: Johann Baptist von Spix

Taf. 3 – Reproduktion: Carl Friedrich Phil. von Martius

Taf. 4 – Johannes, »der Sohn eines Kaziken von der Nation Juri«.
Reproduktion: Portrait im Atlas von Spix und Martius

Taf. 5 – Waffentanz der Juri
Reproduktion: Spix und Martius, Atlas, Tafel »Bilder aus dem Menschenleben«

Taf. 6 – Slg. Nr. 498: Rechteckiger Holzschild, Umaua

Taf. 7a, b – Slg. Nr. 499: Rundschild aus Tapirhaut der Juri-Taboca
Slg. Nr. 498: Griff des Schildes der Umaua

Taf. 8 – Slg. Nr. 442: Schurz aus Baststreifen, Miranha

Taf. 9a, b – Slg. Nr. 323b: Schwangerschaftsbinde, Miranha
Slg. Nr. 325b: Suspensorium, Miranha

Taf. 10 – Slg. Nr. 477: Halsband aus Affenzähnen, Tecuna

Taf. 11 – Slg. Nr. 464: Halskette aus Glasperlen und Krötenfiguren aus Fruchtschale, Tecuna

Taf. 12a, b – Slg. Nr. 505 und 504: Stäbchenkämme, Juri und Tecuna

Taf. 13 – Slg. Nr. 325a: Zweiteiliger Gürtel aus Baumbast, Miranha

Taf. 14 – Slg. Nr. 266a, b: Zwei Federkränze, Coretù

Taf. 15 – Slg. Nr. 303g: Halskette mit Tierzähnen und Federn, Coëruna

Taf. 16 – Slg. Nr. 309a, Slg. Nr. 319g: Federdiadem mit Reiherfederbusch, Coëruna

Taf. 17 – Coëruna mit Federkopfbinde und Reiherfederstutz
Reproduktion: Portrait im Atlas Spix und Martius

Taf. 18 – Nackenschmuck
Slg. Nr. 309c: Flaumfederbusch
Slg. Nr. 309d: Affenknochen
Slg. Nr. 319h: Schweif aus Affenhaar, mehrteilig
Slg. Nr. 319e: Federplatte: Vogelfigur, alles Coëruna

Taf. 19 – Coëruna mit Federkopfputz und Nackenschmuck (Rückseite)
Reproduktion aus Atlas von Spix und Martius

Taf. 20 – Slg. Nr. 350: Federschmuck. Vogelfigur aus Rindenbast, mit Federchen beklebt, Tecuna

Taf. 21 – Slg. Nr. 312d: Halsgehänge aus Fruchtschalen, Passé

Taf. 22a, b – Slg. Nr. 475 (?) und 545: Zwei Rasseln aus Kalebasse, Passé (a) und Coroados (b)

Taf. 23 – Slg. Nr. 478: Doppelfelltrommel, Tecuna

Taf. 24 – Slg. Nr. 444: Panflöte, Juri

Taf. 25 – Slg. Nr. 453: Panflöte, Passé

Slg. Nr. 443: Knochenflöte, Coëruna

Taf. 26 – Slg. Nr. 565: Deckelschachtel aus Rindenbaststoff, Coretù

Taf. 26b – Slg. Nr. 568: Deckelschachtel aus Palmblatt, Coëruna

Taf. 27 – Slg. Nr. 415: Sitzschemel, Juri

Taf. 28 – Slg. Nr. 488: Stampfrohr, Juri-Taboca

Taf. 29 – Slg. Nr. 489: Stampfrohr, Juri-Taboca

Taf. 30a – Slg. Nr. 411: Spindel, Miranha

Taf. 30b – Slg. Nr. 720: Reibebrett für Maniok, mit Zähnen besetzt, Miranha

Taf. 30c – Slg. Nr. 622: Steinbeil, Coëruna

Taf. 31 – Slg. Nr. 422: Kinderwiege in Bootsform, Omagua

Taf. 32 – Slg. Nr. 259: Federkopfschmuck, Coëruna

Taf. 33 – Slg. Nr. 316: Federkopfschmuck, Juri

Taf. 34 – Slg. Nr. 301: Fächer aus schwarzen Federn, Passé

Taf. 35 – Slg. Nr. 258: Federschmuck, angeblicher »Weiberschurz«, Juri

Taf. 36 – Slg. Nr. 258: Federkopfschmuck, Juri

Taf. 37a, b – Slg. Nr. 362/63: Zwei mit Federn besetzte Hüte aus Rohrgeflecht, Passé

Taf. 38a – Keule der »Katauischi«, Parallele zu 628 in London

Reproduktion: H. Stolpe, Atlas

Taf. 38b – Slg. Nr. 620: Flachkeule, Miranha

Taf. 38c, d – Slg. Nr. c) 624: Kriegskeule, Maxuruna (?)

Slg. Nr. d) 627: Flache Vierkantkeule, Culino

Taf. 39b – Slg. Nr. 624: Kriegskeule. Detail der Ornamentik, Maxuruna

Taf. 39a – Slg. Nr. 627: Flache Vierkantkeule. Detail der Ornamentik, Culino

Taf. 40 – Slg. Nr. 628: Flache Vierkantkeule, Paumari (?)

Taf. 41 – Slg. Nr. 373: Tanzmaske, Kopf eines Jaguars darstellend, Juri-Taboca (?)

Taf. 42 – Slg. Nr. 382: Kopfaufsatz in Gestalt eines Eichhörnchens, Tecuna

Taf. 43 – Slg. Nr. 381: Tanzmaske, Kopfaufsatz, einen Aasgeier darstellend, Tecuna

Taf. 44 – Slg. Nr. 398: Tanzmaske, Kopf eines Fischdämons, Juri-Taboca (?)

Taf. 45 – Slg. Nr. 377: Kopfaufsatz, eine Waldkatze darstellend, Tecuna

Taf. 46 – Slg. Nr. 379: Kopfaufsatz, den Oberkörper eines Affen darstellend, Tecuna

Taf. 47 – Slg. Nr. 376: Tanzmaske, den Kopf des Waldteufels Uaiuari (Affe?) darstellend, Tecuna

Taf. 48 – Slg. Nr. 388: Tanzmaske, den Kopf eines Rehes (?) darstellend, Tecuna

Taf. 49 – Slg. Nr. 387: Tanzmaske, den Kopf des Waldteufels darstellend, Tecuna

Taf. 50 – Slg. Nr. 386: Maske des »Sturms«, Juri-Taboca

Taf. 51 – Slg. Nr. 385: Maske des »Sturms«, Juri-Taboca

Taf. 52 – Slg. Nr. 380: Maskenanzug, Darstellung eines Baumdämons (?), Tecuna

Taf. 53 – Slg. Nr. 384: Maskenanzug, wahrscheinlich Darstellung des Maisdämons, Tecuna

Taf. 54 – Slg. Nr. 371: Tanzmaske, Detail: Kopf des »Jurupari«-Dämons, Tecuna

Taf. 55 – Slg. Nr. 371: Tanzmaske mit Gewand aus Baststoff: Darstellung des Dämon Jurupari, Tecuna

Taf. 56 – Slg. Nr. 763, 739, 762, 737: Vier Hängematten (in Verlust geraten), Miranha

Taf. 57 – Slg. Nr. 391: Maskenanzug (in Verlust geraten), Tecuna

Taf. 58 – Besuch bei dem Mura
Reproduktion: Spix und Martius, Atlas, Tafel »Bilder aus dem Menschenleben«

Taf. 59 – Portrait eines Maxuruna (= Mayoruna). »Ein Anführer dieses wilden und kriegerischen Stammes am Rio Javarí«
Reproduktion: Spix und Martius, Atlas

Taf. 60 – Festlicher Zug der Tecunas
Reproduktion: Spix und Martius, Atlas, Tafel 13

Taf. 61 – Slg. Nr. 374: Tanzmaske, Darstellung der »Großen Zecke«, Juri-Taboca

Taf. 62 – Slg. Nr. 372: Tanzmaske, den Kopf eines Tapirs darstellend, Juri-Taboca

Taf. 63 – Slg. Nr. 375: Tanzmaske, den Dämon Juri-Para darstellend, Juri-Taboca

Taf. 64 – Häuptling der Mundurucú in Festkleidung Santarem, 1828.
Reproduktion nach Hercules Florence in G. H. von Langsdorff, 1979, S. 254
Wir danken Herrn Dr. H. Becher (Hannover) für die leihweise Überlassung des Farbdias

Taf. 65 – Slg. Nr. 260: Federkappe mit Nackengehänge, Mundurucú

Taf. 66 – Mundurucú in Federhaube mit Nackengehänge
Reproduktion: Portrait im Atlas von Spix und Martius

Taf. 67 – Mauhé mit Federhaube
Reproduktion: Portrait im Atlas von Spix und Martius

Taf. 68 – Slg. Nr. 261: Federhaube, Mundurucú oder Mauhé

Taf. 69 – Slg. Nr. 262 und 278: Zwei Federkappen, Mauhé und Arara

Taf. 70 – Mundurucú, »›Pariuate-ran‹, das Fest des Feindgürtels«.
Reproduktion: Barbosa Rodrigues, 1882, S. 45

Taf. 71 – Tanzende Mundurucú in Federtracht
Reproduktion: Spix und Martius, Atlas, Tafel »Bilder aus dem Menschenleben«

Taf. 72 – Slg. Nr. 252, 255, 254: Drei Federstränge, Mauhé

Taf. 73 – Slg. Nr. 287, 292, 416: Drei Federzepter, Mundurucú oder Mauhé

Taf. 74 – Tatauierter Mundurucú mit Kopftrophäe
Reproduktion nach Tafel im Atlas von Spix und Martius

Taf. 75 – Mundurucú-Krieger in Federtracht mit Kopftrophäe
Reproduktion: Barbosa Rodrigues, 1882, S. 28

Taf. 76 – Slg. Nr. 544: Kopftrophäe, Mundurucú

Taf. 77 – Slg. Nr. 523: Trompete aus Kalebasse, Mauhé

Taf. 78 – Slg. Nr. 675: Reich verzierter Speer, Mundurucú

Taf. 79 – Slg. Nr. 471: Kriegstrompete aus Bambusrohr, Mundurucú

Taf. 80 – Slg. Nr. 271: Federkranz, Mundurucú

Slg. Nr. 251b: Zwei Federbinden für die Oberarme, Mundurucú

Taf. 81 – Slg. Nr. 272a: Ein Paar Oberarmbänder, Mundurucú

Taf. 82 – Slg. Nr. 510: Netzbeutel für die Jagd, Mauhé

Taf. 83a, b – Slg. Nr. 418: Coca-Löffel aus Knochen, Miranha (?)

Slg. Nr. 419: Coca-Büchse aus Bambus, Coëruna (?)

Taf. 84 – Slg. Nr. 534: Schnupfbrett, Mauhé

Taf. 85 – Parica-schnupfender Mura (?)

Reproduktion nach A. Rodrigues Ferreira, 1974, Fig. 2

Das Foto verdanken wir Frau Dr. Thekla Hartmann – São Paulo

Taf. 86a – Slg. Nr. 538: Schnupfgerät aus zusammengesetzten Röhrenknochen, Tecuna (?)

Taf. 86b – Slg. Nr. 539: Schnupfgerät aus zwei V-förmigen Vogelknochen, Mura (?)

Slg. Nr. 540: Schnupfpulver-Dose aus Schneckengehäuse, Juri

Taf. 87 – Slg. Nr. 501: Köcher für Blasrohrpfeile, Coëruna

Taf. 88a – Slg. Nr. 435: Köcher für Blasrohrpfeile, Juri (?)

Taf. 88b – Slg. Nr. 502: Köcher für Blasrohrpfeile, Detail, Miranha

Taf. 89a – Slg. Nr. 664: Acht Bogenpfeile in Schutzfutteral, Uariquena

Taf. 89b – Slg. Nr. 502: Köcher für Blasrohrpfeile, Miranha

Taf. 90a, b – Slg. Nr. a) 717: Speerschleuder Ozuana

b) Speerschleuder, Tecuna, (verlorengegangen)

Wir danken dem Museo Pigorini in Rom für die Überlassung des Fotos

Taf. 91 – Slg. Nr. 657: Speerbündel, Miranha

Slg. Nr. 644: Rassel-Lanze (verlorengegangen), Juri

Taf. 92 – Slg. Nr. 569: Deckelkorb aus Palmblatt, Camacan

Taf. 93a – Slg. Nr. 561: Curare-Rinde in Blätter-Paket, Juri (?)

Taf. 93b – Slg. Nr. 527: Curare in Tontöpfchen, Juri (?)

Taf. 94 – Aldea der Coroados

Reproduktion: Tafel im Atlas von Spix und Martius

Taf. 95 – Tanz der Puris

Reproduktion: Tafel im Atlas von Spix und Martius

Taf. 96a, b – Slg. Nr. 577 und 586: Zwei Kalebassen, Villa da Barra

Taf. 97a, b – Slg. Nr. 580 und 578: Zwei Kalebassen, Villa da Barra und Camamú

Taf. 98 – Trinkfest der Coroados

Reproduktion: Tafel im Atlas von Spix und Martius

Taf. 99 – Slg. Nr. 509: Korb, Villa de Ega

Taf. 100a – Slg. Nr. 614 und 610: Tongefäße in Hühnerform, Cametá

Slg. Nr. 778: Kalebasse (Innenseite), Camamú

Taf. 100b – Tongefäße, Cametá

Slg. Nr. 605 und 608: Teller und Kanne

Taf. 101 – Slg. Nr. 612: Tonkrug mit zwei Henkeln, Cametá

Taf. 102 – Im Porto dos Miranhas am Rio Yapurá

Reproduktion: Tafel im Atlas von Spix und Martius
Taf. 103 – Der Fall von Arara-Coara am oberen Rio Yapurá
Reproduktion: Tafel im Atlas von Spix und Martius
Taf. 104 – Slg. Nr. 573: Kalebasse, Ilha das Flores

Register der im Katalogteil beschriebenen Gegenstände

(die kursiv gedruckten Ziffern weisen auf Abbildungen hin)

Affenhaarschweif 53, *66*, 254
Affenknochen 50, *66*
Ananas aus Kautschuk 267
Arara-Schwanzfedern 93
Armbinden 49
Armgehänge 38

Bambusrohr 255
Baumwolle, Samaúna- 263
Baumwollschnur 100
Becher 238, 239
Blasrohr 158, 159, 160, 260, 261
Blasrohr-Mundstücke *160*
Blätterpäckchen 264
Bogen 55, 60, 96, 143, 149, 152, 163, *200*, 225, 231, 232, 266
Bogenpfeile 161, 162, 163, 164, 165, *217*, 262
Brustschmuck *232*
Büschel aus Federn 40, 49, 153
Büschel aus Rindenbast 34

Coca-Büchse 169, *211*
Coca-Löffel 169, *211*
Curare (Urari) 157, 158, *221*

Deckelkorb *220*, 230
Deckelschachtel 51, 54, 55, *74*, 89, 254
Doppelfelltrommel *71*, 101
Dose für Schnupfpulver 174

Fächer 28, 30, 49, 50, 54, 63, 64, *82*, 90, 91, 92, 96, 225
Fasern aus Ananasblättern 152
Federbinden 92, 187, 225
Federbusch 50, 53, *66*
Federbüschel 39, 175, 226
Federdiadem 37, 39, 40, *48*, 49, 50, 54
Federfächer 225
Feder-Fußbänder 30, 50
Federhaube *178*, *179*, *180*
Federkappe *177*, *181*, 188, 189, 225
Federkopfbinde 28, 30, 52, 53, 64, *65*, 90, 151
Federkopfschmuck 67, *80*, *81*, *84*, 227
Federkranz 28, 30, 31, *46*, 50, 52, 53, 55, 89, 90, 93, 96, 97, 189, *208*

Federplatte 49, 50, *66*
Federquaste 58, 97
Federschmuck 27, 31, 38, 52, 54, 56, 57, 58, *68*, *83*, 98, 99, 100, 188
Federschmuck in Vogelform 53
Federschweif 59
Federstab 64, 92, 98, 226
Federstäbchen 226
Federstrang 30, 31, 57, *184*, 187
Federtracht *183*, *203*
Federzepter 28, 29, 30, 190, 191, *201*
Federzepter-Behälter 264
Festschmuck 89
Feuerbohrer 35
Fischfigur 267
Fischpfeil 196, 259
Flachkeule 36, *86*
Flache Vierkantkeule *87*, *88*, 145, 146
Flechtarbeit 266
Flechtfiguren 266
Flaschenkürbis 96
Flöte 50, *73*
Fragment 266
Fruchtartiges Gebilde 267
Fußbänder 30, 50

Giftsauger 263
Guaraná 264
Gürtel 29, 30, *45*

Halsband *42*, 97, 98, 101
Halsgehänge *69*, 91
Halskette 38, *43*, *47*, 63, 100, 230
Halsreif 49
Halsschmuck *35*, 91, 100
Hängematte *120*, 253, 254, 258, 259
Hängetasche 230
Hinterhauptschmuck 49, 54
Holzplatte 263
Holzschild *22*, *27*
Hut *85*, 93

Jagdbeutel 192, *210*
Jagdtasche 102, 230

Kalebasse (Cuya) *224*, 235, 236, 237, 238, *241*, 248
Kehrbesen 174

Keule *86*
Kinderwiege *79*, 145
Knäuel 32
Kniebinde 38, 62, 97, 149
Knochen 38
Konvolut 93, 264
Köcher 156, 157, *215*, *216*, *217*, 260
Kopfaufsatz *106*, *109*, *110*, 135, 136, 137
Kopfbinde 37, 63
Kopfreif 91
Kopfschmuck 37, 64
Kopftrophäe 196, *202*, *203*, *204*
Korb 152, *243*, 253, 255, 256
Körbchen 153, 170, 264
Körper, mumifiziert 260
Kriegskeule 36, *86*, *87*, 142
Kriegsspeer 143
Kriegstrompete 192, *207*, 266
Krug *245*, 250

Lippenschmuck 142

Mandioca (Maniok) 264
Maske *114*, *115*
Maskenanzug *116*, *117*, *121*

Nackenschmuck *66*, *67*, *178*
Nasenpflöcke *253*, *259*
Netztasche 100

Oberarmbänder 189, *209*
Oberarmschmuck 36
Ohrpflöcke *259*

Palmfaserschnur 32, 33
Palmfiedern 264
Palmholzstäbchen 157
Palmrohrstab 161
Panflöte 34, 60, 63, *72*, *73*, 94
Pfeil 51, 52, 151, 163, 164, 196, 197, 198, 231
Pfeilspitzen *199*
Preß-Schlauch 152

Rassel *70*, 96
Rassellanze 94, *95*, *219*, 254
Rasselschmuck 89
Reibebrett 36, *78*
Reiherfederbusch 49, 50, 54
Rindenbast 257

Rindenbaststoff 255
Rindenstoff 256, 257
Rohmaterial 31
Rohrstäbchen 252, 255
Ruder *252*
Rundschild aus Tapirhaut *23*, 60

Sack 253, 255
Schädel, eingetrocknet 260
Schnabel eines Tujuju 260
Schnabel eines Tukan *29*, 191, 266
Schnupfbrett, 171, *212*
Schnupfgerät 172, 173, *214, 263*
Schnupfpulver-Dose 174, *214*
Schuhe 267
Schurz *24*, 33, 34
Schüssel 240, 249, 250
Schwangerschaftsbinde 27, *41*
Schweif 38, 49, 50
Seil 32
Sitzschemel 59, *75*
Speere 165, 166, 198, *206, 219*,
    261, 262
Speerschleuder *218*, 258
Spindel 32, *78*
Stäbchenkamm *44*, 101, 102

Stampfrohr 61, 62, *76, 77*
Steinbeil 51, *78*
Stirnbinde 55, 91, 225, 226
Stirnbusch 40
Stirnfederbusch 37, 53
Stirnschmuck 92
Stößel 170
Suspensorium 30, *41*

Tanzfestschmuck 40
Tanzmaske *105, 107, 108, 111,
    112, 113, 118, 119, 125, 126,
    127*, 131, 132, 133, 134, 135,
    136, 138, 139, 140, 256
Tanzmaskenanzug 137, 256
Tanzmaskenaufsatz *257*
Tanzrassel 230
Tanzschmuck 40, 57
Tierknochen 53
Tierzahn 263
Tongefäß *244*, 249, 250
Tonschale 239, 240
Tonschüssel 239, 240, *244*, 249,
    250
Tontöpfchen mit Urari-Pfeilgift
    157, *221*

Trinkgerät 264
Trinkschale 268
Trompete 192, *205*
Tukan-Kopf 28
Tukan-Schnabel *29*, 191, 266

Unterschenkelschmuck 38
Urari 157, 158, *221*
Urari-Baum-Aststück 263
Urari-Baumrinde 158, *221*

Vogelfigur *66*, 267

Wadenbinde 226
Wasserkrug *244*, 249
Weibliche Figur *265*, 267
Wurfspeere 166

Zauberstein *255*
Zigarre *169*
Zunderbüchse 35

PINGUIN-VERLAG · INNSBRUCK
UMSCHAU-VERLAG · FRANKFURT/M.

Hermann M. Görgen

BRASILIEN
Land der Zukunft

Format 21 x 27 cm
Ganzleinenband
mit Schutzumschlag
160 Seiten
davon 80 Farbtafeln

Der Autor, Univ.-Prof. Dr. DDr. h.c. Hermann M. Görgen ist wie kein anderer prädestiniert, Brasilien vorzustellen, das in vieler Hinsicht einzigartig dasteht in der Welt, ein Land, das von seinen Bewohnern überaus geliebt wird und seine Besucher zu faszinieren vermag.
Der Bildband vermittelt in Wort und Bild ein eindrucksvolles Panorama dieses großen Zukunftslandes.

Weitere Bücher aus unserem Verlagsprogramm, die wir Ihnen empfehlen:

Schwarzafrikaner Herausgeber Walter Raunig

Dem Direktor des Staatlichen Museums für Völkerkunde ist es gelungen, namhafte Ethnologen zu gewinnen, um uns mit dem Wesen des Schwarzafrikaners vertraut zu machen.
240 Seiten, hievon 56 Farbtafeln.

Blackfoot-Indianer Eva Gerhards

Das Buch der gleichnamigen Ausstellung im Staatlichen Museum für Völkerkunde München. Dr. Eva Gerhards macht uns mit diesem Indianerstamme, dem Mensch und seinen Bräuchen im vorigen Jahrhundert, vertraut.
128 Seiten mit 48 Bildseiten, davon 16 vierfarbig.

Geheimnis Afrika Heinrich Harrer

Der große Forscher bringt uns Menschen und Landschaft Afrikas in packenden Schilderungen näher.
160 Seiten mit 80 Farbtafeln.

Traumland Kenia Herausgeber Herbert Tichy

Das Musterland Afrikas wird in Wort und Bild dargestellt.
176 Seiten, über 100 farbige Abbildungen.

Bali — Insel der Götter Albert Leemann

In 122 Meisteraufnahmen der Farbfotografie und einem ausführlichen Text schildert Prof. Dr. Leemann, der selbst jahrelang auf Bali lebte, Menschen und Landschaft dieser hochinteressanten Sundainsel.
152 Seiten.

Der Himalaja blüht Heinrich Harrer

Heinrich Harrer schildert Menschen und Blumen in den Ländern Bhutan, Ladakh, Nepal und Sikkim, die zu seiner zweiten Heimat wurden.
156 Seiten, mit 80 Bildseiten.

Heinrich Harrers Impressionen aus Tibet

Das Werk gibt ein anschauliches Bild über das Leben in Tibet zu Heinrich Harrers Zeiten.
240 Seiten mit 40 Farbtafeln und 72 Bildseiten in Schwarzweiß.

Unter Papuas Herausgeber Heinrich Harrer

Gemeinsam mit bekannten Wissenschaftlern bringt der bekannte Autor, Heinrich Harrer, eine ausführliche Schilderung von Land und Menschen Neuguineas.
390 Seiten, 103 Abbildungen.

PINGUIN-VERLAG · INNSBRUCK
UMSCHAU-VERLAG · FRANKFURT/M.

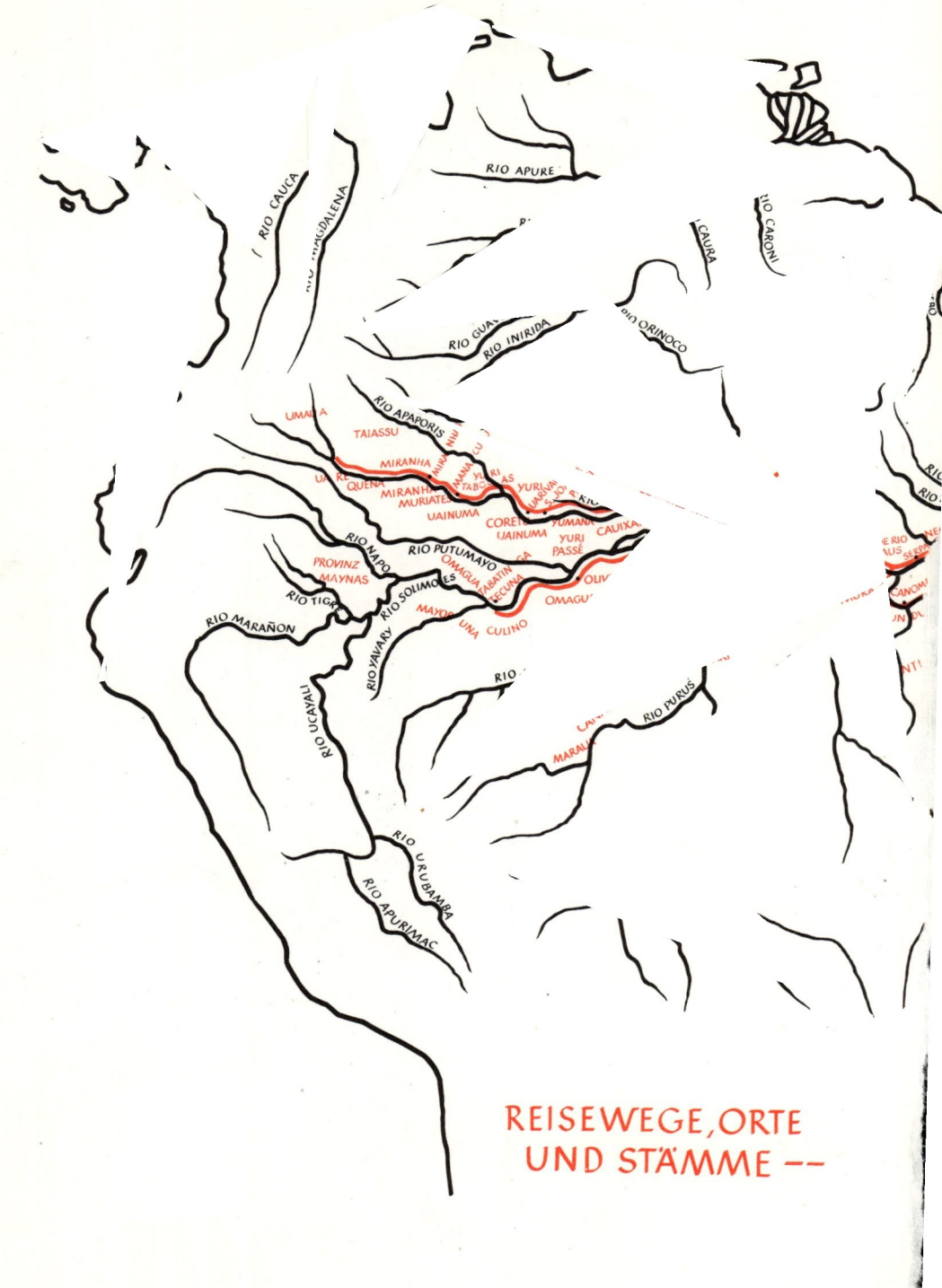

REISEWEGE, ORTE
UND STÄMME --